AF827932

Guttentag'sche Sammlung
Nr. 43. Deutscher Reichsgesetze. Nr. 43.
Text-Ausgaben mit Sachregister.

Die Gesetzgebung
betreffend die
Zwangsvollstreckung in das unbewegliche Vermögen
im Reiche und in Preußen.

Text-Ausgabe mit Einleitung, Anmerkungen, Kosten- und Gebührentabellen und Sachregister

von

Dr. J. Krech,
Kais. Geh. Regierungsrath
in Berlin.

Dr. O. Fischer,
ord. Professor der Rechte
in Breslau

Dritte Auflage.

Berlin 1900.
J. Guttentag, Verlagsbuchhandlung,
G. m. b. H.

Vorwort.

Die zweite Auflage der Textausgabe des Reichsgesetzes über die Zwangsversteigerung und die Zwangsverwaltung und des Einführungsgesetzes ist durch die Hinzufügung des zweiten Titels des zweiten Abschnitts im achten Buche der Civilprozeßordnung vermehrt worden. Sie bringt also die Reichsgesetzgebung betreffend die Zwangsvollstreckung in das unbewegliche Vermögen vollständig. Von den Ausführungsgesetzen der Bundesstaaten zum Reichsgesetze über die Zwangsversteigerung und die Zwangsverwaltung ist nur das preußische Ausführungsgesetz aufgenommen worden. Diesem sind aber hinzugefügt: die auf die Zwangsversteigerung und die Zwangsverwaltung sich beziehenden Vorschriften des preußischen Gerichtskostengesetzes und des Gesetzes vom 27. September 1899 enthaltend die landesgesetzlichen Vorschriften über die Gebühren der Rechtsanwälte, sowie in einem Anhange die in Betracht kommenden Bestimmungen über das Verwaltungszwangsverfahren und die allgemeinen Verfügungen des Justizministers zum Reichsgesetz über die Zwangsversteigerung, namentlich über die Geschäftsführung der Verwalter im Verfahren der Zwangsverwaltung und die denselben zu gewährende Vergütung.

Diesem Inhalte entsprechend mußte auch der Titel des Buches geändert werden.

Berlin u. Breslau 30. Dezember 1899.

Krech. Fischer.

Inhaltsübersicht.

Seite

Einleitung . . . . IX—XXIV

I. Civilprozeßordnung. Zwangsvollstreckung in das unbewegliche Vermögen. §§ 864—870 . . . . 1—8

II. Reichsgesetz über die Zwangsversteigerung und die Zwangsverwaltung.

Erster Abschnitt. Zwangsversteigerung und Zwangsverwaltung von Grundstücken im Wege der Zwangsvollstreckung.

Erster Titel. Allgemeine Vorschriften. §§ 1—14. . . . . . 9—24

Zweiter Titel. Zwangsversteigerung.

I. Anordnung der Zwangsversteigerung. §§ 15—27 . . . 24—38

II. Aufhebung und einstweilige Einstellung des Verfahrens. §§ 28—34 . . . . 38—43

III. Bestimmung des Versteigerungstermins. §§ 35—43. . 43—51

IV. Geringstes Gebot. Versteigerungsbedingungen. §§ 44—65 51—79

V. Versteigerung. §§ 66—78. . 79—92

VI. Entscheidung über den Zuschlag. §§ 79—94 . . . . 92—106

VII. Beschwerde. §§ 95—104 . . 106—113

VIII. Vertheilung des Erlöses. §§ 105 bis 145 . . . . 113—152

Seite

Dritter Titel. Zwangsverwaltung. §§ 146—161 . . . . . . 152—166

Zweiter Abschnitt. Zwangsversteigerung von Schiffen im Wege der Zwangsvollstreckung. §§ 162—171 . . . . . 166—175

Dritter Abschnitt. Zwangsversteigerung und Zwangsverwaltung in besonderen Fällen. §§ 172—184 . . . . 175—184

III. Einführungsgesetz zu dem Gesetz über die Zwangsversteigerung und die Zwangsverwaltung . . . . . . 185—196

IV. Preußisches Ausführungsgesetz zum Reichsgesetz über die Zwangsversteigerung u. d. Zwangsverwaltung 196—215

V. Preußisches Gerichtskostengesetz §§ 119, 124—136 . . . . 216—229

VI. Preußisches Gesetz enthaltend die landesgesetzlichen Vorschriften über die Gebühren der Rechtsanwälte . 230—241

VII. Anhang:

1. Verordnung betr. das Verwaltungszwangsverfahren Abschn. III . 242—243
2. Allg Verfügung betr. den Inhalt der Bestimmung des Versteigerungstermins . . . . 243—244
3. Allg. Verfügung betreffend die Geschäftsführung der Verwalter bei der Zwangsverwaltung u. s. w. 245—262
4 Allg. Verfügung betr. Mittheilungen an Behörden . . . . 263—264

Sachregister . . . . 265—283

Abkürzungen.

I = Entwurf eines Gesetzes betreffend die Zwangsvollstreckung in das unbewegliche Vermögen. — M. = Motive zu diesem Entwurf. (Amtliche Ausgabe; Berlin, J. Guttentag 1889.)
II = Entwurf des Bundesraths. — Vorlage an den Reichstag. — D. = Denkschrift zu diesem Entwurf. (Drucksachen des Reichstags, 9. Legislaturperiode IV. Session 1895/97 Nr. 607.)
Die Ziffern hinter I und II bedeuten die §§; hinter M. und D. die Seiten.
KB. = Bericht der Reichstagskommission (Drucksachen Nr. 685.)

A. = Anmerkung.
B. I = Bayerisches Gesetz betr. die Zwangsvollstreckung u. s. w. vom 23. Februar 1879.
B. II = Bayerisches Gesetz vom 29. Mai 1886.
BGB. = Bürgerliches Gesetzbuch. — Denkschrift zum Entw. III BGB. = Denkschrift zur Reichstagsvorlage. (J. Guttentag 1896.)
CPO. = Civilprozeßordnung in der neuen Fassung nach der Bekanntmachung des Reichskanzlers v. 20. Mai 1898 (RGBl. S. 410 ff.).
EG. = Einführungsgesetz vom 24. März 1897.
EG.BGB. = Einführungsgesetz zum BGB.
EG.CPO. = Einführungsgesetz zur Civilprozeßordnung.
Frw.G. = Reichsgesetz über die freiwillige Gerichtsbarkeit.
GBO. = Grundbuchordnung vom 24. März 1897.

GKG. = Deutsches Gerichtskostengesetz.
HGB. = Handelsgesetzbuch.
KO. = Konkursordnung.
Pr. u. Pr. = Preußisches Gesetz betr. die Zwangsvollstreckung u. s. w. vom 13. Juli 1883.

Pr. AG.BGB.
Pr. AG.frw.G.
Pr. AG.GBO.
Pr. AG.ZVG.
} Preußische Ausführungsgesetze zum Bürgerlichen Gesetzbuch, zum Reichsgesetze über die freiwillige Gerichtsbarkeit, zur Grundbuchordnung, zum Reichsgesetze über die Zwangsversteigerung und die Zwangsverwaltung.

R. = Entscheidungen des Reichsgerichts in Civilsachen.
RAO. = Rechtsanwaltsordnung.
S. = Sächsisches Gesetz betr. die Zwangsversteigerung u. s. w. vom 15. August 1884.
ZVG. = Zwangsversteigerungsgesetz vom 24. März 1897.

Wo §§ ohne weiteren Zusatz citirt sind, handelt es sich um §§ des betr. Gesetzes. — Die kleineren Ziffern neben den Paragraphenzahlen bezeichnen deren Absätze.

Einleitung.

Die Civilprozeßordnung für das Deutsche Reich vom 30. Januar 1877 hatte die Zwangsvollstreckung insofern systematisch ganz in sich aufgenommen, als die Allgemeinen Bestimmungen des 1. Abschnitts des 8. Buches sich auf Zwangsvollstreckungen aller Art bezogen. Dagegen hatte sie von den einzelnen Arten der Zwangsvollstreckung die wichtigste, nämlich die Zwangsvollstreckung wegen einer Geldforderung, nur insoweit geordnet, als Befriedigung aus dem beweglichen Vermögen des Schuldners gesucht wurde.

Für die Zwangsvollstreckung in das unbewegliche Vermögen waren nur drei Spezialpunkte in den §§ 755—757 geordnet, während im Uebrigen auf die Landesgesetze verwiesen wurde. Der Grund dazu lag in dem engen Zusammenhange mit dem zur Zeit ebenfalls nur landesrechtlich geordneten materiellen Grundstücksrechte.

Das Inkrafttreten der CPO. machte es nothwendig, daß fast alle Gliedstaaten des Reiches das Landesrecht einer Revision unterzogen, welche in den meisten Staaten zu einer vollständigen Neuordnung der Materie führte.

In Preußen hatte man sich zunächst mit dem novellenartigen Gesetze vom 4. März 1879 begnügt. Man ging dann aber in dem Gesetze, betreffend die Zwangsvollstreckung in das unbewegliche Vermögen vom 13. Juli 1883, dazu über, eine umfassende Kodifikation der Zwangsvollstreckung in das unbewegliche Vermögen zu geben, welche inzwischen in der ganzen Monarchie mit Ausnahme der ehemals nassauischen Gebietstheile und der Insel Helgoland eingeführt ist. Dieses Gesetz stellte sich aber auch materiell als eine wirthschaftlich bedeutsame Reform des Subhastationsrechts dar, indem es das sog. Deckungs- und Uebernahmeprinzip zum Ausgangspunkte nahm, nach welchem die Zwangsversteigerung nur dann erfolgen darf, wenn die dem Antragsteller vorgehenden Berechtigten durch Uebernahme seitens des Erstehers bez. durch Anweisung auf den Preis vollständig gedeckt werden.

Diese Reform wirkte insofern bahnbrechend, als das Königlich sächsische Gesetz vom 15. August 1884, und das bayerische Gesetz vom 29. Mai 1886 ihr gefolgt sind.

Das am 1. Januar 1900 in Kraft getretene Bürgerliche Gesetzbuch für das Deutsche Reich vom 18. August 1896 hat, allerdings mit weitgehenden Vorbehalten für das Landesrecht, ein einheitliches Sachenrecht auch für Grundstücke und andere Immobilien geschaffen.

Nunmehr war die Möglichkeit gegeben, auch die Zwangsvollstreckung in diese Gegenstände reichsrechtlich einheitlich zu regeln, und es fehlte auch für die Zukunft an jedem Anlaß, diese Regelung einem besonderen Gesetze vorzubehalten und nicht vielmehr der CPO. einzuverleiben.

Art. 1 des EG.BGB. hat nun zwar diese einheitliche Regelung vorgesehen; er hat sie aber gleichwohl nicht in die CPO. gewiesen, sondern ein besonderes Gesetz über die Zwangsversteigerung und die Zwangsverwaltung in Aussicht gestellt, welches gleichzeitig mit dem BGB. in Kraft treten soll.

Den ersten Entwurf eines derartigen Gesetzes hatte die von dem Bundesrathe berufene Kommission zur Ausarbeitung des Entwurfes eines Bürgerlichen Gesetzbuchs in erster Lesung auf Beschluß des Bundesraths vom 14. Juni 1888 aufgestellt und bereits im Jahre 1889 veröffentlicht.*) Die Vorarbeiten, insbesondere die Berathungsprotokolle sind ebensowenig veröffentlicht, wie bei dem BGB. selbst. Dagegen sind die von Hülfsarbeitern der Kommission auf Grund der Vorarbeiten ausgearbeiteten Motive dem veröffentlichten Entwurf beigegeben. Auch dieser Entwurf hatte seine Vorbilder in dem preußischen Gesetz vom 13. Juli 1883 und den ihm folgenden Kodifikationen; so daß er

*) Entwurf einer Grundbuchordnung und Entwurf eines Gesetzes betreffend die Zwangsvollstreckung in das unbewegliche Vermögen. Ausgearbeitet durch die von dem Bundesrathe berufene Kommission. Nebst Motiven. Amtliche Ausgabe. Berlin. Verlag von J. Guttentag. 1889.

also namentlich an dem Deckungsprinzip und der freilich etwas anders geregelten Uebernahme festhielt.

Die an dem Sachenrecht des Entwurfs des BGB. nach der ersten Lesung vorgenommene durchgreifende Umgestaltung machte auch eine Umarbeitung des Subhastationsgesetzes erforderlich. Diese ist erst nach dem Zustandekommen des BGB. erfolgt. Sie enthält zahlreiche Abweichungen, bei welchen die Wünsche der Kritik berücksichtigt sind, auch eine Vereinfachung des Verfahrens erstrebt ist. Dahin gehören die Zulassung von Zahlungsfristen, sowie einer außergerichtlichen Kaufgeldervertheilung, und die Bestimmung des geringsten Gebots bei Gesammthypotheken. Das grundlegende Prinzip wurde aber beibehalten.

Dieser zweite Entwurf, welcher den Titel trägt: „Entwurf eines Gesetzes über die Zwangsversteigerung und die Zwangsverwaltung" wurde demnächst vom Bundesrath als Reichstagsvorlage angenommen und nebst dem dazu gehörigen Entwurf eines Einführungsgesetzes unter dem 12. Dezember 1896 dem Reichstage vorgelegt. Diesem zweiten Entwurfe ist statt der Motive eine kürzere Denkschrift beigegeben (Nr. 607 der Drucksachen des Reichstages). Im Reichstage wurde die erste Lesung (Sten.Ber. S. 3941--53) am 16. Dezember 1896 vorgenommen. Sie endete mit der Verweisung des Entwurfs an die 16. Kommission, welche die Berathung am 22. Februar 1897 beendete. Den Vorsitz führte der Abg. Dr. von Cuny, während der Abgeordnete Dr. von Buchka als Berichterstatter fungirte. Der Bericht bildet die Nr. 685 der Drucksachen des Reichstages. Die von der Kommission beschlossenen Aenderungen sind nur von untergeordneter Bedeutung. Neue Paragraphen sind überhaupt nicht eingefügt, so daß die Paragraphennummern des Gesetzes und des zweiten Entwurfes dieselben sind.

Der Reichstag hat sodann am 26. Februar 1893 in zweiter Lesung und am 8. März 1897 in dritter Lesung den unveränderten Kommissionsentwurf im Ganzen einstimmig angenommen.

Vom Bundesrath wurde die unveränderte Annahme beschlossen. Das Gesetz ist am 24. März 1897 vom Kaiser vollzogen und unter Nr. 2372 (nebst Einführungsgesetz Nr. 2373) in der am 3. April 1897 in Berlin ausgegebenen Nummer des RGBl. veröffentlicht worden.

Das in Abschnitt II dieses Buches wiedergegebene Gesetz behandelt die Zwangsversteigerung und Zwangsverwaltung nur in Bezug auf Grundstücke und andere Grundbuchobjekte, sowie in Bezug auf Schiffe. In erster Linie handelt es sich um die Vornahme dieser Maßregeln zum Zwecke der Zwangsvollstreckung wegen einer Geldforderung oder einer dinglichen, auf Geld gerichteten Verhaftung. Daneben tritt aber im Weiteren Zwangsversteigerung und Zwangsverwaltung im Konkurse und die Zwangsversteigerung von Nachlaßgrundstücken auf Antrag eines Erben, sowie die Zwangsversteigerung zum Zwecke der Aufhebung einer Gemeinschaft.

Das Gesetz dient in seinem ersten Abschnitt (§§ 1—161) zunächst der Zwangsvollstreckung in Grundstücke und andere Immobilien. Für Grundstückspfandrechte ist gesetzlich bestimmt, daß die Befriedigung aus dem verhafteten Grundstück nur im Wege der Zwangsvollstreckung erfolgt (§§ 1147, 1192, 1199 BGB.). Für persönliche Forderungen ergiebt sich dieses ohne Weiteres aus der CPO. In beiden Richtungen ergänzt also das Gesetz die CPO. und ist so anzuwenden, wie wenn es Bestandtheil der CPO. selbst wäre. Es finden deshalb auf die Zwangsvollstreckung in das unbewegliche Vermögen aus der CPO. nicht nur die allgemeinen Bestimmungen über Zwangsvollstreckung, sondern auch die sonstigen allgemeinen Bestimmungen soweit Anwendung, als sie nicht durch das Gesetz oder die Natur der Sache ausgeschlossen sind.

Außerdem findet aber auch neben diesem Gesetze der spezielle Abschnitt der CPO. Anwendung, welcher von der Zwangsvollstreckung in das unbewegliche Vermögen handelt. (Abschnitt I dieses Buches.) Dieser Abschnitt der CPO. ist aus Anlaß dieses Gesetzes einer vollständigen Umgestaltung unterzogen worden. Vier Paragraphen (§§ 864, 865, 870, 871) regeln den Gegenstand, in welchen die Zwangsvollstreckung erfolgt. Eine weitere Bestimmung (§ 866) nennt als Mittel der Zwangsvollstreckung in ein Grundstück: die Eintragung einer Sicherungshypothek für die Forderung, die Zwangsversteigerung und die Zwangsverwaltung.

Von diesen drei Mitteln ist die Sicherungshypothek in der CPO. selbst geregelt worden. (§§ 866 3, 867, 868.) Dagegen verweist § 869 bezüglich der Zwangsversteigerung und der Zwangsverwaltung auf dieses besondere Gesetz, dessen Vorschriften über die Zwangsvollstreckung in Grundstücke auf die Zwangsvollstreckung in eine Berechtigung, für welche die sich auf Grundstücke beziehenden Vorschriften gelten, entsprechende Anwendung finden (§ 870). Hinsichtlich des den Betrieb einer Eisenbahn betreffenden Nutzungsrechts gestattet § 871 eine von den Vorschriften der Reichsgesetze abweichende Regelung durch Landesrecht.

Der die Zwangsvollstreckung in Grundstücke behandelnde erste Abschnitt des Gesetzes v. 24. März 1897 zerfällt in drei Titel, von denen der erste (§§ 1—14) Bestimmungen enthält, welche sich auf Zwangsversteigerung und Zwangsverwaltung gemeinsam beziehen, während der zweite (§§ 15—145) von der Zwangsversteigerung und der dritte (§§ 146—161) von der Zwangsverwaltung handelt.

In zweiter Linie rechnet die CPO. auch Schiffe, sowie sie in das Schiffsregister eingetragen sind, zum unbeweglichen Vermögen (§ 864), bestimmt aber, daß hier die Zwangsvollstreckung nur durch Zwangsversteigerung erfolgt (§ 870 2 Abs. 2). Das BGB. verordnet auch bezüglich der Schiffe, daß die Befriedigung der Pfandgläubiger nur im Wege der Zwangsvollstreckung erfolgt (§ 1268 BGB.).

Diese Zwangsversteigerung von Schiffen im Wege der Zwangsvollstreckung wird im zweiten Abschnitte dieses Gesetzes (§§ 162—171) näher geregelt. Dagegen bleibt die Zwangsvollstreckung in Schiffsparten der CPO. selbst (§ 858) vorbehalten.

Für die Vollziehung eines Arrestes in das unbewegliche Vermögen soll künftig lediglich die CPO. maßgebend sein. (§ 932.)

Dagegen ordnet wiederum das Gesetz vom 24. März 1897 die Zwangsversteigerung und Zwangsverwaltung des unbeweglichen Vermögens auf Antrag des Konkursverwalters (§§ 172—174). Es dient insofern zur Ausführung der Vorschriften der Konkursordnung, welche formell dem Verwalter die Befugniß geben, die Zwangsverwaltung der zur Masse gehörenden unbeweglichen Gegenstände bei der zuständigen Behörde zu betreiben (§ 126 — früher § 116) und materiell die Gegenstände, welche der Zwangsvollstreckung in das unbewegliche Vermögen unterliegen, zur abgesonderten Befriedigung für diejenigen bestimmen, welchen ein Recht auf Befriedigung aus diesen Gegenständen zusteht (§ 39 KO. in der beabsichtigten neuen Fassung).

Die im Anschluß an diesen letzteren Fall geordneten Fälle der Zwangsversteigerung zum Zwecke der Nachlaßregulirung (§§ 175—179) und der Aufhebung einer Gemeinschaft (§§ 180—184) liegen außerhalb der streitigen Gerichtsbarkeit.

Das beigegebene Einführungsgesetz enthält hauptsächlich Vorbehalte zu Gunsten des Landesrechts.

Es regelt außerdem das Inkrafttreten und den Uebergang (siehe unter III).

Durch das Gesetz vom 17. Mai 1898 (RGBl. S. 342) ist der Reichskanzler ermächtigt worden, die Texte der daselbst in § 1 unter Nr. 1—8 bezeichneten Gesetze nach den inzwischen eingetretenen Aenderungen, insbesondere die Civilprozeßordnung und Konkursordnung unter fortlaufender Nummerfolge der Paragraphen durch das Reichsgesetzblatt bekannt zu machen. Dementsprechend ist ihm auch die weitere Ermächtigung ertheilt worden, den Text des Reichsgesetzes über die Zwangsversteigerung und die Zwangsverwaltung in der Weise bekannt zu machen, daß die darin enthaltenen Verweisungen auf Vorschriften der Civilprozeßordnung und der Konkursordnung durch Verweisung auf die entsprechenden Vorschriften der bekannt gemachten Texte jener Gesetze ersetzt werden. Dieser Ermächtigung gemäß ist der Text des Gesetzes vom 24. März 1897 und des Einführungsgesetzes unter dem 20. Mai 1898 von dem Reichskanzler im Reichsgesetzblatt von 1898 S. 713 bis 753 anderweit bekannt gemacht worden.

Vorbehalte zu Gunsten des Landesrechts bestehen einerseits gegenüber einzelnen Vorschriften des Reichsgesetzes selbst, andererseits allgemein für die Gebiete, auf welche sich die im EG. BGB. gemachten Vorbehalte erstrecken.

Zu ihrer Erledigung sind in sämmtlichen Bundesstaaten Ausführungsgesetze ergangen (siehe unten S. XX) in Preußen das Gesetz vom 23. September 1899 (GS. S. 249).

Der Entwurf desselben ist zunächst dem Abgeordnetenhause zugegangen (Drucksache 19, Legislaturperiode I Session 1899 Nr. 118), und von diesem einer Kommission überwiesen worden. Der Bericht dieser Kommission (Drucksachen Nr. 251) hat nur wenige Abänderungen in Vorschlag gebracht. Diese sind von dem Plenum des Abgeordnetenhauses gut geheißen. Im Herrenhause ist der Gesetzentwurf in der vom Hause der Abgeordneten beschlossenen Fassung auf schriftlichen Bericht der bestellten Kommission angenommen worden. (Drucksachen des Herrenhauses Nr. 121, 139).

Die Eintheilung schließt sich an die Gliederung des Reichsgesetzes an. Der erste Abschnitt (Art. 1—14) enthält ergänzende Bestimmungen über die Zwangsversteigerung und die Zwangsverwaltung von Grundstücken im Wege der Zwangsvollstreckung. Sie sind zu den betreffenden §§ des Reichsgesetzes abgedruckt worden.

Der zweite Abschnitt (Art. 15—21) behandelt die Zwangsversteigerung und die Zwangsverwaltung von Bergwerkseigenthum, unbeweglichen Bergwerksantheilen und selbständigen Kohlenabbau-Gerechtigkeiten im Wege der Zwangsvollstreckung und bringt die neben § 870 CPO. erforderlichen besonderen Vorschriften.

Im dritten Abschnitte folgen Vorschriften über die Zwangsversteigerung und die Zwangsverwaltung in besonderen Fällen, nämlich in den im dritten Abschnitte des Reichsgesetzes behandelten Fällen, soweit sich das Verfahren auf Bergwerkseigenthum, unbewegliche Bergwerksantheile oder selbständige Gerechtigkeiten bezieht

(Art. 22), ferner in den besonderen bergrechtlichen Fällen der Zwangsversteigerung (Art. 23—27), endlich in den Fällen des ALR. I. 8 §§ 40, 58, 60 (Art. 28—32).

Der vierte Abschnitt (Art. 33—48) enthält Schluß- und Uebergangsbestimmungen, insbesondere über das Vertheilungsverfahren in Enteignungssachen (Art. 35—41) und über die Aenderung der Kostenvorschriften (Art. 44—46).

Die letzteren drei Abschnitte sind unter IV wiedergegeben worden.

Durch Art. 44 des Gesetzes vom 23. September 1899 sind die Vorschriften des Gesetzes betr. die Gerichtskosten bei Zwangsversteigerungen und Zwangsverwaltungen v. 18. Juli 1883 abgeändert worden. Durch Art. 46 a. a. O. ist der Justizminister ermächtigt worden, bei der Bekanntmachung des neuen Textes des preußischen Gerichtskostengesetzes vom 25. Juni 1895 (vgl. Art. 86 § 2 des preußischen Ausführungsgesetzes zum Bürgerlichen Gesetzbuch vom 20. Sept. 1899) die noch in Betracht kommenden §§ 1 bis 11 des Gesetzes vom 18. Juli 1883 und die §§ 121b und 122 des preußischen Gerichtskostengesetzes in den zweiten Theil des letzteren Gesetzes als zweiten Abschnitt aufzunehmen.

Der Text dieses Gesetzes ist auszugsweise unter V abgedruckt worden. Unter VI folgen diejenigen Vorschriften des preußischen Gesetzes vom 27. September 1899, enthaltend die landesgesetzlichen Vorschriften über die Gebühren der Rechtsanwälte und Gerichtsvollzieher, welche sich auf die Zwangsvollstreckung in das unbewegliche Vermögen beziehen.

Die in den anderen Bundesstaaten zur Ausführung des Reichsgesetzes über die Zwangsversteigerung und die Zwangsverwaltung ergangenen Gesetze können hier nur aufgeführt werden. Die Reihenfolge der Staaten entspricht dem Art. 1 der Verfassung des Deutschen Reiches.

1. Bayern: Ausführungsgesetz zur Grundbuchordnung und zu dem Gesetze über die Zwangsversteigerung und die Zwangsverwaltung v. 9. Juni 1899 (Ges.- und Ver.Bl. Nr. 28 Beilage zum Landtagsabschied S. 125 ff.). Die Art. 23—57 betreffen die Zwangsversteigerung u. s. w.

2. Sachsen: Verordnung die Zwangsvollstreckung in das unbewegliche Vermögen betr. v. 5. Dezember 1899 (Ges.- u. Ver.Bl. S. 589) mit Allerhöchster Genehmigung auf Grund ständischer Ermächtigung und vorbehaltlicher Genehmigung durch die Ständeversammlung. Siehe auch: § 32 AG.BGB. zu § 9 des Einf.Ges. (unter III); und die Ersatzvorschriften zum Gesetz v. 18. März 1887 über Zwangsversteigerung von verliehenen Bergbaurechten und Kohlenbergbaurechten in Art. II des Ges. zur Abänderung des Berggesetzes vom 20. Juni 1898 (Ges.- u. Ver.Bl. S. 202) — Verordnung zur Ausführung der gesetzlichen Bestimmungen über die Zwangsvollstreckung in das unbewegliche Vermögen v. 6. Dezember 1899 (a. a. O. S. 595).

3. Württemberg: Ausführungsgesetz zum Bürgerlichen Gesetzbuch und dessen Nebengesetzen v. 28. Juli 1899 (RGB. S. 519). Die Art. 273—281 betreffen die Zwangsversteigerung u. s. w.

4. Baden: Gesetz die Ausführung des Reichsgesetzes über die Zwangsversteigerung u. s. w. betr. vom 18. Juni 1899 (Ges.= und Ver.Bl. S. 267).

5. Hessen: Gesetz betr. die Ausführung des Reichsgesetzes über die Zwangsversteigerung u. s. w. vom 23. Juli 1899 (Reg.Bl. S. 367).

6. Mecklenburg=Schwerin: Verordung zur Ausführung des Reichsgesetzes über die Zwangsversteigerung u. s. w. vom 9. April 1899 (Reg.Bl. S. 257).

7. Sachsen=Weimar: Gesetz über die Zwangsvollstreckung in das unbewegliche Vermögen v. 6. Dezember 1899 (Reg.Bl. S. 553).

8. Mecklenburg=Strelitz: Verordnung zur Ausführung des Gesetzes über die Zwangsversteigerung u. s. w. vom 9. April 1899 (Offiz. Anz. S. 265) — für Ratzeburg Ver. vom gleichen Tage (Offiz. Anz. S. 287 ff.).

9. Oldenburg: Gesetz zur Ausführung der Civilprozeßordnung und des Reichsgesetzes über die Zwangsversteigerung u. s. w. vom 15. Mai 1899 (Ges.Bl. S. 432) — Art. 14—27 — für das Fürstenthum Birkenfeld Ges. vom gleichen Tage, §§ 14—32 (Ges.Bl. S. 218 ff.) — für das Fürstenthum Lübeck Ges. vom gleichen Tage, §§ 14—24.

10. Braunschweig: Ausführungsgesetz zum Reichsgesetz über die Zwangsversteigerung u. s. w. vom 12. Juni 1899 (Ges.= und Ver.Bl. S. 405) — Kostengesetz dazu von demselben Tage a. a. O. S. 495.

11. Sachsen=Meiningen: Ges. vom 17. Aug. 1899 zur Ausführung des Reichsgesetzes über die Zwangsversteigerung u. s. w. (Samml. der landesherrl. Ver. S. 441).

12. Sachsen-Altenburg: Ausführungsgesetz zum Reichsgesetz über die Zwangsversteigerung u. s. w. vom 4. Mai 1899 (GS. S. 74).

13. Sachsen-Koburg-Gotha: Ausführungsgesetz zum Reichsgesetz über die Zwangsversteigerung u. s. w. v. 20. November 1899 (GS. S. 249).

14. Anhalt: Ausführungsgesetz zum Reichsgesetz über die Zwangsversteigerung u. s. w. vom 20. April 1899 (GS. S. 123).

15. Schwarzburg-Sondershausen: Ausführungsgesetz zum Reichsgesetz über die Zwangsversteigerung u. s. w. vom 19. Juli 1899 (GS. S. 83).

16. Schwarzburg-Rudolstadt: Gesetz über die Zwangsvollstreckung in das unbewegliche Vermögen vom 11. Dezember 1899 (GS. S. 237 — für die Uebergangszeit).

17. Waldeck: Ausführungsgesetz zum Reichsgesetz über die Zwangsversteigerung u. s. w. vom 11. Dezember 1899 (Reg.Bl. S. 177).

18. Reuß ä. L.: Gesetz vom 30. Oktober 1899 zur Ausführung des Reichsgesetzes über die Zwangsversteigerung u. s. w. (GS. S. 90).

19. Reuß j. L.: Gesetz zur Ausführung des Reichsgesetzes über die Zwangsversteigerung u. s. w. vom 10. August 1899 (GS. Nr. 580 S. 127).

20. Schaumburg-Lippe: Gesetz betr. die Ausführung des Reichsgesetzes über die Zwangsversteigerung u. s. w. vom 23. Juni 1899 (GS. S. 81).

21. **Lippe:** Gesetz zur Ausführung des Reichsgesetzes über die Zwangsversteigerung u. s. w. vom 17. November 1899 (GS. S. 522).

22. **Lübeck:** Ausführungsgesetz zum Reichsgesetz über die Zwangsversteigerung u. s. w. vom 18./22. Dezember 1899 (Samml. d. Ver. Nr. 86).

23. **Bremen:** Ausführungsgesetz zu dem Reichsgesetze vom 24. März 1897 betr. die Zwangsversteigerung u. s. w. vom 18. Juli 1899 (Ges.Bl. S. 135).

24. **Hamburg:** Gesetz betr. die Ausführung des Reichsgesetzes über die Zwangsversteigerung u. s. w. vom 14. Juli 1899 (Amtsbl. S. 384).

25. **Elsaß-Lothringen:** Ausführungsgesetz zum Reichsgesetz über die Zwangsversteigerung u. s. w. vom 13. November 1899 (GS. S. 162).

Für **Preußen** ist durch Art. 3 der **Verordnung betreffend das Grundbuchwesen vom 13. November 1899** (GS. S. 519) auf Grund des Art. 186 des Einführungsgesetzes zum Bürgerlichen Gesetzbuche bestimmt:

> Für die aus der Anlage ersichtlichen Grundbuchbezirke und zur Anlegung des Grundbuchs gebildeten Theile von Grundbuchbezirken (Anlegungsbezirke) ist das Grundbuch mit dem Inkrafttreten des Bürgerlichen Gesetzbuches als angelegt anzusehen; die bisher geführten Bücher gelten als Grundbücher im Sinne der Reichsgesetze.

Danach sowie nach Art. 189 des EG. zum BGB., Art. 1 des EG. zu dem Gesetze betr. Aenderungen der Civilprozeßordnung vom 17. Mai 1898, § 1 des EG. zu dem Gesetze über die Zwangsversteigerung u. s. w. (unter III), Art. 48 des preuß. Ausführungsgesetzes (unter IV) sind mit dem 1 Januar 1900, die Vorschriften des dritten Buchs des Bürgerlichen Gesetzbuchs über Rechte an Grundstücken, die Vorschriften des achten Buches der Civilprozeßordnung über die Zwangsvollstreckung in das unbewegliche Vermögen, das Reichsgesetz über die Zwangsversteigerung und die Zwangsverwaltung nebst dem preußischen Ausführungsgesetze in Preußen in Kraft getreten: für sämmtliche (preußische) Grundbuchbezirke im Kammergerichtsbezirke und in den Oberlandesgerichtsbezirken Königsberg, Marienwerder, Stettin, Posen, Breslau, Hamm, Jena sowie in den in jener Anlage (GS. S. 527)* aufgeführten Grundbuchbezirken in den Oberlandesgerichtsbezirken Kiel, Celle, Kassel, Frankfurt a. M., Köln. Für die übrigen Grundbuchbezirke bestimmt sich der Zeitpunkt des Inkrafttretens jener Vorschriften nach Art. 4, 14, 35 der Ver. vom 13. November 1899 (vgl. auch Art. 36 sowie die Allg. Verf. des Justizministers v. 18. Nov. 1899, JMBl. S. 347).

---

*) Vgl. a. die Bekanntmachungen des Justizministers vom 28. Dez. 1899 (GS. S. 657) und vom 25. Jan. 1900 (JMBl. S. 19).

I.

Civilprozeßordnung.

In der Fassung der auf Grund des Gesetzes vom 17. Mai 1898 erfolgten Bekanntmachung vom 20. Mai 1898.

Achtes Buch.

Zwangsvollstreckung.

Erster Abschnitt.

Allgemeine Bestimmungen.

§§ 704—802.

Zweiter Abschnitt.

Zwangsvollstreckung wegen Geldforderungen.

Erster Titel.

Zwangsvollstreckung in das bewegliche Vermögen.

§§ 803—863.

Zweiter Titel.

Zwangsvollstreckung in das unbewegliche Vermögen.

§ 864. Der Zwangsvollstreckung in das unbewegliche Vermögen[1] unterliegen außer den Grundstücken die Berechtigungen, für welche die sich auf Grundstücke beziehenden Vorschriften gelten, und die im Schiffsregister eingetragenen Schiffe.

Die Zwangsvollstreckung in den Bruchtheil eines Grundstücks oder einer Berechtigung ist nur zulässig, wenn der Bruchtheil in dem Antheil eines Miteigenthümers besteht oder wenn sich der Anspruch des Gläubigers auf ein Recht gründet, mit welchem der Bruchtheil als solcher belastet ist.[2]

Pr. § 1. B. l Art. 2.

1. Sie findet nur wegen Geldforderungen statt (Ueberschrift zu Buch VIII Abschn. II). Die allgemeinen Bestimmungen über Zwangsvollstreckung (Buch VIII Abschn. I) finden auf sie Anwendung.

Der § 864 behandelt den Hauptgegenstand § 865 die diesem hinzutretenden Gegenstände.

2. Hauptgegenstand der Zwangsvollstreckung in das unbewegliche Vermögen können nur sein:

a. Grundstücke (§§ 94 ff. BGB.) — § 866 CPO. sowie unter II §§ 1—161.

b. Berechtigungen, für welche die sich auf Grundstücke beziehenden Vorschriften gelten. Als solche kommt reichsgesetzlich nur in Betracht: das Erbbaurecht (§ 1017 BGB.) und nach Maßgabe des Landesrechts: Bergwerkseigenthum (Art. 67 EG.BGB.) und andere Rechte zur Gewinnung von Mineralien (Art. 68 a. a. O.), Erbpacht, Büdner- und Häuslerrecht (Art. 63 a. a. O.), Stockwerkseigenthum (Art. 182 a. a. O.) andre vererbliche und übertragbare Nutzungsrechte (Art. 196 a. a. O.). — Vgl. auch § 84 GBO. und § 870, aber auch § 871 CPO.

Für Preußen s. wegen Bergwerkseigenthum: § 50 des Allg. Berggesetzes v. 24. Juni 1865, Art. 37 I

Pr. AG.BGB., Art. 22 ff. Pr. AG.GBO. (wegen der Erbstollengerechtigkeit des älteren Rechts § 223 Allg. Berggef.), wegen selbständiger Kohlenabbau-Gerechtigkeiten: Ges. v. 22 Febr. 1869 betr. die Rechtsverhältnisse des Stein- und Braunkohlenbergbaus in denjenigen Landestheilen, in welchen das Kurfürstlich Sächsische Mandat v. 19. Aug. 1743 Gesetzeskraft hat (GS. S. 22 und Art. 38 Pr. AG BGB, Art. 27 Pr. AG.GBO. — Auf Grund § 2 EG.ZVG. sind im Pr. AG Z.VG. Art. 16—21 einige Sondervorschriften getroffen (s. unten IV).

Für andere Gerechtigkeiten gelten die sich auf Grundstücke beziehenden Vorschriften des BGB., wenn sie nach den bisherigen Gesetzen in Ansehung der Eintragung in die gerichtlichen Bücher und der Verpfändung den Grundstücken gleichstehen (selbständige Gerechtigkeiten) und wenn die Gerechtigkeit ein Grundbuchblatt erhalten hat (Art. 40 Pr. AG.GBG), dessen Anlegung auf Antrag des Berechtigten geschieht (Art. 27 2 Pr. AG.GBO.).

c. Ideelle Antheile am Grundstückseigenthum (Bruchtheile des Grundstücks im Sinne des BGB.) oder an den zu b erwähnten Berechtigungen (§§ 1008 ff. BGB.). Für Preußen s. wegen unbeweglicher Bergwerksantheile (Kuxe der Gewerkschaften älteren Rechts) §§ 228, 231 Allg. Berggef., Art. 37 XII, XIII Pr AG.BGB., Art. 28 Pr. AG.GBO.; — die Kuxe der Gewerkschaften neueren Rechts gehören zum beweglichen Vermögen (§§ 101, 235 a Allg. Berggef., Art. 37 IX, XIV Pr. AG. BGB).

d. Die im Schiffsregister eingetragenen Schiffe; unter Umständen auch ausländische Schiffe, nicht aber Schiffsparten. (§ 870 2 CPO.; sowie unter II §§ 162—171.).

e. Dazu kommt in Preußen die Bahneinheit und das Bahnbetriebsnutzungsrecht. §§ 1 ff., 32 ff., 58 des Ges. v. 19. Aug. 1895 (GS. S. 494, s. unten zu § 871).

1*

§ 865. Die Zwangsvollstreckung in das unbewegliche Vermögen umfaßt auch die Gegenstände, auf welche sich bei Grundstücken und Berechtigungen die Hypothek, bei Schiffen das eingetragene Pfandrecht erstreckt.[1]

Diese Gegenstände können, soweit sie Zubehör sind, nicht gepfändet werden.[2] Im Uebrigen[3] unterliegen sie der Zwangsvollstreckung in das bewegliche Vermögen, so lange nicht ihre Beschlagnahme im Wege der Zwangsvollstreckung in das unbewegliche Vermögen[4]) erfolgt ist.

Pr. § 1 2 B. I Art. 8.

1. Den Hauptgegenständen (§ 864 CPO.) treten die in Abs. 1 bezeichneten Gegenstände hinzu. Sie ergeben sich für Grundstücke aus §§ 1120—1130 BGB.; — bei Berechtigungen aus dem Landesrecht (vgl. für Preußen über Hülfsbaue als Bestandtheile [nicht Zubehör] des berechtigten Bergwerks Art. 37 III Pr. AG.BGB. zu § 60 3 Allg. Bergges.), bei Schiffen § 1265 BGB., § 478 HGB.

2. Anders nach Pr. § 206, B. I Art. 8. Der Eigenthümer und die Hypothekengläubiger haben gegen die Pfändung ein Widerspruchsrecht nach § 766 CPO. — Ueber Zubehör bei Grundstücken vgl. § 97, 98 BGB., bei Schiffen § 478 HGB.

3. d. h. soweit die Nebengegenstände nicht Zubehör sind (wie z. B. die Mieths- und Pachtzinsforderungen §§ 1123—1125 BGB.), oder soweit Widerspruch gegen die Pfändung nicht erfolgt.

4. s. §§ 20 ff., 148, 162 ZVG., sowie zu § 21 ZVG. A. 8.

§ 866. Die Zwangsvollstreckung in ein Grundstück erfolgt durch Eintragung einer Sicherungshypothek für die Forderung,[1] durch Zwangsversteigerung und durch Zwangsverwaltung.[2]

Der Gläubiger kann verlangen, daß eine dieser Maßregeln allein oder neben den übrigen ausgeführt werde.

Auf Grund eines Vollstreckungsbefehls[3] findet die Eintragung einer Sicherrunghypothek nicht statt. Auf Grund eines anderen Schuldtitels darf eine Sicherungshypothek nur für eine den Betrag von dreihundert Mark übersteigende Forderung eingetragen werden; die Vorschriften der §§. 4, 5[4] finden entsprechende Anwendung.[5]

Pr. § 2.

1. Pr. §§ 6—12. V. II Art. 40 ff. — §§ 1184 ff. BGB.
2. s. § 869 und unten II.
3. §§ 699, 794 Nr. 4 CPO.
4. §§ 4, 5 CPO. hinsichtlich der Berechnung des Betrages.
5. Der Abs. 3 ist ein Zusatz des Reichstags.

§ 867. Die Sicherungshypothek wird auf Antrag des Gläubigers in das Grundbuch eingetragen;[1] die Eintragung ist auf dem vollstreckbaren Titel zu vermerken. Mit der Eintragung entsteht die Hypothek. Das Grundstück haftet auch für die dem Schuldner zur Last fallenden Kosten der Eintragung.[2]

Sollen mehrere Grundstücke des Schuldners mit der Hypothek belastet werden, so ist der Betrag der

Forderung auf die einzelnen Grundstücke zu vertheilen; die Größe der Theile bestimmt der Gläubiger.[3] [4]

1. Die allgemeinen Voraussetzungen für den Beginn einer Zwangsvollstreckung (§§ 750 ff. CPO.) müssen vorliegen. — Wegen der Gebühr des Prozeßbevollmächtigten für den Antrag auf Eintragung s. zu Art. 1 A. 2 Pr. G. v. 27. Sept. 1899 unter VI. — Vgl. auch § 13 GBO. Der vollstreckbare Titel ersetzt die nach § 19 GBO. erforderliche Eintragungsbewilligung. — Wegen der Beschwerde sind (§§ 71 ff. GBO.) maßgebend. Die weitere Beschwerde (§§ 78 ff.) geht in Preußen an das Kammergericht (Art. 7, 8 Pr. AG.Fr.G.).

2. Vgl. § 788 CPO.

3. Abweichend von Pr. § 6 2 B. II Art. 40 — aber entsprechend §§ 22, 23 der preuß. Verord. v. 4. März 1834 (GS. S. 31).

4. Ueber die Sicherungshypothek zur Vollziehung eines Arrestes s. § 932 CPO.

§ 868. Wird durch eine vollstreckbare Entscheidung die zu vollstreckende Entscheidung oder ihre vorläufige Vollstreckbarkeit aufgehoben oder die Zwangsvollstreckung für unzulässig erklärt oder deren Einstellung angeordnet,[1] so erwirbt der Eigenthümer des Grundstücks die Hypothek.[2]

Das Gleiche gilt, wenn durch eine gerichtliche Entscheidung die einstweilige Einstellung der Vollstreckung und zugleich die Aufhebung der erfolgten Vollstreckungsmaßregeln angeordnet wird[3] oder wenn die zur Abwendung der Vollstreckung nachgelassene Sicherheitsleistung oder Hinterlegung erfolgt.[4]

1. § 775 Nr. 1 CPO.

2. Das Recht des Gläubigers aus der Sicherungshypothek fällt weg; dies geschieht entsprechend § 1163 BGB. nicht durch Löschung, sondern dadurch, daß der Eigenthümer die Hypothek erwirbt. Der Eigenthümer kann die Berichtigung des Grundbuchs verlangen (§§ 894 ff. BGB., § 22 GBO.), s. auch § 932 CPO.

3. §§ 775 Nr. 2, 776 CPO.

4. § 775 Nr. 3 CPO.

§ 869. Die Zwangsversteigerung und die Zwangsverwaltung werden durch ein besonderes Gesetz geregelt.

s. unten II.

§ 870. Auf die Zwangsvollstreckung in eine Berechtigung, für welche die sich auf Grundstücke beziehenden Vorschriften gelten,[1] finden die Vorschriften über die Zwangsvollstreckung in Grundstücke entsprechende Anwendung.[2]

Die Zwangsvollstreckung in ein eingetragenes Schiff erfolgt nur durch Zwangsversteigerung.

1. s. oben zu § 864 A. 2.

2. Die landesgesetzlichen Sondervorschriften s. für Preußen im Abschn. II Pr. AG.ZVG. (unten IV).

§ 871. Unberührt bleiben die landesgesetzlichen Vorschriften, nach welchen, wenn ein Anderer als der Eigenthümer einer Eisenbahn oder Kleinbahn den Betrieb der Bahn kraft eigenen Nutzungsrechts ausübt, das Nutzungsrecht und gewisse dem Betriebe gewidmete Gegenstände in Ansehung der Zwangsvollstreckung zum unbeweglichen Vermögen gehören und die Zwangsvollstreckung abweichend von den Vorschriften der Reichsgesetze geregelt ist.

Vgl. Preuß. Ges. v. 19. Aug. 1895 betr. das Pfandrecht an Privateisenbahnen und Kleinbahnen und die Zwangsvollstreckung in dieselben (GS. S. 499) §§ 58, 32 ff. Für die Zwangsvollstreckung in die Bahneinheit und in das Bahnbetriebsnutzungsrecht gelten neben den besonderen Vorschriften des angeführten Gesetzes an Stelle der Vorschriften des Preuß. Ges. v. 13. Juli 1883 die entsprechenden Bestimmungen des Reichsgesetzes v. 24. März 1898 (vgl. unten III zu § 1 EG. A. 5).

II.

Gesetz

über die

Zwangsversteigerung und die Zwangsverwaltung.

Vom 24. März 1897.

(RGBl. S. 97 ff.)

Text in der Fassung der Bekanntmachung des Reichskanzlers vom 20. Mai 1898 (RGBl. S. 713 ff.).

Wir **Wilhelm**, von Gottes Gnaden Deutscher Kaiser, König von Preußen rc.

verordnen im Namen des Reichs, nach erfolgter Zustimmung des Bundesraths und des Reichstags, was folgt:

Erster Abschnitt.

Zwangsversteigerung und Zwangsverwaltung von Grundstücken im Wege der Zwangsvollstreckung.

Erster Titel.

Allgemeine Vorschriften.

Zuständigkeit.

§ 1. Für die Zwangsversteigerung[1] und die Zwangsverwaltung[2] eines Grundstücks[3] ist als

Vollstreckungsgericht[4] das Amtsgericht zuständig,[5] in dessen Bezirke das Grundstück belegen ist.[6 7]

I 6, 25 2; M. 88, 121; II. 1 D. 34. — § 755 CPO. (älterer Fassung).

1. §§ 15—145. 2. §§ 146—161.

3. oder einer mit GBBl. versehenen Berechtigung, sowie der ideellen Antheile („Bruchtheile"). Vgl. unter I zu § 864 CPO. Anm. 2.

4. im Sinne des § 764 CPO. Damit finden alle reichsrechtlichen Bestimmungen bezüglich dieses Gerichts, insbesondere über Organisation und Verfassung, Ausschließung und Ablehnung der Gerichtspersonen u. s. w. Anwendung. — Vgl. aber unter III § 13 EG.

5. ausschließlich. § 802 CPO. 6. § 24 CPO.

7. Wegen des zuständigen Vollstreckungsgerichts für Schiffe s. § 163. — Das zuständige Gericht bei der Zwangsvollstreckung in eine Berechtigung, für welche die sich auf Grundstücke beziehenden Vorschriften gelten (s. unter I § 864 CPO. Anm. 2), ergiebt sich aus der entsprechenden Anwendung der §§ 1, 2 (§ 870 1 CPO.). Vgl. Pr. § 155, 156 — sowie unter IV Art. 15 Pr. AG. ZVG. Wegen der Zuständigkeit in den besonderen Fällen des Abschnitts III s. §§ 172, 176, 180, sowie unter IV Art. 22 Pr. AG.ZVG.

§ 2. Ist das Grundstück in den Bezirken verschiedener Amtsgerichte belegen oder ist es mit Rücksicht auf die Grenzen der Bezirke ungewiß, welches Gericht zuständig ist,[1] so hat[2] das zunächst höhere Gericht eines der Amtsgerichte zum Vollstreckungsgerichte zu bestellen; die Vorschriften des § 37 der Civilprozeßordnung finden entsprechende Anwendung.

Die gleiche Anordnung kann[3] getroffen werden, wenn die Zwangsversteigerung oder die Zwangsverwaltung mehrerer Grundstücke in demselben Verfahren zulässig ist[4] und die Grundstücke in den Bezirken verschiedener Amtsgerichte belegen sind.[5] Von der Anordnung soll das zum Vollstreckungsgerichte bestellte Gericht die übrigen Gerichte in Kenntniß setzen.[6] [7]

I 7, 25 2; M. 88, 121; II. 2 D. 34. — § 756 CPO. (älterer Fassung). — Pr. § 3. — B. I Art. 14.

1. § 36 Nr. 2 CPO.

2. obligatorisch. Die Herbeiführung der Entscheidung setzt ein Gesuch eines Betheiligten voraus (§ 37 CPO.).

3. fakultativ.

4. d. h. wenn die Voraussetzungen des § 18 vorliegen.

5. § 36 Nr. 4 CPO. 6. Vgl. § 40 1.

7. Auch in den Fällen des § 36 Nr. 1 und der analog anzuwendenden Nr. 5 und 6 kann die Bestimmung des Vollstreckungsgerichts durch das zunächst höhere Gericht in Frage kommen.

Zustellungen.

§ 3. Die Zustellungen[1] erfolgen von Amtswegen.[2]

I 16 Satz 1; M. 101; II. 3 D. 35. — Pr. §§ 4, 16, 47, 101. — B. I Art. 17. — S. § 53.

1. richten sich nach der CPO. (§§ 166 ff.), soweit nicht dieses Gesetz, insbesondere §§ 3—8, Abweichungen enthalten.

2. Ausnahme von § 166 CPO. über den § 329 3 CPO. hinaus, entsprechend dem § 73 2 KO.

§ 4. Wohnt derjenige, welchem zugestellt werden soll, weder am Orte noch im Bezirke des Vollstreckungsgerichts,[1] so kann[2] die Zustellung durch Aufgabe zur Post[3] erfolgen, solange nicht die Bestellung eines daselbst wohnhaften Prozeßbevollmächtigten[4] oder Zustellungsbevollmächtigten[5] dem Gericht[6] angezeigt ist. Die Postsendung muß[7] mit der Bezeichnung „Einschreiben" versehen werden.

I 18; M. 103; II. 4 D. 35. — Pr. § 4, Nr. 3. — B. I Art. 19. — S. § 54.

1. § 174 CPO.
2. ohne Weiteres, insbesondere ohne die in den §§ 174, 175 CPO. aufgestellten Voraussetzungen. — Vgl. auch § 77 KO.
3. § 175 CPO.
4. § 81 CPO.
5. § 174 CPO.
6. anders wie nach § 175 CPO.
7. in jedem Falle. Abweichung von § 175 2 CPO.

§ 5. Die Bestellung eines Zustellungsbevollmächtigten bei dem Grundbuchamte gilt auch für das Verfahren des Vollstreckungsgerichts, sofern sie diesem bekannt geworden ist.[1]

I 19; M. 104; II. 5 D. 35. — Pr. § 4, Nr. 1. — S. § 55.

1. durch die Mittheilung des Grundbuchamts (§ 19 2), des Betheiligten selbst, oder auf andere Weise, z. B. durch Einsicht der Grundakten.

§ 6. Ist der Wohnort desjenigen, welchem zugestellt werden soll, dem Vollstreckungsgerichte nicht bekannt, so hat das Gericht einen Zustellungsvertreter zu bestellen.

Das Gleiche gilt, wenn im Falle der Zustellung durch Aufgabe zur Post[1] die Postsendung als unbestellbar zurückkommt. Die zurückgekommene Sendung soll dem Zustellungsvertreter ausgehändigt werden.[2]

Statt der Bestellung eines Vertreters genügt es, wenn die Zustellung für nicht prozeßfähige[3] Personen an die Vormundschaftsbehörde,[4] für juristische Personen[5] oder für Vereine, die als solche klagen und verklagt werden können,[6] an die Aufsichtsbehörde[7] angeordnet wird.

I 20, 23; M. 105, 108; II. 6 D. 35. — Pr. § 4 1, Nr. 2, 4, 5. — B. I Art. 17—19. — S. §§ 56, 57.

1. § 5.

2. Ohne besondere Form. Die Zustellung ist bereits bewirkt.

3. §§ 51 ff. CPO.

4. d. h. des Vormundschaftsgerichts, soweit nicht Art. 147 EG BGB. Platz greift.

5. §§ 21—89 BGB.

6. wenn sie auch keine juristische Persönlichkeit haben. (Vgl. §§ 17, 171 CPO.) Daß sie bloß verklagt werden können, wie in § 50 CPO. für nicht rechtsfähige Vereine (§ 54 BGB.) bestimmt ist, genügt aber nicht.

7. sofern eine staatliche Aufsichtsbehörde vorhanden ist.

§ 7. An den Zustellungsvertreter erfolgen die Zustellungen, solange derjenige, welchem zugestellt werden soll, nicht ermittelt ist.

Der Zustellungsvertreter ist zur Ermittelung und Benachrichtigung des Vertretenen[1] verpflichtet. Er kann von diesem eine Vergütung für seine Thätigkeit und Ersatz seiner Auslagen fordern. Ueber die Vergütung und die Erstattung der Auslagen entscheidet das Vollstreckungsgericht.[2]

Für die Erstattung der Auslagen haftet der Gläubiger, soweit der Zustellungsvertreter von dem Vertretenen Ersatz nicht zu erlangen vermag; die dem Gläubiger zur Last fallenden Auslagen gehören zu den Kosten der die Befriedigung aus dem Grundstücke bezweckenden Rechtsverfolgung.[3] [4].

I 22; M. 107; II. 7 D. 35. — Pr. § 4 1 Nr. 6 u. 4 2. — S. § 56.

1. nicht aber zur sonstigen Wahrnehmung seiner Rechte.

2. vollstreckbar nach § 794 Nr. 3 CPO.

3. § 10 2.

4. Abs. 3 ist ein Zusatz der Reichstagskommission (KB. S. 6, 7).

§ 8. Die Vorschriften der §§ 4 bis 7 finden auf die an den Schuldner[1] zu bewirkende Zustellung des Beschlusses, durch welchen die Zwangsvollstreckung angeordnet[2] oder der Beitritt eines Gläubigers zugelassen wird,[3] keine Anwendung.[4]

I 24 1; M. 110; II. 8 D. 35. — Pr. § 4 3.

1. Die an andere Personen, insbesondere den Antragsteller, zu bewirkende Zustellung des Beschlusses,

sowie sonstige Zustellungen an den Schuldner stehen unter den §§ 4—7.

2. §§ 15, 146. 3. §§ 27, 146.

4. Hier sind also lediglich § 3 und die Vorschriften der CPO. (zu § 3 A. 1) maßgebend. Vgl. insbesondere §§ 779 ff. CPO.

Betheiligte.

§ 9. In dem Verfahren gelten als Betheiligte, außer dem Gläubiger[1] und dem Schuldner:[2]

1. diejenigen, für welche zur Zeit der Eintragung des Vollstreckungsvermerkes[3] ein Recht im Grundbuch eingetragen oder durch Eintragung gesichert ist;[4]
2. diejenigen, welche ein der Zwangsvollstreckung entgegenstehendes Recht,[5] ein Recht an dem Grundstück[6] oder an einem das Grundstück belastenden[7] Rechte, einen Anspruch mit dem Rechte auf Befriedigung aus dem Grundstück[8] oder ein Mieth- oder Pachtrecht, auf Grund dessen ihnen das Grundstück überlassen ist,[9] bei dem Vollstreckungsgericht anmelden und auf Verlangen des Gerichts oder eines Betheiligten glaubhaft[10] machen.

I 8; M 88; D. 35. — Pr. § 21. — B 1 Art. 40.

1. d. h. dem Antragsteller (§ 15) und den beitretenden Gläubigern (§ 27)

2. Schuldner ist derjenige, gegen den der Antrag auf Zwangsvollstreckung in das Grundstück gerichtet ist, nicht der etwa von diesem verschiedene persönliche Schuldner (§§ 16, 17).

3. § 19.

4. Insbesondere der durch Veräußerungsverbot (§ 888 2 BGB.), Widerspruch (§§ 894, 899 BGB.), Vormerkung (§§ 883 ff. BGB.) Gesicherte: auch der gemäß § 1189 BGB. für den Gläubiger einer Inhaberhypothek bestellte und eingetragene Vertreter. — Diese Personen ergeben sich aus der gemäß § 19 Abs. 2 erfolgenden Mittheilung des GBA., s. auch § 26 3. Die nach dem Vollstreckungsvermerk Eingetragenen müssen gemäß Nr. 2 anmelden, auch wenn sie aus der Mittheilung des Grundbuchblatts ersichtlich sind; ebenso muß anmelden der überhaupt nicht Eingetragene (z. B. der etwaige neue Briefhypothekar § 1154 BGB.).

5. §§ 28, 37 Nr. 5.

6. dingliches Recht: § 873 BGB.

7. wenngleich nicht eingetragenem (z. B. zu Unrecht gelöschtem [§ 894 BGB.]) Rechte.

8. §§ 10—14.

9. Also der besitzende Miether oder Pächter. Vgl. §§ 57, 59, 152 2, 183.

10 § 294 CPO. Vgl. auch § 97 2. Das Verlangen kann auch nach der Zuziehung des Betreffenden gestellt werden. Dieser gilt dann, bis die Glaubhaftmachung erfolgt ist, nicht als Betheiligter.

Recht auf Befriedigung — Rangordnung.

§ 10. Ein Recht auf Befriedigung aus dem Grundstücke[1] gewähren nach folgender Rangordnung, bei gleichem Range nach dem Verhältniß ihrer Beträge:

1. der Anspruch eines die Zwangsverwaltung betreibenden Gläubigers[2] auf Ersatz seiner Ausgaben zur Erhaltung[3] oder nöthigen Ver-

besserung des Grundstücks,[4] im Falle der Zwangsversteigerung jedoch nur, wenn die Verwaltung bis zum Zuschlage fortdauert und die Ausgaben nicht aus den Nutzungen des Grundstücks erstattet werden können;[5]

2. bei einem land- oder forstwirthschaftlichen Grundstücke die Ansprüche der zur Bewirthschaftung des Grundstücks oder zum Betrieb eines mit dem Grundstücke verbundenen land- oder forstwirthschaftlichen Nebengewerbes angenommenen, in einem Dienst- oder Arbeitsverhältnisse[6] stehenden Personen, insbesondere des Gesindes, der Wirthschafts- und Forstbeamten, auf Lohn, Kostgeld und andere Bezüge wegen der laufenden und der aus dem letzten Jahre rückständigen Beträge;

3. die Ansprüche auf Entrichtung der öffentlichen Lasten[7] des Grundstücks wegen der laufenden und der aus den letzten zwei Jahren rückständigen Beträge;

4. die Ansprüche aus Rechten an dem Grundstücke,[8] soweit sie nicht in Folge der Beschlagnahme dem Gläubiger gegenüber unwirksam sind,[9] die Ansprüche auf wiederkehrende Leistungen jedoch, mit Einschluß derjenigen, welche als Zuschlag zu den Zinsen behufs allmählicher Kapitalstilgung zu entrichten sind, nur wegen der laufenden und der aus den letzten zwei Jahren rückständigen Beträge;[10]

5. der Anspruch des Gläubigers,[11] soweit er nicht in einer der vorhergehenden Klassen zu befriedigen ist;[12]
6. die Ansprüche der vierten Klasse, soweit sie in Folge der Beschlagnahme dem Gläubiger gegenüber unwirksam sind;[13]
7. die Ansprüche der dritten Klasse wegen der älteren Rückstände;
8. die Ansprüche der vierten Klasse wegen der älteren Rückstände.[14]

Das Recht auf Befriedigung aus dem Grundstücke besteht auch für die Kosten der Kündigung und der die Befriedigung aus dem Grundstücke bezweckenden Rechtsverfolgung.[15] [16]

I 9, 10 1, 12, 15, 153; M. 90, 95, 98, 100, 284; II. 10 D. 36. — Pr. §§ 23—30, 35—38. — B. I. Art. 10, 107—116, 150—153. — S. §§ 4—12, 197. — Vgl. § 47 KO.

1. Vgl. §§ 9 Nr. 2, 109 2, 112 ff., 155 ff.
2. nicht aber Dritter. R. 25, 235.
3. auch Versicherungsbeiträge. Dagegen in der Regel nicht die Vergütung für den Verwalter. R. 25, 230.
4. R. 17, 276.
5. § 155 1, R. 25, 227, 231 ff. Für Preußen siehe ferner:

Pr. AG.ZVG. Art. 12. Im Falle des § 6 Abs. 2 des Gesetzes, betreffend die Zwangsvollstreckung aus Forderungen landschaftlicher (ritterschaftlicher) Kreditanstalten, vom 3. August 1897 (Gesetz-Samml. S. 388)[a] findet die Vorschrift des § 155 Abs. 1 des Reichsgesetzes auch auf die Ausgaben und Kosten der durch die Kreditanstalt eingeleiteten Zwangsverwaltung Anwendung.

Der Kreditanstalt steht wegen ihrer Ausgaben zur Erhaltung oder nöthigen Verbesserung des Grundstücks ein Recht auf Befriedigung nach § 10 Abs. 1. Nr. 1 des Reichsgesetzes auch insoweit zu, als sie die Ausgaben während der von ihr eingeleiteten Zwangsverwaltung aufgewendet hat. Im Falle der Zwangsversteigerung gilt dies auch dann, wenn die von der Kreditanstalt eingeleitete Zwangsverwaltung bis zum Zuschlage fortdauert.

Die Kreditanstalt ist berechtigt, von den im Abs. 2 bezeichneten Ausgaben seit der Zeit der Aufwendung Zinsen[b] mit dem Range des Anspruchs auf Ersatz der Ausgaben in Ansatz zu bringen.

a. d. h. wenn die durch die Kreditanstalt eingeleitete Zwangsverwaltung endigt, weil wegen des Anspruches eines andern Gläubigers die gerichtliche Zwangsverwaltung angeordnet ist Vgl. zu § 146 A. 5.

b. 4% (§ 246 BGB.); sofern die Kreditanstalten nicht schon bisher höhere Zinsen in Ansatz bringen dürfen (Art. 34 Pr. AG.ZVG. unter IV).

6. Vgl. auch R. 27, 227.

7. öffentliche Abgaben (§§ 436, 1047 BGB.) und andere auf dem öffentlichen Rechte beruhende Lasten nach Maßgabe des Landesrechts. Was öffentliche Lasten im Sinne dieser Vorschrift sind, ist durch die Ausführungsgesetze in den einzelnen Bundesstaaten bestimmt, aus denen sich auch ergiebt, inwieweit von dem Vorbehalt des § 4 Abs. 1 EG. Gebrauch gemacht und gewissen öffentlichen Lasten (innerhalb der Klasse 3) ein Vorrang vor andern eingeräumt ist. Soweit dies nicht geschehen, kommen sie in Klasse 3 nach Verhältniß zur Hebung. Für Preußen siehe:

Pr. AG.ZVG. Art. 1. Oeffentliche Lasten eines Grundstücks im Sinne des § 10 Abs. 1 Nr. 3 und des § 156 Abs. 1 des Reichsgesetzes über die Zwangsversteigerung und die Zwangsverwaltung vom 24. März 1897 sind:

1. die zur Erfüllung der Deichpflicht erforderlichen Beiträge und Leistungen, ohne Unterschied, ob sie von der zuständigen Staatsbehörde ausgeschrieben sind oder aus der auf einem Deichverbande beruhenden Deichpflicht entspringen;
2. die auf einem nicht privatrechtlichen Titel beruhenden Abgaben und Leistungen, die auf dem Grundstücke nach Gesetz oder Verfassung haften (gemeine Lasten).

Die im Abs. 1 unter Nr 1 bezeichneten Lasten gehen den unter Nr. 2 bezeichneten im Range vor.[a]

Art. 2. Zu den gemeinen Lasten gehören namentlich:

1. Abgaben und Leistungen,[b] die aus dem Kommunal-, Kirchen-, Pfarr- oder Schulverband entspringen oder an Kirchen, Pfarren, Schulen, Kirchen- oder Schulbediente zu entrichten sind;
2. Beiträge, die aus der Verpflichtung zu öffentlichen Wege-, Wasser- oder Uferbauten entstehen;
3. Beiträge, die an öffentliche Meliorationsgenossenschaften oder andere einen gemeinnützigen Zweck verfolgende Körperschaften des öffentlichen Rechtes, insbesondere an Verbände,[c] welche die Versicherung ihrer Mitglieder gegen den durch Brand, Hagelschlag oder Viehsterben entstehenden Schaden bezwecken, zu entrichten sind;
4. diejenigen Beiträge zur Entschädigung oder zu den Kosten der Schutzanlagen, welche nach Massgabe des Gesetzes, betreffend Schutzwaldungen und Waldgenossenschaften, vom

6. Juli 1875 (Gesetz-Samml. S. 416) den Eigenthümern gefährdeter oder gefahrbringender Grundstücke auferlegt sind.

Art. 3 In Ansehung des Rechtes auf Befriedigung aus dem Grundstücke stehen den öffentlichen Lasten gleich:

1. die an die Rentenbanken oder die Tilgungskassen abgetretenen Renten sowie die an die Staatskasse zu entrichtenden Ablösungsrenten; d
2. wenn das Grundstück bei einer Auseinandersetzung betheiligt ist, die im § 7 Nr 6 des Gesetzes über das Kostenwesen in Auseinandersetzungssachen vom 24. Juni 1875 (Gesetz-Samml S. 397) bezeichneten Kosten und Terminalvorschüsse auch ausserhalb des ursprünglichen Geltungsbereichs des genannten Gesetzes.

Die Renten, Kosten und Vorschüsse haben den Rang zwischen den im Artikel 1 Abs 1 unter Nr. 1 und den daselbst unter Nr. 2 bezeichneten Lasten e

Pr. §§ 25, 27, 28.

a. entsprechend den §§ 9 u. 18 des Ges. über das Deichwesen vom 20. Jan. 1848. — Vor den unter Nr. 2 begriffenen gemeinen Lasten rangiren die in Art. 3 bezeichneten Renten u. s. w.

b. mögen sie im Thun oder Unterlassen bestehen (§ 241 BGB.), z. B. ortsstatutarische Bau- und Nutzungsbeschränkungen.

c. hierher gehören nicht Privatversicherungsgesellschaften, wenngleich sie der staatlichen Genehmigung bedürfen.

d. Vgl. §§ 18, 58 bezw. §§ 7, 64 G. v. 2. März 1850.

e. Unter sich haben sie gleichen Rang.

8. dingliche Rechte jeder Art (§ 873 BGB.). — Auch der an Stelle eines solchen Rechts nach § 92 tretende Anspruch auf Werthersatz gehört hierher. — Rang nach §§ 879, 880, 881 BGB. bezw. Art. 184 EG.BGB.

9. § 23. Vgl. unter Nr. 6. — Vgl. auch § 11_1.
10. § 13. 11. zu § 9 A. 1.
12. Vgl. § 11_2.
13. § 23. Vgl. auch § 11_1 u. §§ 2_2, 3 EG.
14. Vgl. oben Nr. 4. — Vgl. auch § 11_1.
15. § 1118 BGB. Vgl. § 7_3, § 12 Nr 1; § 109 A. 2.
16. Wegen der Vorrechte der landschaftlichen und ritterschaftlichen Kreditanstalten s. § 2_2 EG. sowie oben A. 5.

§ 11. Sind Ansprüche aus verschiedenen Rechten[1] nach § 10 Nr. 4,[2] 6 oder 8 in derselben Klasse zu befriedigen, so ist für sie das Rangverhältniß maßgebend, welches unter den Rechten besteht.[3]

In der fünften Klasse geht unter mehreren Ansprüchen derjenige vor, für welchen die Beschlagnahme[4] früher erfolgt ist.

I 10 (Nr. 3 u. 4) u. 11; M. 95; II. 11 D. 37. — Pr. §§ 29, 30. — B. I Art. 108. — S. § 4.

1. Wegen verschiedener Ansprüche aus demselben Rechte s. § 12.

2. für § 10 Nr. 1—3 gilt die Regel nicht. Für Nr. 1 und 2 besteht kein Rang. Für Nr. 3 und 7 vgl. Anm. 7 zu § 10.

3. Vgl. Anm. 8 zu § 10. 4. §§ 20, 22, 27.

§ 12. Die Ansprüche aus einem und demselben Rechte haben unter einander folgende Rangordnung:

1. die Ansprüche auf Ersatz der im § 10 Abs. 2 bezeichneten Kosten;

2. die Ansprüche auf wiederkehrende Leistungen und andere Nebenleistungen;[1]

3. der Hauptanspruch.

I 13; M. 98; II. 12. D. 37. — Pr. § 35. — B. I Art. 108, II Art. 3, 8. — Vgl. auch § 367 BGB.

1. soweit sie gemäß § 10 ein Recht auf Befriedigung gewähren.

Berechnung bei wiederkehrenden Leistungen.

§ 13. Die laufenden Beträge wiederkehrender Leistungen[1] nehmen ihren Anfang von dem letzten Fälligkeitstermine vor der Beschlagnahme[2] des Grundstücks; die Rückstände werden von demselben Zeitpunkt zurückgerechnet.

Fehlt es innerhalb der letzten zwei Jahre an einem Fälligkeitstermine, so entscheidet die Zeit der Beschlagnahme.

Liegen mehrere Beschlagnahmen vor, so ist die erste[3] maßgebend. Bei der Zwangsversteigerung gilt, wenn bis zur Beschlagnahme eine Zwangsverwaltung fortgedauert hat, die für diese bewirkte Beschlagnahme als die erste.

I 14; M. 99; II. 13. D. 37. — Pr. § 36. — B. I Art. 108, 109; B. II Art. 3. — S. §§ 4, 194.

1. §§ 10 Nr. 3 u. 4, 45 2, 47, 49, 114 2, 129, 155; § 2 2 und § 3 Satz 2 EG.
2. § 22.
3. auch wenn der erste Antragsteller seinen Antrag zurückgenommen hat.

Ansprüche von unbestimmtem Betrage.

§ 14. Ansprüche von unbestimmtem Betrage gelten [1] als aufschiebend bedingt durch die Feststellung des Betrags.[2]

I 71, 160 2, 161 3; M. 178, 294, 295; II. 14. D. 37. — Pr. § 34 2. — B. I Art. 111, II Art. 2, 7. — S. § 7.

1. Fiktion. In Wirklichkeit sind sie unbedingt.
2. Vgl. §§ 48, 50, 2 Nr. 1, 119, 120.

Zweiter Titel.

Zwangsversteigerung.

I. Anordnung der Versteigerung.

Versteigerungsbeschluß.

§ 15. Die Zwangsversteigerung [1] eines Grundstücks [2] wird von dem Vollstreckungsgericht [3] auf Antrag [4] angeordnet.[5]

I 25 1; M. 121; II. 15 D. 38. — § 755 2 CPO (älterer Fassung).

1. Ueber das Verhältniß der Zwangsversteigerung zu der Zwangsverwaltung und der Zwangsvollstreckung durch Eintragung einer Sicherungshypothek s. § 866 CPO. oben S. 5.
2. Die Vorschriften dieses Gesetzes finden auf ideelle Antheile am Grundstückseigenthum (Bruchtheile an Grundstücken), auf Berechtigungen, für welche die sich auf Grundstücke beziehenden Vorschriften des BGB gelten, entsprechende Anwendung, s. §§ 864, 870 CPO. oben S. 1, 7.
3. Vollstreckungsgericht s. §§ 1, 2. Vgl. auch § 13 EG.

4. Antragsberechtigt: der Gläubiger, welcher gegen den Eigenthümer (Schuldner §§ 9, 16, 17) einen vollstreckbaren Titel wegen einer Geldforderung hat, s. oben S. 2.

Form des Antrags: §§ 496, 502 CPO. Kein Anwaltszwang, aber Befugniß des Prozeßbevollmächtigten: §§ 78, 81 CPO. — Inhalt § 16. — Beilagen § 16 2.

5. Die Anordnung bildet den Versteigerungsbeschluß (§§ 20, 27). — Beschwerde nach § 95.

Antrag und Anlagen.

§ 16. Der Antrag soll das Grundstück,[1] den Eigenthümer,[2] den Anspruch[3] und den vollstreckbaren Titel[4] bezeichnen.

Die für den Beginn der Zwangsvollstreckung[5] erforderlichen Urkunden[6] sind dem Antrage[7] beizufügen.[8]

Abs. 1 I 28
Abs. 2 I 29 1, Nr. 1 } M. 124—127; II. 16 D. 38. — Pr. § 13. — B. I Art. 7, 24—27. — S. § 64.

1. Wegen Bezeichnung des Grundstückes vgl. §§ 2, 3, 89, 96 GBO.

2. Der Schuldner muß Eigenthümer sein (§§ 9, 17), s. auch § 1148 BGB.

3. wegen einer Geldforderung s. zu § 15 A. 4. Der Anspruch kann ein dinglicher Anspruch aus einem eingetragenen Rechte (§ 26 1, 147; §§ 1147, 1192, 1200, 1107 BGB., §§ 794 Nr. 5 a. E., 800 CPO.) oder ein persönlicher sein

4. §§ 704, 794, 800 CPO. Vgl. auch §§ 735 - 748 CPO., §§ 164, 194, 206 KO.; §§ 122, 483, 495 StPO.; §§ 94, 97 RAO; §§ 62, 106 ff. des Genossenschaftsgesetzes v. 1. Mai 1889 (RGBl S. 55 neue Fassung.

Bekanntmachung des Reichskanzlers v. 20. Mai 1898, RGBl. S. 369 u. 810 ff.); -- gewerbegerichtliche Urtheile und Vergleiche (§§ 56, 59, 73 Ges. v. 29. Juli 1890, RGB. S. 141); — s. auch unten § 132. — Außer den reichsgesetzlichen Titeln kommen auch landesgesetzliche in Betracht (§ 801 CPO.), z. B. in Preußen: die vor dem Schiedsmann geschlossenen Vergleiche (§§ 32, 47 Schiedsm.-O.). In Preußen wird bei der Zwangsversteigerung auf Antrag der öffentlichen, landschaftlichen, ritterschaftlichen Kreditanstalten, die beim Inkrafttreten des BGB. bestehen und denen durch Satzung oder Kgl. Verordnung das Recht beigelegt ist, die gerichtliche Zwangsvollstreckung der von ihnen beliehenen Grundstücke wegen ihrer Darlehnsforderungen u. s. w. zu betreiben, der vollstreckbare Titel durch den Antrag der Anstalt auf Zwangsversteigerung ersetzt. (§§ 1, 2, 4, 12, 13 Ges. v. 3. Aug. 1897 [GS. S. 388]; §§ 3, 6 der Ver. v. 5. Nov. 1898 u. 16. Aug. 1899, betr. die Verleihung des Zwangsvollstreckungsrechts an die Nassauische Landesbank bezw. an die Landeskreditkasse zu Kassel, GS. 1899 S. 1, 162.)

5. Die Zwangsversteigerung beginnt mit dem Versteigerungsbeschluß (§§ 19, 20), nicht erst mit dessen Zustellung an den Schuldner (§ 22).

6. d. h. die vollstreckbare Ausfertigung des Titels (§§ 724 ff., 749, 796, 797 CPO.) und die sonstigen für den Beginn der Zwangsvollstreckung — nach §§ 750—752, 798—800 CPO. — erforderlichen Urkunden. Vgl. auch § 17 2, 3.

7. Der Antragsteller muß sich als Gläubiger, der Eigenthümer als Schuldner aus dem Titel bezw. der Vollstreckungsklausel ergeben. (§§ 750, 727 CPO.)

8. Vgl. § 5 EG. wegen der landesgesetzlich zu bestimmenden Beilagen des Antrags. Für Preußen siehe:

Pr. AG.ZVG. Art. 4 Dem Antrag auf Zwangs**versteigerung soll ein das Grundstück betreffender** neuester Auszug aus der Grundsteuermutterrolle und der Gebäudesteuerrolle beigefügt werden, soweit er nach Lage der Rollen ertheilt werden kann.

In den Hohenzollernschen Landen tritt an die Stelle des Auszugs aus den Steuerrollen ein Auszug aus dem Besitz- und Steuerhefte des Schuldners.

Pr. § 14, 199.

Voraussetzungen des Beschlusses.

§ 17. Die Zwangsversteigerung darf nur[1] angeordnet werden, wenn der Schuldner als Eigenthümer des Grundstücks eingetragen[2] oder wenn er Erbe[3] des eingetragenen Eigenthümers ist.

Die Eintragung ist durch ein Zeugniß des Grundbuchamts nachzuweisen. Ist das Vollstreckungsgericht zugleich das Grundbuchamt, so genügt statt des Zeugnisses die Bezugnahme auf das Grundbuch.

Die Erbfolge ist durch Urkunden[3] glaubhaft zu machen,[4] sofern sie nicht bei dem Gericht offenkundig ist.[5]

Abs. 1 I 26; M. 121.
Abs. 2 I 29 1, Nr. 2 u. 29 2; M. 127, 128. } II. 17.
Abs. 3 I 26 2; M. 122.
D. 38. — Pr. § 14. — B. I Art. 21, 26.

1. Nichtbeachtung macht die Anordnung unzulässig und begründet Versagung des Zuschlags und Beschwerde (§§ 79, 83 Nr. 6, 84, 100 3), für die Zwangsverwaltung s. § 147.

2. Vgl. § 40 1 GBO. — Der als Eigenthümer Eingetragene gilt bei Verfolgung dinglicher Ansprüche (§ 16 A. 3) zu Gunsten des Gläubigers als der Eigenthümer

(§ 16). Vgl. §§ 891, 1148 BGB. u. § 26. Bei persönlichen Ansprüchen gegen einen nicht als Eigenthümer eingetragenen Schuldner gewährt § 867 CPO. dem Gläubiger das Recht, auf Grund eines vollstreckbaren Titels eine Sicherungshypothek eintragen zu lassen; die Eintragung ist von der vorgängigen Berichtigung des Grundbuchs abhängig (§ 40 GBO.). Damit sind die Voraussetzungen gegeben, von denen § 14 GBO. das Recht, die Eintragung des Schuldners als Eigenthümer zu beantragen, abhängig macht. Der persönliche Gläubiger kann daher die für die Anordnung der Zwangsversteigerung erforderliche Eintragung erlangen. Daß er zuvor die Sicherungshypothek eintragen läßt, ist nicht erforderlich. — Für den Fall, daß ein Eigenthümer sein Eigenthum am Grundstück aufgegeben hat (§ 928 BGB.) vgl. §§ 58, 787 CPO.

3. Vgl. §§ 36, 41 GBO.

4. § 294 CPO. — Oeffentliche Urkunden sind nicht erforderlich. Namentlich wird, abweichend von § 36 GBO., auch ein eigenhändig geschriebenes und unterschriebenes Testament (§§ 2231 Nr. 2, 2267 BGB.) nach Ermessen des Gerichts genügen.

5. Vgl. § 181 4.

Gleichzeitige Versteigerung mehrerer Grundstücke.

§ 18. Die Zwangsversteigerung mehrerer Grundstücke kann [1] in demselben Verfahren erfolgen, wenn sie entweder wegen einer Forderung gegen denselben Schuldner [2] oder wegen eines an jedem der Grundstücke [3] bestehenden Rechtes [4] betrieben wird. [5]

I 32; M. 130; II. 18 D. 38. — B. I Art. 44.

1. aus Gründen der Zweckmäßigkeit, namentlich bei zersplittertem Grundbesitz, nach dem Ermessen des Ge-

richts. — Die im Entw. II enthaltenen Worte: „auf Antrag eines Betheiligten" sind von der Reichstagskommission gestrichen worden (Gründe nicht ersichtlich, KB. S. 12). — Voraussetzung ist die Zuständigkeit desselben Gerichts (§§ 1 und 2). Die Verbindung kann noch im Laufe des Verfahrens erfolgen.

2. Wesentlich ist nur die Identität des Schuldners (Grundstückseigenthümers), nicht dagegen die Identität der Forderung und der betreibenden Gläubiger.

3. auch wenn diese verschiedenen Schuldnern gehören.

4. Hier ist die Identität des dinglichen Rechts (§ 16 A. 3) das Wesentliche: Gesammthypothek §§ 1132, 1147, 1181 BGB.; §§ 49, 59 GBO.

5. Vgl. §§ 63, 64, 112, 122.

Versteigerungsvermerk. — Mittheilungen des Grundbuchamts.

§ 19. Ordnet das Gericht die Zwangsversteigerung an, so hat es zugleich das Grundbuchamt um Eintragung dieser Anordnung in das Grundbuch zu ersuchen.[1]

Das Grundbuchamt hat nach der Eintragung des Versteigerungsvermerkes dem Gericht eine beglaubigte Abschrift des Grundbuchblatts und der Urkunden, auf welche im Grundbuche Bezug genommen wird,[2] zu ertheilen, die bei ihm bestellten Zustellungsbevollmächtigten zu bezeichnen und Nachricht zu geben, was ihm über Wohnort und Wohnung der eingetragenen Betheiligten und deren Vertreter bekannt ist. Statt der Ertheilung einer beglaubigten Abschrift der Urkunden genügt die Beifügung der Grundakten oder der Urkunden.[3] [4]

I 33; M. 131; II. 19 D. 38, 39. — Pr. §§ 18, 19. — B. I Art. 30. — S. § 84.

1. § 39 GBO. — Eine Ablehnung wegen sachlicher Anstände steht dem Grundbuchamte nicht zu. Solche aus dem Grundbuche sich ergebenden Anstände sind dem Vollstreckungsgerichte mitzutheilen. Vgl § 28.

2. §§ 9, 11 GBO. Nach Art. 7 Pr AG.GBO. ist die beglaubigte Abschrift aus dem Grundbuche von dem Richter und dem Gerichtsschreiber zu unterschreiben.

3. Schlußsatz von der Reichstagskommission hinzugefügt. (KB. S. 12, 13).

4. Für die Zwangsverwaltung vgl. § 146 2.

Beschlagnahme.

§ 20. Der Beschluß, durch welchen die Zwangsversteigerung angeordnet wird, gilt[1] zu Gunsten des Gläubigers als Beschlagnahme des Grundstücks.

Die Beschlagnahme umfaßt auch diejenigen Gegenstände, auf welche sich bei einem Grundstücke die Hypothek erstreckt.[2]

Abs. 1 I 35 Satz 1; M. 133 } II. 20 D. 39. — Pr.
Abs. 1 I 36 Satz 1; M. 134 }
§ 16 1, 2. — B. I Art. 7, 29. — S. § 83.

1. ohne Weiteres. — Die im Entw I enthaltenen Worte: „Die Beschlagnahme soll in dem Beschlusse ausgesprochen werden", sind nicht aufgenommen. Es empfiehlt sich aber dies zu thun; D. 40 verweiset auf Anordnung im Aufsichtswege. — Umfang: Absatz 2 und § 21. — Beginn der Wirksamkeit § 22. — Wirkung §§ 23, 24, 26.

2. — §§ 1120—1131 BGB. und § 865 CPO. oben S. 4. Einschränkungen in § 21. — Vgl. auch § 23 2 Satz 2 und zu § 23 A. 1 am Schlusse.

Umfang.

§ 21. Die Beschlagnahme umfaßt land- und forstwirthschaftliche[1] Erzeugnisse des Grundstücks, sowie die Forderung aus einer Versicherung[2] solcher Erzeugnisse nur, soweit die Erzeugnisse noch mit dem Boden verbunden[3] oder soweit sie Zubehör[4] des Grundstücks sind.[5]

Die Beschlagnahme umfaßt nicht die Mieth- und Pachtzinsforderungen[6] sowie die Ansprüche aus einem mit dem Eigenthum an dem Grundstücke verbundenen Rechte auf wiederkehrende Leistungen.[7 8]

Das Recht eines Pächters auf den Fruchtgenuß[9] wird von der Beschlagnahme nicht berührt.

I 36 2, 3; M. 135; II. 21 D. 39. — Pr. § 16 2. — B. I Art. 8. 9. — S. § 83.

1. „und forstwirthschaftliche", Zusatz der Reichstagskommission (KB S. 13)

2. §§ 1127, 1129 BGB.

3. d h. so lange sie wesentliche Bestandtheile des Grundstücks sind (§ 94 BGB). Wegen der Pfändung solcher Früchte vgl. § 810 CPO.

4. d. h. soweit sie zur Fortführung der Wirthschaft bis zu der Zeit erforderlich sind, zu welcher gleiche oder ähnliche Erzeugnisse voraussichtlich gewonnen werden (§ 98 Nr. 2 BGB). Diese Gegenstände können wie auch sonstiges Zubehör eines Grundstücks (§ 98 Nr. 1 und 2) nicht gepfändet werden. (§ 811 Nr. 4 CPO.) — s. A 8. — Ueber ihre Sonderverwerthung s. § 65.

5. Die Voraussetzung: „soweit . . . sind" gilt auch für die Versicherungsforderung.

6. § 1123. BGB. 7. § 1126 BGB.

8. Die Einschränkungen im Abs. 1 und 2 gelten nicht für die Beschlagnahme bei der Zwangsverwaltung (§ 148). Der Gläubiger kann sein Hypothekenrecht an den nicht zum Zubehör zu rechnenden getrennten Erzeugnissen und den in Abs. 2 gedachten Forderungen und Ansprüchen durch Pfändung geltend machen, bis die Beschlagnahme im Wege der Zwangsverwaltung geschehen ist (§ 865 CPO. S. oben S. 4)

9 Das Recht des Pächters bezieht sich auch auf die nicht getrennten Erzeugnisse (§ 581 BGB. Vgl. auch § 1067 Nr. 1 Entw I BGB); wegen der getrennten s. §§ 956, 1120 BGB. Das Recht des Nießbrauchers hat auch wegen der getrennten Früchte dem älteren Hypothekengläubiger zu weichen. Das muß auch von dem Pächter eines Nießbrauchers gelten.

Beginn der Wirksamkeit.

§ 22. Die Beschlagnahme des Grundstücks wird mit dem Zeitpunkte wirksam, in welchem der Beschluß, durch den die Zwangsversteigerung angeordnet ist, dem Schuldner zugestellt[1] wird. Sie wird auch wirksam mit dem Zeitpunkt, in welchem das Ersuchen um Eintragung des Versteigerungsvermerkes dem Grundbuchamte zugeht,[2] sofern auf das Ersuchen die Eintragung[3] demnächst erfolgt.

Erstreckt sich die Beschlagnahme auf eine Forderung, so hat das Gericht auf Antrag des Gläubigers dem Drittschuldner zu verbieten, an den Schuldner zu zahlen. Die Beschlagnahme wird dem Drittschuldner gegenüber erst mit dem Zeitpunkte wirksam, in welchem sie ihm bekannt oder das Zahlungsverbot ihm zugestellt[4] wird. Die Vorschriften des

§ 845 der Civilprozeßordnung finden entsprechende Anwendung.[5]

I 37; M. 136 ff., II. 22 D. 39, 40. — Pr. § 16 3. — B. I Art. 7. — S. §§ 83, 84.

1. von Amtswegen § 3; — s. auch § 8.

2. § 13 GBO. Schon mit diesem Zeitpunkte, der auch vor der Zustellung des Beschlusses liegen kann, tritt unter der Voraussetzung, daß die Eintragung demnächst erfolgt, die Wirkung der Beschlagnahme, die Verfügungsbeschränkung des Schuldners nach § 23, ein. Auf Erklärungen, die der Schuldner in Gemäßheit der §§ 873, 875, 877 BGB. abgegeben hat, findet daher § 878 a. a. O. keine Anwendung, wenn sie zwischen den durch die beiden Sätze des Abs. 1 normirten Zeitpunkten abgegeben sind.

3. Mit der Eintragung wirkt die Beschlagnahme auch gegenüber jedem Dritten; im Uebrigen kommt es darauf an, ob die eine Verfügungsbeschränkung des Schuldners begründenden Thatsachen dem Erwerber bekannt waren: also die Zustellung des Beschlusses an den Schuldner, der Eingang des Ersuchens an das Vollstreckungsgericht (Abs. 1), oder auch nur der Versteigerungsantrag. (§ 23 Abs. 2 Satz 1.) — Vgl. auch § 892 1, Satz 2 BGB. und unten § 23 2, Satz 2.

4. Vgl. § 829, 928, 930, 936 CPO.

5. d. h. schon vor dem Erlaß des Zahlungsverbots an den Drittschuldner und dessen Zustellung kann der Gläubiger auf Grund des vollstreckbaren Titels dem Drittschuldner und dem Schuldner durch den Gerichtsvollzieher die Benachrichtigung, daß eine Beschlagnahme bevorstehe, zustellen lassen mit der Aufforderung an den Drittschuldner, nicht an den Schuldner zu zahlen und mit der Aufforderung an den Schuldner, sich jeder Verfügung über die Forderung, insbesondere der Einziehung zu enthalten. Die Benachrichtigung an den Drittschuldner

hat die Wirkung eines Arrestes (§ 930 CPO.), sofern die Beschlagnahme (gemäß § 22) innerhalb 3 Wochen bewirkt wird, von dem Tage an gerechnet, an welchem die Benachrichtigung zugestellt ist.

Wirkung.

§ 23. Die Beschlagnahme hat die Wirkung eines Veräußerungsverbots.[1] Der Schuldner kann jedoch, wenn sich die Beschlagnahme auf bewegliche Sachen erstreckt, über einzelne Stücke innerhalb der Grenzen einer ordnungsmäßigen Wirthschaft auch dem Gläubiger gegenüber wirksam verfügen.[2]

Kommt es bei einer gegen die Beschlagnahme verstoßenden Verfügung nach § 135 Abs. 2 des Bürgerlichen Gesetzbuchs darauf an, ob derjenige, zu dessen Gunsten verfügt wurde, die Beschlagnahme kannte, so steht die Kenntniß des Versteigerungsantrags einer Kenntniß der Beschlagnahme gleich.[3] Die Beschlagnahme gilt auch in Ansehung der mithaftenden beweglichen Sachen als bekannt, sobald der Versteigerungsvermerk eingetragen ist.[4]

Abs. 1 I 39; M. 140 ff.
Abs. 2 I 40; M. 142 ff. } II. 23 D. 40, 41. — Pr. § 16 2, 17, 18 2. — B. 1 Art. 8, 33. — S. §§ 83, 85.

1. §§ 135, 136 BGB. — zum Schutze des Gläubigers (§ 20) — mit der Wirkung, daß rechtsgeschäftliche Verfügungen des Schuldners, oder Verfügungen, die im Wege der Zwangsvollstreckung oder des Arrestes erfolgen, den Gläubigern gegenüber unwirksam sind. — — Strafrechtlicher Schutz nach § 137 StGB.

— Bedeutung der Beschlagnahme für die mithaftenden Gegenstände s. §§ 1121, 1122, 1123, 1124, 1126, 1129 BGB., und für die Erstreckung der Zwangsvollstreckung in das unbewegliche Vermögen auf solche Gegenstände: § 865 CPO. (s. oben S. 4).

— Bedeutung der Beschlagnahme für die Rangstellung des Gläubigers: § 10 Nr. 4—6, § 11 2; vgl. auch § 47 KO.

Eine Sperre des Grundbuchs hat weder die Beschlagnahme noch die Eintragung des Versteigerungsvermerks zur Folge.

Die Beschlagnahme und ihre Wirkungen dauern bis zur Aufhebung des Verfahrens (§§ 28, 31, 32), bez. bis zur Zurücknahme des Versteigerungsantrages (§§ 29, 30). Vgl. auch § 13 1 KO. (in A. 3 zu § 28).

2. Verfügungsbefugniß des Schuldners trotz der Beschlagnahme — daneben Verwaltungs- und Benutzungsbefugniß (§ 24) — s. unten § 25. Anders bei der Zwangsverwaltung § 148 1, Satz 2, 148 2.

3. Der nach einer wirksamen (§ 22 1) Beschlagnahme erfolgte Erwerb gilt als schlechtgläubiger, wenn dem Erwerber zwar nicht die Beschlagnahme (das Veräußerungsverbot), aber doch der Versteigerungsantrag bekannt war. Vgl. zu § 22 A. 3. — Der Satz 1 bezieht sich sowohl auf den Erwerber des Grundstücks, als auf den der mithaftenden Sachen.

4. Ausdehnung des § 892 1, Satz 2 BGB. auf den Erwerb mithaftender beweglicher Sachen. Die Kenntniß der Beschlagnahme wird als Folge der Eintragung des Versteigerungsvermerks für den Erwerber solcher Sachen ebenso fingirt, wie für den Erwerber des Grundstücks selbst.

Rechte des Schuldners.

§ 24. Die Verwaltung und Benutzung des Grundstücks verbleibt dem Schuldner nur innerhalb der Grenzen einer ordnungsmäßigen Wirthschaft.[1 2]

I 38; M. 138 ff.; II. 24 D. 41. — Pr. § 16 2. — B. I Art. 46. — S. § 83.

1. Vgl. zu 23 A. 2 u. § 25.

2. Für die Zwangsverwaltung vgl. § 149 und zu § 148 A. 4.

§ 25. Ist zu besorgen, daß durch das Verhalten des Schuldners die ordnungsmäßige Wirthschaft gefährdet wird, so hat das Vollstreckungsgericht auf Antrag des Gläubigers[1] die zur Abwendung der Gefährdung erforderlichen Maßregeln anzuordnen.[2] Das Gericht kann die Maßregeln aufheben, wenn der zu deren Fortsetzung erforderliche Geldbetrag nicht vorgeschossen wird.[3]

I 38, 2; M. 139; II 25 D. 41. — B. I Art. 15. — S. § 83 3.

1. § 9 A. 1. — nicht auch der Hypothekengläubiger (§§ 1133 ff. BGB.).

2. Für die Zwangsverwaltung vgl. § 149 2.

3. Vgl. § 161 3. Die Kosten gehören zu denen der Rechtsverfolgung des Gläubigers (§ 10 Abs. 2).

Eigenthumswechsel nach der Beschlagnahme.

§ 26. Ist die Zwangsversteigerung wegen des Anspruchs aus einem eingetragenen Rechte[1] angeordnet, so hat eine nach der Beschlagnahme bewirkte Veräußerung des Grundstücks auf den Fortgang des Verfahrens gegen den Schuldner keinen Einfluß.[2 3 4]

I 41; M. 143; II. 26 D. 41. — Pr. § 17 2. — S. § 85.

1. Reallast, Hypothek, Grundschuld, Rentenschuld.

2. selbst dann nicht, wenn der Erwerber von der Beschlagnahme (§ 22) keine Kenntniß (im Sinne des § 23 2) hatte.

Anders bei der Zwangsversteigerung wegen eines persönlichen Anspruchs. Wegen eines solchen findet eine Fortsetzung beim Eigenthumswechsel nur statt, wenn der neue Eigenthümer die Beschlagnahme kannte (§ 23 2). Andernfalls kann er der Fortsetzung widersprechen (§ 690 CPO.). S. unten §§ 37 Nr. 5, 83 Nr. 5, 84.

3. Der neueingetretene (§§ 55, 67, 68) Eigenthümer ist als Betheiligter zuzuziehen, von Amtswegen im Falle des § 9 Nr. 1; nach Anmeldung im Falle des § 9 Nr. 2.

4. Zu § 26 ist § 325 CPO. zu beachten, welcher lautet:

Das rechtskräftige Urtheil wirkt für und gegen die Parteien und diejenigen Personen, welche nach dem Eintritte der Rechtshängigkeit Rechtsnachfolger der Parteien geworden sind oder den Besitz der in Streit befangenen Sache in solcher Weise erlangt haben, daß eine der Parteien oder ihr Rechtsnachfolger mittelbarer Besitzer geworden ist.

Die Vorschriften des bürgerlichen Rechts zu Gunsten derjenigen, welche Rechte von einem Nichtberechtigten herleiten, finden entsprechende Anwendung.

Betrifft das Urtheil einen Anspruch aus einer eingetragenen Reallast, Hypothek, Grundschuld oder Rentenschuld, so wirkt es im Falle einer Veräußerung des belasteten Grundstücks in Ansehung des Grundstücks gegen den Rechtsnachfolger auch dann, wenn dieser die Rechtshängigkeit nicht gekannt hat. Gegen den Ersteher eines im Wege der Zwangsversteigerung veräußerten Grundstücks wirkt das Urtheil nur dann, wenn die Rechtshängigkeit spätestens im Versteigerungstermine vor der Aufforderung zur Abgabe von Geboten angemeldet worden ist.

Beitritt.

§ 27. Wird nach der Anordnung der Zwangsversteigerung ein weiterer Antrag auf Zwangsversteigerung des Grundstücks[1] gestellt, so erfolgt statt des Versteigerungsbeschlusses die Anordnung, daß der Beitritt des Antragstellers zu dem Verfahren zugelassen wird.[2] Eine Eintragung dieser Anordnung in das Grundbuch findet nicht statt.[3]

Der Gläubiger, dessen Beitritt zugelassen ist, hat dieselben Rechte, wie wenn auf seinen Antrag die Versteigerung angeordnet wäre.[4]

Abs. 1 I 31; M. 129.
Abs. 2 I 31, 3, 40; M. 130, 143. } II. 27 D. 41. — Pr. § 15. — B. I Art. 42. — S. § 59.

1. auch wenn der Antrag sich gegen einen neuen Eigenthümer (§ 26) richtet.

2. Beitrittsbeschluß. — Zustellung nach §§ 3, 8.

3. Der bereits eingetragene Versteigerungsvermerk wirkt zu Gunsten des Beigetretenen, sobald die Beschlagnahme nach § 22 1 Satz 1 durch Zustellung des Beitrittsbeschlusses wirksam geworden ist.

4. Das Verfahren wird für den Beigetretenen fortgesetzt, wenn der erste Versteigerungsantrag zurückgenommen ist. Der Versteigerungsvermerk bleibt stehen. (Vgl. § 34, 43 2, 130.)

II. Aufhebung und einstweilige Einstellung des Verfahrens.

Ohne Antrag des Gläubigers.

§ 28. Wird dem Vollstreckungsgericht[1] ein aus dem Grundbuch ersichtliches Recht bekannt,[2] welches der Zwangsversteigerung oder der Fortsetzung des Verfahrens entgegensteht,[3] so hat das Gericht das Verfahren entweder sofort aufzuheben oder unter Bestimmung einer Frist, binnen welcher der Gläubiger die Hebung des Hindernisses nachzuweisen hat, einstweilen einzustellen. Im letzteren Falle ist das Verfahren nach dem Ablaufe der Frist aufzuheben, wenn nicht inzwischen[4] der Nachweis erbracht ist.

I 34, 109 2; M. 132, 222; II. 28 D. 42. — Pr. § 20, 70, 71. — B. I Art. 32. — S. §§ 65, 66.

1. § 1. 2. insbesondere gemäß § 19 2.

3. § 9 Nr. 1. — Für alle Fälle, in denen die endgültige Aufhebung oder einstweilige Einstellung des Verfahrens ohne Antrag des Gläubigers erfolgt, sind, abgesehen von der Vorschrift des § 28 und dem Falle eines nicht zu beseitigenden Mangels im Verfahren und seinen Voraussetzungen, die CPO., insbesondere §§ 766 bis 787 maßgebend, nach denen die Aufhebung und einstweilige Einstellung bezw. Fortsetzung der Zwangsvollstreckung einen Antrag des Schuldners oder des Dritten voraussetzt, und durch das Vollstreckungsgericht oder andere Behörden, insbesondere das Prozeßgericht theils gegen, theils ohne Sicherheitsstellung anzuordnen ist. (Vgl. dazu für Preußen, die Einstellung im Falle des Kompetenzkonflikts ohne Antrag. § 15 Nr. 1 EG.CPO., § 19 d. preuß. V. 1. Aug. 1879.) Auch im Falle der Anordnung durch eine andere Behörde hat das Vollstreckungsgericht einen Ausführungsbeschluß zu erlassen. — Wegen der Zustellung gilt § 32; wegen der zeitlichen Grenze einer Anordnung durch Beschluß (§ 32) f. § 33. Die Fortsetzung im Fall einer einstweiligen Ein-

stellung regelt § 31, das Verfahren im Falle der Aufhebung § 34, Beschwerde § 95.

§ 28 bringt eine Abweichung nur für den Fall, daß der die Aufhebung oder einstweilige Einstellung begründende Umstand ein aus dem Grundbuche ersichtliches Recht ist. Es bedarf in diesem Falle zur Aufhebung oder einstweiligen Einstellung keines Antrages des Berechtigten, auch keiner Feststellung des Rechts im Wege des Rechtsstreits (§ 771 CPO. findet keine Anwendung).

Für den Fall des Konkurses bestimmt § 13 KO.:

„Ein gegen den Gemeinschuldner bestehendes Veräußerungsverbot der in den §§ 135, 136 des Bürgerlichen Gesetzbuchs bezeichneten Art ist den Konkursgläubigern gegenüber unwirksam; wirksam bleibt jedoch eine bei der Zwangsvollstreckung in das unbewegliche Vermögen erfolgte Beschlagnahme.

Es kommt also darauf an, ob vor dem Zeitpunkte der Konkurseröffnung (§ 108 KO.) eine wirksame Beschlagnahme nach § 22 bereits stattgefunden hat. (Vgl. A. 2 a. a. O.) Nach der Konkurseröffnung darf die Zustellung des Versteigerungsbeschlusses an den Schuldner, ebenso auch das Ersuchen um Eintragung des Versteigerungsvermerkes nicht mehr stattfinden und ist das Verfahren, auch wenn sie etwa noch vorgenommen sein sollten, ohne Antrag aufzuheben (vgl. §§ 14, 15 auch 4, 29 ff., 35, 36, 37, 47 KO.).

4. d. h. bis zur Entscheidung über die Aufhebung.

Zurücknahme des Antrages.

§ 29. Das Verfahren ist aufzuheben, wenn der Versteigerungsantrag von dem Gläubiger zurückgenommen wird.[1 2]

I 42, 107; M. 144, 219; II. 29 D. 42. — Pr. § 73. — B. I Art. 11, 82 Nr. 10. — S. § 81.

1. zeitliche Grenze einer Anordnung durch Beschluß (§ 32) s. § 33.
2. Bekanntmachung des Beschlusses nach § 32, Löschung des Versteigerungsvermerkes § 34, Beschwerde § 95.

Einstellungsbewilligung.

§ 30. Das Verfahren ist einstweilen einzustellen, wenn der Gläubiger die Einstellung bewilligt;[1] ist die Einstellung erfolgt, so gilt eine neue Bewilligung als Rücknahme des Versteigerungsantrags.[2]

Der Bewilligung der Einstellung steht es gleich,[3] wenn von dem Gläubiger die Aufhebung des Versteigerungstermins bewilligt wird.[4]

I 108; M. 219; II. 30 D. 42. — Pr. §§ 51, 73. — B. I Art. 12, B. II Art. 45 Nr. 2. — S. § 82.

1. zeitliche Grenze einer Anordnung durch Beschluß (§ 32) s. § 33; Bekanntmachung des Einstellungsbeschlusses § 32, Fortsetzung § 31, Beschwerde § 95.
2. Folgen § 29. 3. Anm. 1.
4. Es begründet keinen Unterschied, ob sofort die Anberaumung eines neuen Termins beantragt wird oder nicht.

Fortsetzung.

§ 31. Im Falle einer einstweiligen Einstellung[1] darf das Verfahren, soweit sich nicht aus dem Gesetz ein Anderes ergiebt,[2] nur auf Antrag des Gläubigers fortgesetzt werden.[3]

Wird der Antrag nicht binnen sechs Monaten gestellt, so ist das Verfahren aufzuheben.[4] Die Frist beginnt, wenn die Einstellung von dem Prozeßgericht angeordnet war,[5] mit der Wiederaufhebung der

Anordnung,[6] in den übrigen Fällen mit der Einstellung des Verfahrens.

I 110, 111; M. 223; II. 31 D. 42. — Pr. §§ 50, 51, 69. — B. I Art. 12, B. II Art. 45. — S. §§ 82, 127, 135, 148.

1. §§ 28, 30, 75, 77.
2. §§ 28, 43 sowie § 769 2 CPO.
3. Beschwerde gegen den Fortsetzungsbeschluß § 95.
4. Beschwerde § 95. 5. Vgl. zu § 28 A. 3.
6. durch das Prozeßgericht bez. die im Instanzenzuge demselben vorgeordneten Gerichte.

Zustellung des Beschlusses.

§ 32. Der Beschluß, durch welchen das Verfahren aufgehoben oder einstweilen eingestellt wird, ist dem Schuldner, dem Gläubiger[1] und, wenn die Anordnung von einem Dritten beantragt war, auch diesem zuzustellen.[2]

I 146; M. 273; II. 32 D. 42.

1. Vgl. § 9. 2. §§ 3 ff. — Beschwerde § 95.

Einstellung nach Schluß der Versteigerung.

§ 33. Nach dem Schlusse der Versteigerung[1] darf, wenn ein Grund[2] zur Aufhebung oder zur einstweiligen Einstellung des Verfahrens oder zur Aufhebung des Termins vorliegt, die Entscheidung nur durch Versagung des Zuschlags gegeben werden.[3]

I 109 3, 122; M. 222, 240; II. 33 D. 43. — Pr. § 73.

1. § 73. Es handelt sich um die Zeit zwischen dem Schlusse der Versteigerung und der Ertheilung des Zuschlags § 79 ff.

2. irgend ein Grund, insbesondere gemäß §§ 28—30, s. a. §§ 76, 77.

3. Vgl. §§ 83 Nr. 5, 6, 86. — Es kann daher noch im Beschwerdewege gemäß §§ 97 ff. die Aufrechterhaltung des Versteigerungsergebnisses und die Ertheilung des Zuschlages betrieben werden. — Erfolgte die Aufhebung oder Einstellung durch Beschluß (§ 32), so würden die Gebote erlöschen (§ 72 3).

Löschung des Versteigerungsvermerks.

§ 34. Im Falle der Aufhebung des Verfahrens[1] ist das Grundbuchamt um Löschung des Versteigerungsvermerkes[2] zu ersuchen.

I 146; M. 273; II. 42 D. 42. — Pr. § 100. — B. I Art. 71. — S. Ver. v. 16. Aug. 1884 § 7.

1. im Gegensatze zur einstweiligen Einstellung. Vgl. §§ 28, 29, 31.

2. § 19.

III. Bestimmung des Versteigerungstermins.

Ausführung der Versteigerung.

§ 35. Die Versteigerung wird durch das Vollstreckungsgericht[1] ausgeführt.

I 43; M. 147; II. 35 D. 43. — Pr. § 39.

1. §§ 1, 2; s. auch zu § 1 A. 4, zu § 15 A. 3.

Terminsbestimmung. Zeit. Ort.

§ 36. Der Versteigerungstermin soll erst nach der Beschlagnahme[1] des Grundstücks und nach dem Eingange der Mittheilungen des Grundbuchamts[2] bestimmt werden.

Der Zeitraum zwischen der Anberaumung des Termins und dem Termine soll, wenn nicht besondere Gründe[3] vorliegen, nicht mehr als sechs Monate[4] betragen.

Der Termin kann nach dem Ermessen des Gerichts an der Gerichtsstelle oder an einem anderen Orte im Gerichtsbezirk abgehalten werden.[5]

Abs. 1 I 43; M. 147.
Abs. 2 I 46; M. 153.
Abs. 3 I 47; M. 153.
} II. 36 D. 43. Pr. 39, 42, 43. — B. I Art. 34, 52, 53. — B. II. Art. 45. — S. §§ 12, 89, 96, 101.

1. d. h. der bewirkten Beschlagnahme §§ 22 1, 27.

2. § 19 2.

3. z. B. Verhütung der Versteigerung zu einer dem Schuldner ungünstigen Zeit.

4. Eine Minimalfrist von über sechs Wochen folgt aus § 43.

5. Gegen die Ortsbestimmung durch das Vollstreckungsgericht sind Einwendungen und Erinnerungen nach § 766 CPO. zulässig.

Inhalt.

§ 37. Die Terminsbestimmung[1] muß[2] enthalten:

1. die Bezeichnung des Grundstücks;[3]
2. Zeit und Ort des Versteigerungstermins;[4]

3. die Angabe, daß die Versteigerung im Wege der Zwangsvollstreckung[5] erfolgt;
4. die Aufforderung, Rechte, soweit sie zur Zeit der Eintragung des Versteigerungsvermerkes aus dem Grundbuche nicht ersichtlich waren, spätestens im Versteigerungstermine vor der Aufforderung zur Abgabe von Geboten anzumelden[6] und, wenn der Gläubiger widerspricht, glaubhaft zu machen,[7] widrigenfalls die Rechte bei der Feststellung des geringsten Gebots nicht berücksichtigt[8] und bei der Vertheilung des Versteigerungserlöses dem Anspruche des Gläubigers und den übrigen Rechten nachgesetzt werden würden;[9]
5. die Aufforderung an diejenigen, welche ein der Versteigerung entgegenstehendes Recht[10] haben, vor der Ertheilung des Zuschlags[11] die Aufhebung oder einstweilige Einstellung des Verfahrens herbeizuführen,[12] widrigenfalls für das Recht der Versteigerungserlös an die Stelle des versteigerten Gegenstandes[13] treten würde.

I 44; M. 149; II. 37 D. 43. — Pr. § 40. — B. I Art. 48, B. II. Art. 20. — S. § 97.

1. § 36 1. (Beschluß des Vollstreckungsgerichts.)

2. § 37 enthält den wesentlichen Inhalt der Terminsbestimmung; Nichtbeachtung erheischt Aufhebung des Termins und Anberaumung eines neuen Termins; anderenfalls: Versagung des Zuschlags und Beschwerde. (§§ 83 Nr. 7, 84, 100 3.) — S. zu § 43 A. 1, 2.

3. § 16 A. 1. — S. aber auch § 38.

4. § 36.

5. § 866 CPO., s. oben S. 5.

6. § 9 Nr. 2. — Vgl. auch § 8 EG., sowie Art. 33 Pr. AG ZVG. wegen älterer Hypotheken im Bezirk des ehem. Appellationsgerichts Kassel. — Ueber die Nothwendigkeit einer Anmeldung der Rechtshängigkeit eines Rechtsstreits wegen eines Anspruchs aus einer eingetragenen Hypothek u. s. w. im Versteigerungstermin zur Aufrechterhaltung seiner Wirksamkeit gegenüber dem Ersteher s. § 325 3 CPO. zu § 26 A. 4. — Eine Aufforderung zu dieser Anmeldung erfolgt nicht.

7. § 294 CPO. Ansprüche der beim Inkrafttreten des BGB. in Preußen bestehenden öffentlichen landschaftlichen (ritterschaftlichen) Kreditanstalten, wegen deren denselben nach Satzung oder Kgl. Verordnung ein Zwangsvollstreckungsrecht beigelegt ist, bedürfen, auch soweit sie aus dem Grundbuche nicht hervorgehen, weder zum Zwecke der Berücksichtigung bei Feststellung des g. G. noch zum Zwecke ihrer Aufnahme in den Theilungsplan der Glaubhaftmachung (§§ 1, 2, 8, 12, 13 Ges. v. 3. Aug. 1897, GS. S. 388), § 7 der Ver. v. 5. Nov. 1898 u. v. 10. Aug. 1899, betr. die Verleihung des Zwangsvollstreckungsrechts an die Nassauische Landesbank bez. an die Landeskreditkasse zu Kassel (GS. 1899 S. 1 u. 162). — Vgl. auch Art. 34 Pr. AG.ZVG.

8. §§ 45, 52 1. — Vgl. auch § 9 EG. u. zu § 52 A. 4.

9. § 110.

10. §§ 771 ff. CPO.

11. Vgl. § 33, sowie §§ 769, 771 CPO.

12. § 9 Nr. 2, s. auch zu § 26 A. 2. — Die Aufforderung richtet sich auch an Dritte, welchen im Besitze des Schuldners oder des neueingetretenen Eigenthümers befindliche Zubehörstücke gehören (§ 55 2).

13. §§ 90, 92.

§ 38. Die Terminsbestimmung soll[1] die Bezeichnung des zur Zeit der Eintragung des Versteigerungsvermerkes eingetragenen Eigenthümers sowie die Angabe des Grundbuchblatts und der Größe des Grundstücks enthalten.[2]

I 45 1; M. 152; II. 38 D. 43. — Pr. § 40. — B. I Art. 48 Nr. 4. — S. § 97 Nr. 2.

1. Nicht wesentlicher Inhalt; s. zu § 37 A. 2.
2. Vgl. § 6 EG.

Oeffentliche Bekanntmachung.

§ 39. Die Terminsbestimmung muß[1] durch einmalige Einrückung in das für Bekanntmachungen des Gerichts bestimmte Blatt öffentlich bekannt gemacht werden.[2]

Hat das Grundstück nur einen geringen Werth, so kann das Gericht anordnen, daß die Einrückung unterbleibt; in diesem Falle muß[1] die Bekanntmachung dadurch erfolgen, daß die Terminsbestimmung in der Gemeinde, in deren Bezirke das Grundstück belegen ist, an die für amtliche Bekanntmachungen bestimmte Stelle angeheftet wird.

I 48; M. 153; II. 39 D. 44. — Pr. § 46. — B. I Art. 64. — S. §§ 90 ff.

1. Wesentliche Vorschrift; Nichtbefolgung erheischt Aufhebung des Termins und Anberaumung eines neuen Termins, anderenfalls: Versagung des Zuschlags und Beschwerde (§§ 83 Nr. 7, 84, 100 3). S. zu § 43 A. 1, 2.

Pr. AG.ZVG. Art. 5. Für die Bekanntmachung

der Terminbestimmung wird der Anzeiger des Amtsblatts bestimmt.

2. s. jedoch Abs. 2 und § 40.

§ 40. Die Terminsbestimmung soll[1] an die Gerichtstafel angeheftet werden. Ist das Gericht nach § 2 Abs. 2 zum Vollstreckungsgerichte bestellt, so soll die Anheftung auch bei den übrigen Gerichten bewirkt werden.

Das Gericht ist befugt, noch andere und wiederholte Veröffentlichungen zu veranlassen; bei der Ausübung dieser Befugniß ist insbesondere auf den Ortsgebrauch Rücksicht zu nehmen.[2]

I 48, 49; M. 154, 155; II. 40 D. 44. — Pr. § 46.

1. Nicht wesentliche Form der Bekanntmachung s. zu § 39 A. 1. Vgl. § 7 EG.

2. Der letzte Satz ist von der Reichstagskommission hinzugefügt. (KB. S. 14.) Er gewährt dem Gericht den weitesten Spielraum hinsichtlich der Art der Veröffentlichung.

Zustellung an die Betheiligten.

§ 41. Die Terminsbestimmung ist[1] den Betheiligten[2] zuzustellen.

Im Laufe der zweiten Woche vor dem Termine soll[3] den Betheiligten[2] mitgetheilt werden, auf wessen Antrag und wegen welcher Ansprüche die Versteigerung erfolgt.

Als Betheiligte gelten auch diejenigen, welche das angemeldete Recht noch glaubhaft zu machen haben.[4]

Abs. 1 u. 3 I 52; M. 156; Abs. 2 I 54; M. 158; } II. 41 D. 44. — Pr. § 47. — B. I Art. 62. — S. § 100.

1. Wesentliche Vorschrift. — Die Zustellung hat auch an die erst nach der Anberaumung des Termins dem Gericht bekannt gewordenen Betheiligten zu geschehen; doch führt die Unterlassung nicht zur Versagung des Zuschlags (s. §§ 43 2, 83 Nr. 1, 84). Zustellung von Amtswegen §§ 3 ff.

2. s. § 9 und Abs. 3.

3. Ordnungsvorschrift, von Bedeutung wegen § 44 2.

4. § 9 Nr. 2.

5. Ueber die Bekanntmachung des Versteigerungstermins an diejenigen Behörden, Anstalten, Kassen in Preußen, welchen das Grundstück zu einer der in Art. 1—3 Pr. AG. ZVG. (s. oben zu § 10 A. 7) bezeichneten Abgaben und Leistungen verpflichtet ist, siehe die Allg. Verf. des Justizministers v. 9. Dezember 1899 (unten S. 263).

Offenlegung der Nachrichten über das Grundstück.

§ 42. Die Einsicht der Mittheilungen des Grundbuchamts[1] sowie der erfolgten Anmeldungen[2] ist Jedem gestattet.

Das Gleiche gilt von anderen das Grundstück betreffenden Nachweisungen, welche ein Betheiligter einreicht, insbesondere von Abschätzungen.[3]

I 55 2; M. 159; II. 42. — Pr. §§ 40 Nr. 7, 44. — B. I Art. 13, 64 3 Nr. 6. — S. § 97 Nr. 7.

1. § 19 2.

2. „sowie der erfolgten Anmeldungen" ist von der Reichstagskommission hinzugefügt. (KB. S. 15.)

3. s. auch §§ 64, 112 u. § 11 EG. — Ein Abs. 3 des Entw. II, welcher ein von einem Beamten aufzunehmendes Verzeichniß der Zubehörstücke vorsah, ist von der Reichstagskommission gestrichen worden, weil solches Verzeichniß über die Frage, was als Zubehör anzusehen sei, nicht entscheiden und leicht irre führen könne (KB. S. 15).

Neuer Versteigerungstermin.

§ 43. Der Versteigerungstermin ist aufzuheben und von neuem zu bestimmen, wenn die Bekanntmachung der Terminsbestimmung[1] nicht sechs Wochen vor dem Termine bewirkt ist.[2]

Das Gleiche gilt, wenn nicht zwei Wochen vor dem Termine dem Schuldner ein Beschluß, auf Grund dessen die Versteigerung erfolgen kann,[3] und allen Betheiligten, die schon zur Zeit der Anberaumung des Termins dem Gerichte bekannt waren, die Terminsbestimmung zugestellt ist,[4] es sei denn, daß derjenige, in Ansehung dessen die Frist nicht eingehalten ist, das Verfahren genehmigt.

Abs. 1 I 50, 57; M. 155, 160; } II. 43 D. 44.
Abs. 2 I 52 2, 3, 58; M. 156, 157, 160; }
— Pr. §§ 42 (75 Nr. 6), 49 (75 Nr. 8), 79. — B. I Art. 62, 64, 66. — S. §§ 63, 99.

1. §§ 37, 39. In dem Entw. II war als zweiter Fall vorgesehen, „wenn die Terminsbestimmung nicht den in § 37 vorgeschriebenen Inhalt" hat. Die Worte sind von der Reichstagskommission gestrichen, weil unter

Terminsbestimmung eine wirksame Terminsbestimmung zu verstehen sei. Vgl. zu § 37 A. 2. — Ebenso ist eine dem § 39 entsprechende Bekanntmachung vorausgesetzt.

2. Zuwiderhandlung führt stets zur Versagung des Zuschlags §§ 83 Nr. 7, 84. — In der Beschwerdeinstanz ist sie von Amtswegen zu berücksichtigen. § 100 3.

3. Für den ersten Beschlagnahmebeschluß ergiebt es sich von selbst, daß zwischen der Zustellung und dem Termine mehr als zwei Wochen liegen werden. (§§ 22, 36, 43 1.) Dagegen muß, wenn ein Beitritt erfolgt ist, und das Verfahren nach Zurücknahme des ersten Versteigerungsantrages fortgesetzt werden soll, der Beitrittsbeschluß dem Schuldner mindestens zwei Wochen vor dem Termine zugestellt sein. — Vgl. auch § 44 2.

4. § 41 — auch hier gilt, daß die Zustellung einer des wesentlichen Inhalts entbehrenden Terminsbestimmung überhaupt nicht als Zustellung der Terminsbestimmung anzusehen ist.

5. Vgl. §§ 83 Nr. 1, 84 — sowie § 105 4.

IV. Geringstes Gebot. Versteigerungsbedingungen.

Geringstes Gebot.

§ 44. Bei der Versteigerung wird nur ein solches Gebot zugelassen, durch welches die dem Anspruche des Gläubigers vorgehenden Rechte[1] sowie die aus dem Versteigerungserlöse zu entnehmenden Kosten des Verfahrens[2] gedeckt werden (geringstes Gebot).[3]

Wird das Verfahren wegen mehrerer Ansprüche von verschiedenem Range betrieben, so darf der vorgehende Anspruch[4] der Feststellung des geringsten Gebots nur dann zu Grunde gelegt werden, wenn der wegen dieses Anspruchs ergangene Beschluß dem Schuldner zwei Wochen vor dem Versteigerungstermine zugestellt ist.[5]

Abs. 1 I 59 1; M. 161; Abs. 2 I 64 2; M. 166; } II. 44 D. 45. — Pr. §§ 22, 54. — B. I Art. 22, B. II Art. 1 1, 2. — S. §§ 10, 62, 93 3.

1. jeder Art; — namentlich auch ein Vorkaufsrecht, welches für mehrere oder alle Verkaufsfälle bestellt ist (§ 1097 B.G.B. — obwohl es für die Veräußerung im Wege der Zwangsversteigerung ausgeschlossen ist § 512 B.G.B.). — Wegen des Wiederkaufsrechts bei einem preußischen Rentengute s. Art. 29 Pr. AG.BGB sowie zu § 48 A. 2. — Das Rangverhältniß ergiebt das Grundbuch §§ 879, 880, 881 BGB. Wegen der Gesammthypotheken s. § 1132 BGB. — § 46 GBO. und § 10, s. auch §§ 1, 8, 15 EG.

Die Rangänderung nach § 880 BGB. hat nicht blos obligatorische, sondern dingliche Wirkung. Betreibt der zurücktretende Gläubiger die Zwangsversteigerung, so fällt das Recht des vortretenden in das geringste Gebot; im andern Falle bleibt der zurücktretende Gläubiger außerhalb des geringsten Gebotes. Wird das zurücktretende Recht durch Rechtsgeschäft oder Urtheil aufgehoben, so geht dadurch der dem eintretenden Rechte eingeräumte Rang nicht verloren. (§ 880 4.) — Bei der Eintragung eines Vorranges auf Grund eines Rangvorbehalts (§ 881 BGB.) und die dadurch bewirkte Rangänderung gilt dasselbe. — Zwischeneintragungen werden in beiden Fällen durch die Rangänderung nicht berührt. — Im Falle des § 881 ist indeß der Vorrang auch für das geringste Gebot insoweit ohne Wirkung, als der Vorbehalt durch die Zwischeneintragung erschöpft wird (§ 881 4), denn das mit dem Vorbehalte belastete Recht hat den Anspruch, mit seinem vollen Betrage hinter der Summe zum Ansatz und zur Hebung zu gelangen, für welche der Vorbehalt gilt.

2. § 109.

3. Deckungsprinzip. Zu dessen Durchführung dient das geringste Gebot. (Vgl. auch § 71 1.) — Die Deckung erfolgt dadurch, daß die bei der Feststellung des geringsten Gebotes nach § 44 berücksichtigten Rechte bestehen bleiben, oder durch Baarzahlung zu decken sind. (§§ 52, 49.) Aus diesen beiden Theilen (vgl. auch §§ 85, 91 3) setzt sich das geringste Gebot im Sinne der §§ 44, 49, 66 zusammen Das Vollstreckungsgericht hat festzustellen (§ 66), welche Rechte bestehen bleiben, und wieviel nach § 49 mindestens baar zu zahlen ist. Eine Uebernahme der bestehen bleibenden Rechte an Grundstücken nach ihrem Kapitalwerthe in Anrechnung auf das Gebot (wie nach §§ 22, 57 3 des preuß. Gesetzes v. 13. Juli 1883) erübrigt sich. (Vgl. jedoch § 53.) Das Bestehenbleiben geschieht kraft Gesetzes, aber doch auf Grund und zur Erfüllung eines Theiles des Meistgebots; es hat für den Ersteher die Bedeutung eines Entgelts für die Ueberlassung des Grundstücks (Motive zu I § 66 S. 169), wie auch unmittelbar aus § 44 in Verbindung mit § 50 folgt. — Der Ersteher muß sich den Fortbestand jener Rechte gefallen lassen; gelangt dies also bei Feststellung der Versteigerungsbedingungen zum Ausdruck, so kann das daneben abzugebende Gebot auf den Betrag beschränkt werden, welchen die Deckung der durch Zahlung zu befriedigenden Ansprüche erfordert. (D. 44.) Der Bieter hat also auf das mit jenen (nach § 66 im Einzelnen bezeichneten) Rechten belastet bleibende Grundstück sein Baargebot in dem aus § 49 sich ergebenden Mindestbetrage abzugeben. Das Baargebot bildet den zu vertheilenden Versteigerungserlös (§§ 107 ff., insbesondere zu § 112 und § 113 Anm. 2).

4. welcher an und für sich für die Feststellung des geringsten Gebotes der maßgebende sein würde.

5. Vgl. auch § 43 2.

Berücksichtigung bei dessen Feststellung.

§ 45. Ein Recht ist bei der Feststellung des geringsten Gebots insoweit, als es zur Zeit der Eintragung des Versteigerungsvermerkes aus dem Grundbuch ersichtlich war, nach dem Inhalte des Grundbuchs,[1] im Uebrigen nur dann zu berücksichtigen, wenn es rechtzeitig angemeldet und, falls der Gläubiger widerspricht, glaubhaft gemacht wird.[2]

Von wiederkehrenden Leistungen, die nach dem Inhalte des Grundbuchs zu entrichten sind, brauchen die laufenden Beträge[3] nicht angemeldet, die rückständigen[3] nicht glaubhaft gemacht zu werden.

Abs. 1 I 60, 61 1; } M. 162—164; II. 45 D. 45. —
Abs. 2 I 61 4; }
Pr. §§ 55, 56 Schlußsatz. — B. II Art. 2, 3, 15, 20. — S. §§ 12, 102, 103, 105.

1. namentlich auch hinsichtlich des Ranges, s. zu § 44 A. 1 und 4; — Gesammthypotheken nach § 1132 BGB.

2. §§ 19 2, 37 Nr 4, 9 Nr. 2, s. auch § 8 EG. und Art. 33 Pr. AG.ZVG. bezüglich der älteren Hypotheken im Bezirke des Apellationsgerichts zu Kassel (s. unter IV).

3. § 13. — Berücksichtigt werden die in § 10 Nr. 1 bis 3 und die in § 12 Nr. 1 und 2 bezeichneten Ansprüche auf laufende und rückständige Leistungen nur, soweit sie nach § 10 Nr. 1—4 vor dem Anspruche des Gläubigers zu befriedigen sind. — Vgl. § 155.

§ 46. Für wiederkehrende Leistungen, die nicht in Geld bestehen, hat das Gericht einen Geldbetrag festzusetzen, auch wenn ein solcher nicht angemeldet ist.[1]

I 62 2; M. 164; II 46 D. 45. — Pr. 55 6. — B. II Art. 3 4. — S. § 5.

1. Der angemeldete und erforderlichenfalls glaubhaft gemachte Betrag ist zu Grunde zu legen; die Festsetzung des Gerichts geschieht nur aushilfsweise. — Beides unbeschadet anderweiter Feststellung im Vertheilungsverfahren.

§ 47. Laufende Beträge regelmäßig wiederkehrender Leistungen sind für die Zeit bis zum Ablaufe von zwei Wochen nach dem Versteigerungstermine zu decken.[1] Nicht regelmäßig wiederkehrende Leistungen werden mit den Beträgen berücksichtigt, welche vor dem Ablaufe dieser Frist zu entrichten sind.

I 62; M. 164; II. 47 D. 45. — Pr. § 55 4. — B. II Art. 3. — S. § 14.

1. Unbeschadet ihrer anderweiten Berechnung bis zum Zuschlage im Vertheilungsverfahren (§§ 56 Satz 2, 89, 104). — Die zweiwöchige Frist soll nur möglichen Schädigungen eines Gläubigers, dessen Anspruch gedeckt werden muß, vorbeugen.

§ 48. Bedingte Rechte[1] sind wie unbedingte, Rechte, die durch Eintragung eines Widerspruchs oder einer Vormerkung gesichert sind,[2] wie eingetragene Rechte zu berücksichtigen.

I 63; M. 165; II. 48 D. 46. — Pr. § 53 3. — B. II. Art. 2 2. — S. §§ 7, 8.

1. Rechte an Grundstücken, bedingte Belastungen. Hypotheken können für unbedingte persönliche Forderungen bedingt bestellt werden; ist die persönliche Forderung bedingt, so ist es auch die Hypothek — s. auch § 14. — Wegen der nicht bestehenden oder wegfallenden bedingten Rechte s. §§ 50, 51; wegen der Behandlung bedingter Rechte im Vertheilungsverfahren s. §§ 119, 120.

2. §§ 899, 883 BGB. — Dritten gegenüber hat das eingetragene Vorkaufsrecht, die Wirkung einer Vormerkung zur Sicherung der durch die Ausübung des Rechts entstehenden Anspruchs auf Uebertragung des Eigenthums (§ 1098 BGB); ebenso das Wiederkaufsrecht bei preußischen Rentengütern (Art. 29 § 5 2 Pr. AG.BGB.).

Baargebot — Zahlungspflicht des Erstehers.

§ 49. Der Theil des geringsten Gebots, welcher zur Deckung der Kosten sowie der im § 10 Nr. 1 bis 3 und im § 12 Nr. 1, 2 bezeichneten Ansprüche bestimmt ist,[1] desgleichen der das geringste Gebot übersteigende Betrag des Meistgebots ist von dem Ersteher im Vertheilungstermine[2] baar zu berichtigen (Baargebot).

Das Baargebot ist von dem Zuschlag an zu verzinsen.[3]

Der Ersteher wird durch Hinterlegung von seiner Verbindlichkeit befreit, wenn die Hinterlegung[4] und die Ausschließung der Rücknahme[4] im Vertheilungstermine nachgewiesen werden.

I 65; M. 167, 168; II. 49 D. 46. — Pr. § 57 6. 102 3. — B. I Art. 55 Nr. 1, B. II Art. 6, 8, 9. — S. §§ 13, 14, 15, 131.

1. Das Meistgebot auf das nach § 52 belastet bleibende Grundstück muß mindestens ein Baargebot sein, welches dem baar zu zahlenden Theile des geringsten Gebotes im Sinne der §§ 44, 66 entspricht (s. zu §§ 44 A. 3).

2. Zahlungszeit (vgl. §§ 107, 108).

3. Verzinslichkeit (vgl. § 56 Satz 2), Zinsfuß: 4%, sofern nicht ein Anderes bestimmt wird (§ 59). — § 246 BGB.

4. §§ 372 ff., 376, 378 BGB. — § 107 3. — Für Preußen vgl. §§ 12 ff. Hinterlegungsordnung vom 14. März 1879 (G.S. S. 249).

Erweiterung der Zahlungspflicht.

§ 50. Soweit eine bei der Feststellung des geringsten Gebots berücksichtigte[1] Hypothek, Grundschuld oder Rentenschuld nicht besteht,[2 3] hat der Ersteher außer dem Baargebot auch den Betrag des berücksichtigten Kapitals zu zahlen. In Ansehung der Verzinslichkeit, des Zinssatzes, der Zahlungszeit, der Kündigung und des Zahlungsorts bleiben die für das berücksichtigte Recht getroffenen Bestimmungen[4] maßgebend.

Das Gleiche[5] gilt:

1. wenn das Recht bedingt[6] ist und die aufschiebende Bedingung ausfällt, oder die auflösende Bedingung eintritt;
2. wenn das Recht noch an einem anderen Grundstücke besteht und an dem versteigerten

Grundstücke nach den besonderen Vorschriften über die Gesammthypothek erlischt.[7]

Haftet der Ersteher im Falle des Abs. 2 Nr. 2 zugleich persönlich,[8] so ist die Erhöhung des zu zahlenden Betrags ausgeschlossen, soweit der Ersteher nicht bereichert ist.[9]

I 69, 71; M. 172, 173, 174; II. 50 D. 46, 47. — Pr. §§ 58, 59. — B. II Art. 7 2. — S. § 16 2.

1. § 45.

2. zur Zeit des Zuschlags: § 56 Satz 2 (gleichgültig, ob das Nichtbestehen zu dieser Zeit im Vertheilungsverfahren oder nach dessen Beendigung hervortritt). — Der Ersteher würde einen unberechtigten Gewinn haben, wenn er das Grundstück mit geringerer Belastung erwürbe, als er bei Abgabe des Gebots auf Grund der Feststellung der bestehen bleibenden Rechte angenommen hat. — Statt der Ersatzübernahme (Pr. §§ 58, 59) tritt eine entsprechende Erhöhung der Zahlungspflicht ein. (S. A. 4 u. zu § 125 A. 1.)

3. nicht besteht, d. h. nicht entstanden oder wieder erloschen ist (§ 130 2). — Hier sind die Vorschriften des BGB. über die Eigenthümer-Hypothek (§§ 889, 1143, 1153, 1163, 1168, 1170, 1172, 1173, 1175 sowie §§ 868, 932 CPO.) zu berücksichtigen. In diesen Fällen besteht die Hypothek (als Grundschuld in den Fällen des § 1177) für den bisherigen Eigenthümer weiter. — In Betracht kommen Eintragungen, die von einem Nichtberechtigten bewilligt sind, oder auf nichtigen oder unwirksamen (§§ 105, 117, 118, 134, 138 BGB.), oder auf anfechtbaren (und angefochtenen §§ 119, 120, 123, 142 BGB., §§ 29 ff. KO., Anfechtungsgesetz v. 21. Juli 1879 neue Fassung, RGBl. 1898 S. 709) Eintragungsbewilligungen des Berechtigten beruhen.

4. nicht die nach § 49 für das Baargebot sonst maßgebenden.

5. Abs. 2 setzt voraus, daß die unter Nr. 1 u. 2 aufgeführten Rechte (d. h. Hypotheken, Grundschulden, Rentenschulden — wegen anderer Rechte s. § 51) mit dem Zuschlage als Lasten auf den Ersteher übergehen (§ 56 Satz 2), aber demnächst in Wegfall kommen, sei es auch erst nach Beendigung des Vertheilungsverfahrens. — Im Vertheilungsverfahren findet jenachdem § 125 Abs. 1 oder 2 Anwendung. — Vgl. auch § 128, 130 2.

6. s. zu § 48. Hypotheken für künftige Forderungen stehen unter der aufschiebenden Bedingung, daß diese entstehen. — Die bedingten Belastungen bleiben als solche bestehen. — Ohne die Erhöhung der Zahlungspflicht des Erstehers gegenüber dem nachstehenden Berechtigten würde dieser einen unbedingten Ausfall erleiden, während der Ersteher einen unberechtigten Vortheil haben würde. — Vgl. auch zu § 52, A. 1.

7. Die Gesammthypothek bleibt als solche bestehen. — Der Vortheil des Erlöschens der Hypothek auf dem versteigerten Grundstück kann nicht dem Ersteher zu Gute kommen, wenn es ohne sein Zuthun geschieht. Eine Erhöhung der Baarzahlungspflicht des Erstehers tritt also ein, wenn die Hypothek auf dem versteigerten Grundstücke erlischt: a) in Folge der Befriedigung des Gläubigers durch den Eigenthümer eines anderen mitverhafteten Grundstücks (§ 1173 BGB.), oder seiner Befriedigung aus einem mitverhafteten Grundstück (§ 1181 BGB.); in beiden Fällen ist zu beachten, daß die Hypothek auf dem versteigerten Grundstück nicht erlischt, soweit der Eigenthümer des mitverhafteten Grundstücks einen Ersatzanspruch gegen den Eigenthümer des versteigerten Grundstückes, den Rechtsvorgänger des Erstehers, hat, und in dieser Höhe die Hypothek an letzterem Grundstück auf jenen übergeht (§ 1173 2, 1182 BGB.); im ersten Falle steht der

Uebergang des Gläubigerrechts auf den Eigenthümer des mitverhafteten Grundstücks der Befriedigung des Gläubigers gleich (§ 1173 Satz 2); — b) in Folge der Befriedigung des Gläubigers durch den persönlichen Schuldner bezw. Vereinigung von Forderung und Schuld in einer Person, wenn der Schuldner nur von dem Eigenthümer des mitverhafteten Grundstücks Ersatz verlangen kann (§ 1174 BGB.); — c) in Folge des Verzichts des Gläubigers auf die Hypothek an dem versteigerten Grundstücke und den persönlichen Anspruch gegen den Ersteher (§ 1175 1 BGB.). Das Gleiche gilt, wenn der Gläubiger nach § 1170 mit seinem Rechte ausgeschlossen wird (§ 1175 2 BGB.) Vgl. zu § 123 A. 3, 4.

8. Vgl. § 53

9 Eine Bereicherung des Erstehers liegt nicht vor, soweit ein Ersatzanspruch des Eigenthümers des andern Grundstücks gegen den Ersteher begründet ist. (Vgl. §§ 1173 2, 1182, 426, 416 BGB. und in A. 7).

§ 51. Ist das berücksichtigte Recht nicht eine Hypothek, Grundschuld oder Rentenschuld, so finden die Vorschriften des § 50[1] entsprechende Anwendung.[2] Der Ersteher hat statt des Kapitals den Betrag, um welchen sich der Werth des Grundstücks erhöht, drei Monate nach erfolgter Kündigung zu zahlen und von dem Zuschlag an zu verzinsen.[2]

Der Betrag soll von dem Gerichte bei der Feststellung des geringsten Gebots bestimmt werden.

I 70; M. 71; II. 51 D. 27. — Pr. § 58 2, 3.

1. Abs. 1 u. 2.

2. Hier kommen besonders die Reallasten (Altentheil, Auszug, Leibgedinge und andere zeitlich beschränkte Rechte) in Frage. — Ueber den Leibgedingsvertrag vgl. Art. 15 Pr. AG. BGB.; — inwieweit Leibgedinge

u. s. w. und Grunddienstbarkeiten bestehen bleiben, auch wenn sie bei Feststellung des g. G. nicht berücksichtigt sind, vgl. § 9 EG., sowie Art. 6 Pr. AG.ZVG. (zu § 52 A. 4).

2. zu § 49 A. 3.

Bestehenbleiben und Erlöschen der Rechte.

§ 52. Ein Recht bleibt insoweit bestehen, als es bei der Feststellung des geringsten Gebots berücksichtigt und nicht durch Zahlung zu decken ist.[1] Im Uebrigen erlöschen die Rechte.[2]

Das Recht auf eine der in den §§ 912[3] bis 917[4] des Bürgerlichen Gesetzbuchs bezeichneten Renten bleibt auch dann bestehen, wenn es bei der Feststellung des geringsten Gebots nicht berücksichtigt ist.

I. 66, 72; M. 169; II. 52 D. 47. — Pr. §§ 22, 57, 60. — B. I Art. 57; B. II. Art. 1, 8. — S. § 10.

1. s. zu § 44 A. 3. — Für die Anwendung des § 52 kommt es also nicht blos darauf an, ob das Recht bei Feststellung des geringsten Gebots berücksichtigt ist (Ausnahme in Abs. 2 u. § 9 EG.), sondern auch darauf, ob es durch Zahlung zu decken ist, sei es nach § 49, sei es nach §§ 50, 51. Bestehenbleiben: bei Berücksichtigung und mangelnder Baarzahlungspflicht. Erlöschen: bei Nichtberücksichtigung oder vorhandener Baarzahlungspflicht (berücksichtigter Rechte). In den Fällen des § 50 2 ist die Deckung durch Zahlung und demgemäß auch das Erlöschen des berücksichtigten Rechts von den dort angegebenen Voraussetzungen abhängig (vgl. §§ 125 2, 130 2). Bis zu deren Eintritt bleibt das Recht bestehen (s. auch zu § 50 A. 6 u. 7).

2. auch das Vorkaufsrecht und das Wiederkaufsrecht bei preußischen Rentengütern (vgl zu § 44 A. 1).

3. Ueberbau 4. Nothweg.

4. Welche landesgesetzlich begründete Rechte an einem Grundstücke (außer Hypotheken) nach Maßgabe des Landesrechts von der Zwangsversteigerung unberührt bleiben, auch wenn sie bei der Feststellung des geringsten Gebots nicht berücksichtigt worden sind (§ 9 EG.), bestimmt für Preußen:

Pr. AG.ZVG. Art. 6. Die Rechte an dem Grundstücke, die nach Artikel 22 des Ausführungsgesetzes zum Bürgerlichen Gesetzbuch[a] oder nach sonstigen landesgesetzlichen Vorschriften[b] zur Wirksamkeit gegenüber dem öffentlichen Glauben des Grundbuchs der Eintragung nicht bedürfen, bleiben auch dann bestehen, wenn sie bei der Feststellung des geringsten Gebots nicht berücksichtigt sind.[c]

Das Gleiche gilt, unbeschadet der Vorschrift des § 9 Abs. 2 des Einführungsgesetzes zum Reichsgesetze, von den im Grundbuch als Leibgedinge, Leibzucht, Altentheil oder Auszug eingetragenen Dienstbarkeiten und Reallasten sowie von Grunddienstbarkeiten,[d] die zur Wirksamkeit gegenüber dem öffentlichen Glauben des Grundbuchs der Eintragung nicht bedürfen.

a. Pr. AG.BGB. Art. 22. Zur Erhaltung der Wirksamkeit gegenüber dem öffentlichen Glauben des Grundbuchs bedürfen der Eintragung nicht:

1. das in den Fällen der Enteignung[1] oder der Grundabtretung zu Zwecken des Bergbaubetriebs[2] bestehende gesetzliche Vorkaufsrecht;
2. die Gebrauchs- und Nutzungsrechte, welche nach den §§ 8, 142 des Allgemeinen Berggesetzes vom 24. Juni

[1] § 57 des Enteignungsgesetzes v. 11. Juni 1874 (GS. S. 221), art. 109 EG.BGB.

[2] § 141 des Allgem. Berggesetzes v. 24. Juni 1865 (GS. S. 705), art. 67 EG.BGB.

1865 (Gesetz-Samml. S. 705) im Wege des Zwangsverfahrens erworben werden können;

3. die den Rentenbanken überwiesenen Renten und die Domänen-Amortisationsrenten;[3] die für die Provinz Hannover bisher geltenden entgegenstehenden Vorschriften werden aufgehoben.

b. § 45 des Ges. über das Grundbuchwesen im Bezirk des App.-Ger. Kassel v. 29. Mai 1873 (GS. S. 273): Darlehen aus der Landeskreditkasse zur Ablösung von Grundlasten u. s. w. — § 1. Ges. über die gerichtliche Eintragung von Grundlasten in den vormals bayerischen Landestheilen v. 29. Mai 1874 (GS. S. 185): die nach diesem Gesetze für ablösbar erklärten Grundlasten und die an deren Stelle tretenden Geldansprüche. — art. 113, 114 AG.BGB.

c. EG. § 9_2 findet auf die in Abs. 1 aufgeführten Rechte keine Anwendung (Mot. zu Pr. AG.ZVG. S. 18).

d. Vgl. art. 187 EG.BGB. und Mot. zu Pr. AG.BGB. S. 33.

Eintritt des Erstehers in die persönliche Schuld.

§ 53. Haftet bei einer Hypothek, die bestehen bleibt,[1] der Schuldner zugleich persönlich, so übernimmt der Ersteher die Schuld in Höhe der Hypothek;[2] die Vorschriften des § 416 des Bürgerlichen Gesetzbuchs finden mit der Maßgabe entsprechende Anwendung, daß als Veräußerer im Sinne dieser Vorschriften der Schuldner anzusehen ist.[3]

Das Gleiche gilt, wenn bei einer Grundschuld oder Rentenschuld, die bestehen bleibt, der Schuldner zugleich persönlich haftet,[4] sofern er spätestens im Versteigerungstermine vor der Aufforderung zur Abgabe von Geboten die gegen ihn bestehende Forderung unter Angabe ihres Betrags und Grundes angemeldet und auf Verlangen des Gerichts oder eines Betheiligten glaubhaft gemacht hat.[4]

[3] §§ 18, 64 des Ges. über die Rentenbanken v. 2. März 1850 (GS. S. 112), art. 113, 114 EG.BGB.

I 67 1 u. 3; M. 169; II. 53 D. 47. — Pr. § 115 3. — B. II. Art. 6. — S. § 16 3.

1. § 52. — Wegen der persönlichen Haftung des Erstehers für die einzelnen Leistungen einer Reallast s. § 1108 BGB.

2. Die Uebernahme der persönlichen Schuld gehört zu den gesetzlichen Versteigerungsbedingungen (§ 59 A. 2).

3. Die entsprechende Anwendung des § 416 BGB. ergiebt, daß der Hypothekengläubiger die Schuldübernahme nur genehmigen kann, wenn der Schuldner sie ihm mittheilt; zu dieser Mittheilung ist der Schuldner auf Verlangen des Erstehers verpflichtet (Abs. 3). Die Mittheilung des Schuldners kann erst erfolgen, wenn der Ersteher als Eigenthümer eingetragen ist (§ 130). Sie muß schriftlich geschehen und den Hinweis enthalten, daß der Ersteher an die Stelle des bisherigen Schuldners trete, wenn nicht der Gläubiger die Verweigerung innerhalb sechs Monate seit dem Empfange der Mittheilung erkläre. Die Genehmigung gilt als ertheilt, wenn seit dem Empfange der Mittheilung sechs Monate verstrichen sind, und der Gläubiger sie nicht dem Schuldner gegenüber vorher verweigert hat. Wird die Genehmigung verweigert, so gilt die Schuldübernahme als nicht erfolgt (§ 415 2 Satz 1 BGB). Sobald die Ertheilung oder Verweigerung der Genehmigung feststeht, hat der Schuldner den Ersteher zu benachrichtigen. — Der Ersteher wird also erst persönlicher Schuldner des Gläubigers, und die Befreiung des Schuldners (§ 414 BGB.) tritt erst ein mit der Genehmigung des Gläubigers; — der Ersteher ist jedoch dem Schuldner gegenüber verpflichtet, den Gläubiger rechtzeitig zu befriedigen, sowohl vor ertheilter Genehmigung als nach deren Verweigerung (§ 415 3 BGB). — Ueber die weiteren Folgen der Schuldübernahme s. §§ 417, 418 BGB.

4. Die persönliche Schuld bildet in diesem Falle nicht die Grundlage der dinglichen Belastung, sondern steht neben dieser (nach Art einer Korrealverbindlichkeit).

5. § 294 CPO. Die Glaubhaftmachung wird insbesondere den Zusammenhang der persönlichen Forderung mit der Grundschuld klar zu stellen haben.

Kündigung.

§ 54. Die von dem Gläubiger dem Eigenthümer oder von diesem dem Gläubiger erklärte Kündigung[1] einer Hypothek, einer Grundschuld oder einer Rentenschuld ist dem Ersteher gegenüber nur wirksam, wenn sie spätestens in dem Versteigerungstermine vor der Aufforderung zur Abgabe von Geboten erfolgt und bei dem Gericht angemeldet worden ist.[2]

Das Gleiche gilt von einer aus dem Grundbuche nicht ersichtlichen Thatsache, in Folge deren der Anspruch vor der Zeit geltend gemacht werden kann.[3]

I 68 1, 2; M. 171; II. 54 D. 47. — Pr. § 57 5. — B. II Art. 6 2. — S. § 20.

1. § 1141 BGB.

2. Daß dies vom Gläubiger selbst geschieht, ist nicht nothwendig. — Eine später erfolgte oder angemeldete Kündigung ist dem Ersteher gegenüber wirkungslos. — Vgl. auch § 66.

3. Zu Abs. 2 vergleiche auch § 325 CPO. oben zu § 26 A. 4.

Gegenstand der Versteigerung.

§ 55. Die Versteigerung des Grundstücks erstreckt sich auf alle Gegenstände, deren Beschlagnahme noch wirksam ist.[1]

Auf Zubehörstücke, die sich im Besitze des Schuldners oder eines neu eingetretenen Eigenthümers[2] befinden, erstreckt sich die Versteigerung auch dann, wenn sie einem Dritten gehören,[3] es sei denn, daß dieser sein Recht nach Maßgabe des § 37 Nr. 5 geltend gemacht hat.[3 4]

I 73; M. 178, 179; II. 55 D. 48. — B. I Art. 8, 36.

1. d. h. zur Zeit der Versteigerung (§§ 20—24).
2. § 26.
3. Die Zubehöreigenschaft ist nach §§ 97, 98 BGB. nicht an die Voraussetzung geknüpft, daß die Sachen dem Eigenthümer des Grundstücks gehören. — Von der Beschlagnahme werden solche Zubehörstücke nicht ergriffen (§ 1120 BGB., § 20); sie können deshalb vom Grundstücke rechtswirksam entfernt werden. Entscheidend ist die Zubehöreigenschaft und der Besitz des Schuldners oder des neueingetretenen Eigenthümers z. Z. der Versteigerung. Vgl. auch § 37 Nr. 5.
4. Vgl. § 90 2 u. A. 1.

Uebergang der Gefahr, Nutzungen und Lasten.

§ 56. Die Gefahr des zufälligen Unterganges geht in Ansehung des Grundstücks mit dem Zuschlag,[1] in Ansehung der übrigen Gegenstände[2] mit dem Schlusse der Versteigerung[3] auf den Ersteher über. Von dem Zuschlag an gebühren dem Ersteher die Nutzungen und trägt er die Lasten.[4] Ein Anspruch auf Gewährleistung[5] findet nicht statt.

I 74; M. 189 ff.; II. 56 D. 48. — Pr. § 97. — B. 1 Art. 55. — S. §§ 18, 176.

1. §§ 87, 89, 90, 104. Weder auf die Uebergabe, noch auf die Eintragung des Erstehers kommt es an. — Anders beim Kauf. § 446 BGB.

2. § 55.

3. § 73. Weder dem Schuldner, noch anderen Betheiligten kann billigerweise für die Zwischenzeit bis zum Zuschlage die Gefahr aufgebürdet werden.

4. S. zu § 49 A. 3, zu § 50 A. 5. — §§ 101, 103 BGB.

5. weder wegen Mängel im Recht des Schuldners (§§ 37 Nr. 5, 55, 90, 91), noch wegen Mängel der Sache (Verschlechterung).

Miethe und Pacht.

§ 57. Ist das Grundstück einem Miether oder Pächter überlassen,[1] so finden die Vorschriften der §§ 571, 572, des § 573 Satz 1 und der §§ 574, 575 des Bürgerlichen Gesetzbuchs entsprechende Anwendung.[2] Der Ersteher ist jedoch berechtigt, das Mieth- oder Pachtverhältniß unter Einhaltung der gesetzlichen Frist[3] zu kündigen. Die Kündigung ist ausgeschlossen, wenn sie nicht für den ersten Termin erfolgt, für den sie zulässig ist.[4]

I 141; M. 266, 268; II. 57 D. 48. — Pr. § 22 3 Satz 2.

1. Voraussetzung ist also wie in § 9 Nr. 2 Mieth- und Pachtbesitz am Grundstücke oder einem Theile desselben (§§ 865, 868 BGB.).

Pr. AG.ZVG. Art. 7. Ist das Grundstück vor dem Inkrafttreten des Bürgerlichen Gesetzbuchs einem Miether oder Pächter überlassen, so finden die Vorschriften des § 57 des Reichsgesetzes Anwendung.[a]

Weitergehende Rechte eines Miethers oder Pächters, die sich aus den bisherigen Gesetzen[b] ergeben, bleiben unberührt.

a. namentlich auch für die unter der Herrschaft des Allg. Landrechts begründeten dinglichen Mieth- und Pachtrechte. — Vgl. zu § 9 EG. A. 2.

b. namentlich für Mieth- und Pachtrechte, die durch Eintragung in ein öffentliches Buch Wirksamkeit gegen Dritte oder welche die Eigenschaft dinglicher Rechte erlangt haben (Art. 179, 184 EG. BGB.).

2. d. h. der Ersteher tritt an Stelle des Vermiethers in die während der Dauer seines Eigenthums aus dem Miethverhältnisse sich ergebenden Rechte und Pflichten (§ 571 1), wobei der Vermiether dem Miether als Bürge nach Maßgabe des § 571 2 Satz 1 haftet, jedoch von dieser Haftung befreit wird, wenn der Miether das Miethverhältniß nach erlangter Kenntniß von dem Eigenthumswechsel nicht zum ersten zulässigen Termin kündigt (§ 571 2 Satz 2). Der Ersteher tritt in die Rechte des Vermiethers hinsichtlich einer von dem Miether für die Erfüllung seiner Verpflichtungen bestellten Sicherheit nach Maßgabe des § 572. Eine Verfügung, die der Vermiether vor dem Zuschlage über den auf die spätere Zeit entfallenden Miethzins getroffen hat, muß der Ersteher insoweit gelten lassen, als sie sich auf das zur Zeit des Zuschlags laufende und das folgende Kalendervierteljahr bezieht (§ 573 1). Ein Rechtsgeschäft, das zwischen dem Miether und Vermiether in Ansehung der Miethzinsforderung vorgenommen wird, insbesondere die Entrichtung des Miethzinses, ist dem Ersteher gegenüber wirksam, soweit es sich nicht auf den Miethzins für eine spätere Zeit, als das Kalendervierteljahr, in welchem der

Miether von dem Eigenthumswechsel Kenntniß erlangt, und das folgende Vierteljahr bezieht. Hat aber der Miether bei der Vornahme des Rechtsgeschäftes von dem erfolgten Eigenthumsübergange Kenntniß gehabt, so ist das Rechtsgeschäft unwirksam (§ 574). — Soweit die Entrichtung des Miethzinses an den Vermiether nach § 574 dem Ersteher gegenüber wirksam ist, kann der Miether gegen die Miethzinsforderung des Erstehers mit einer ihm gegen den Vermiether zustehenden Forderung aufrechnen; es sei denn, daß der Miether die Gegenforderung erst erworben hat, nachdem er von dem Uebergange des Eigenthums Kenntniß erlangt hat, oder daß die Gegenforderung erst nach Erlangung der Kenntniß und später als der Miethzins fällig geworden ist. Das Gleiche gilt hinsichtlich der Pacht § 581 2 BGB. Der Mieth- und Pachtbesitzer kann als Betheiligter (§ 9 Nr. 2) eine abweichende Feststellung dieser gesetzlichen Versteigerungsbedingung verlangen (§ 59).

3. Vierteljährige Kündigungsfrist für Miethe (§ 565 BGB.), halbjährige für Pacht (§ 595 BGB).

4. Im Falle des § 183 hat der Ersteher überhaupt kein Kündigungsrecht.

Kosten des Zuschlags.

§ 58. Die Kosten des Beschlusses, durch welchen der Zuschlag ertheilt wird, fallen dem Ersteher zur Last.

I 75; M. 181; II. 58 D. 49. — Pr. § 84 1. — B. I Art. 107.

Für Preußen früher §§ 3, 11 des Kostengesetzes vom 18. Juli 1883 (jetzt §§ 126, 133 des preußischen Gerichtskostengesetzes unter V).

Abänderung der gesetzlichen Kaufbedingungen.

§ 59. Jeder Betheiligte[1] kann eine von den gesetzlichen Vorschriften abweichende Feststellung des geringsten Gebots und der Versteigerungsbedingungen[2] verlangen. Wird durch die Abweichung das Recht eines anderen Betheiligten beeinträchtigt, so ist dessen Zustimmung erforderlich.[3]

Sofern nicht feststeht,[4] ob das Recht durch die Abweichung beeinträchtigt wird, ist das Grundstück mit der verlangten Abweichung und ohne sie auszubieten.[5]

Soll das Fortbestehen eines Rechtes[6] bestimmt werden,[7] das nach § 52 erlöschen würde,[8] so bedarf es nicht der Zustimmung eines nachstehenden Betheiligten.[9]

I 76, 77; M. 182, 183; II. 59 D. 49. — Pr. § 45 1. — B. I Art. 24, 60, 61. — S. § 109.

1. § 9. — S. auch § 26 A. 3.

2. Zu den gesetzlichen Versteigerungsbedingungen gehören im Grunde auch die Vorschriften über die Feststellung des geringsten Gebots (§§ 44—48); die sonstigen gesetzlichen Versteigerungsbedingungen enthalten die §§ 49 bis 58.

3. Ausnahme §§ 60, 61. — § 9 EG.

4. Redaktionelle Aenderung der Reichstagskommission statt: Ist ungewiß, ob u. s. w.

5. Doppeltes Ausgebot zur Feststellung, ob eine Beeinträchtigung stattfindet; s. auch § 61.

6. jeder Art, namentlich auch einer Hypothek, Grundschuld, Rentenschuld.

7. Das Verlangen kann jeder Betheiligte stellen (Abs. 1 Satz 1); s. A. 9.

8. Eine Erhöhung des geringsten Gebots liegt in der Bestimmung des Fortbestehens eines nach § 52 erlöschenden Rechts nicht. Die Aenderung betrifft die Deckungsart (statt Baarzahlung § 49 — Stehenbleiben) und setzt voraus, daß das Recht in das Meistgebot fällt.

9. Ohne Zustimmung des Betheiligten, dessen Recht stehen bleiben soll, kann die Abweichung von der gesetzlichen Versteigerungsbedingung des § 49 nicht erfolgen. — Er wird regelmäßig sogar der Antragsteller sein (I. § 77 u. D. 49). Für die der fortbestehenden Forderung nachstehenden Betheiligten ist die Gefahr der Benachtheiligung regelmäßig ausgeschlossen. — Gleichstehende müssen zustimmen.

Feststellung von Zahlungsfristen.

§ 60. Jeder Betheiligte kann verlangen, daß für den das geringste Gebot übersteigenden Betrag[1] des Meistgebots Zahlungsfristen als Versteigerungsbedingung festgestellt werden;[2] die Zustimmung eines anderen Betheiligten ist nicht erforderlich.[3] Soweit Zahlungsfristen bewilligt werden, ist das Gebot von dem Zuschlag an zu verzinsen.[4]

I 78; M. 184 ff.; II. 60 D. 49. — B. I 59, B. II Art. 10. — S. § 14 2.

1. § 49.

2. Die Zulassung von Zahlungsfristen entspricht den Gewohnheiten großer Rechtsgebiete namentlich Süddeutschlands.

3. Wegen doppelten Ausgebots s. § 61.

4. Vgl. zu § 49 A. 3.

§ 61. Im Falle des § 60 ist auf Antrag eines Betheiligten, dessen Recht durch die Bewilligung von Zahlungsfristen beeinträchtigt werden würde,[1] das Grundstück mit Zahlungsfristen und ohne sie auszubieten. Der Zuschlag wird auf Grund des mit Zahlungsfristen erfolgten Ausgebots nur ertheilt, wenn ein Dritter[2] unter Sicherheitsleistung[3] sich verpflichtet, die dem Ersteher obliegende Zahlung vollständig oder mit einem Abzug im Vertheilungstermine zu bewirken, nnd wenn im Falle eines Abzugs nach dessen Abrechnung das Meistgebot mit Zahlungsfristen höher ist als das andere Meistgebot.

In Ansehung der Verpflichtung des Dritten finden die Vorschriften des § 53, in Ansehung der Sicherheitsleistung die Vorschriften des § 69 entsprechende Anwendung. Die Sicherheitsleistung ist nicht erforderlich, wenn für ein eigenes Gebot des Dritten Sicherheitsleistung nicht verlangt werden könnte.[4]

Wird der Dritte bei der Ertheilung des Zuschlags für zahlungspflichtig erklärt,[5] so tritt die Forderung gegen den Dritten als Versteigerungserlös an die Stelle der Forderung gegen den Ersteher;[6] die Forderung gegen den Ersteher steht dem Dritten zu.

I 78; M. 185, 186; II. 61 D. 49.

1. insbesondere des Gläubigers, und der gleich- und nachstehenden Berechtigten, deren Interesse Baarzahlung erheischt — aber auch des Schuldners.

2. Dieser Dritte tritt dann den Betheiligten gegenüber an die Stelle des Erstehers, dessen Kreditgeber er ist. — Vgl. Abs. 2 u. 3.

3. zum vollen Betrage der übernommenen Verpflichtung. 4. § 67 2, 3.

5. § 82. 6. § 134.

Vorbereitung der Versteigerungsbedingungen.

§ 62. Das Gericht kann schon vor dem Versteigerungstermin Erörterungen[1] der Betheiligten über das geringste Gebot und die Versteigerungsbedingungen veranlassen, zu diesem Zwecke auch einen besonderen Termin bestimmen.

I 56; M. 159; II. 62 D. 50. — Pr. § 45 2, 3. — B. II Art. 24.

1. Die Feststellung erfolgt erst im Versteigerungstermine. § 66.

Mehrheit von Grundstücken.

§ 63. Mehrere in demselben Verfahren zu versteigernde[1] Grundstücke[2] sind einzeln auszubieten.[3]

Jeder Betheiligte[4,5] kann verlangen, daß neben dem Einzelausgebot alle Grundstücke und, sofern einige von ihnen mit einem und demselben Rechte belastet sind,[6] auch diese Grundstücke zusammen ausgeboten werden.[7] Auf Antrag kann das Gericht auch in anderen Fällen das Gesammtausgebot einiger der Grundstücke anordnen.[8]

Das Gesammtausgebot kann vor oder nach dem Einzelausgebot erfolgen.[9]

Wird bei dem Einzelausgebot auf eines der Grundstücke ein Meistgebot abgegeben, das mehr beträgt als das geringste Gebot für dieses Grundstück, so erhöht sich bei dem Gesammtausgebote das geringste Gebot um den Mehrbetrag. Der Zuschlag wird auf Grund des Gesammtausgebots nur ertheilt, wenn das Meistgebot höher ist als das Gesammtergebniß der Einzelausgebote.

Das Einzelausgebot unterbleibt, wenn die anwesenden[5] Betheiligten zustimmen, deren Rechte bei der Feststellung des geringsten Gebots nicht zu berücksichtigen sind.

I 80, 81, 82; M. 187—191; II. 63 D. 50. — B. I Art. 49, 51, B. II Art. 12, 19. — S. §§ 28—30, 34, 35, 39.

1. Wegen der Zulässigkeit s. § 18.

2. selbstständige (einheitliche). — Die Buchung auf einem gemeinschaftlichen Blatt hebt die Selbstständigkeit nicht auf. §§ 4, 86 GBO.

3. Einzelausgebot bildet die Regel, — Ausnahme in Abs. 5. Das Gesammtausgebot setzt Antrag voraus (Absatz 2 u. 3). Unterlassung des Einzelgebots wie des beantragten Gesammtausgebots im Falle des Abs. 2 Satz 1 begründen Versagung des Zuschlags und Beschwerde nach §§ 83 Nr. 2, 84, 100.

4. Die Abs. 2 u. 3 sind durch die Reichstagskommission geändert. Im Entw. II hieß es:

> Jeder Betheiligte kann verlangen, daß die Grundstücke oder einige von ihnen auch zusammen ausgeboten werden. (Vgl. KB. S. 23—25.)

5. § 9. — Interessirt sind nur die bei Feststellung des geringsten Gebots nicht zu berücksichtigenden Betheiligten.

6. gleichgültig, ob dies dem Anspruche des Gläubigers vorgeht oder nicht. — Für ersteren Fall s. § 64.

7. Für das Gesammtausgebot wird das geringste Gebot durch die Summe der geringsten Gebote für die einzelnen Grundstücke gebildet. — Erhöhung im Falle des Abs. 4. — Wie das geringste Gebot für das Einzelausgebot und für das Gesammtausgebot zu bestimmen ist, wenn zu den dabei zu berücksichtigenden Rechten Gesammthypotheken gehören s. zu § 64 insbes. A. 3. — Die Anordnung unterliegt dem Ermessen des Gerichts.

8. Gegen die Anordnung wie gegen die Versagung keine Beschwerde § 95; ebensowenig im letzteren Falle Versagung des Zuschlags u. s. w.

9. Das etwaige Interesse der abwesenden Betheiligten an einem Einzelausgebot wird nicht beachtet. (Vgl. KB. S. 24.)

§ 64. Werden mehrere Grundstücke, die mit einer dem Anspruche des Gläubigers vorgehenden Gesammthypothek belastet sind, in demselben Verfahren versteigert,[1] so ist auf Antrag[2] die Gesammthypothek bei der Feststellung des geringsten Gebots für das einzelne Grundstück nur zu dem Theilbetrage[3] zu berücksichtigen, der dem Verhältnisse des Werthes[4] des Grundstücks zu dem Werthe der sämmtlichen Grundstücke entspricht; der Werth wird unter Abzug der Belastungen berechnet, die der Gesammthypothek im Range vorgehen und bestehen bleiben.[5] Antragsberechtigt sind der Gläubiger, der Eigenthümer und jeder dem Hypothekengläubiger[6] gleich- oder nachstehende Betheiligte.

Wird der im Abs. 1 bezeichnete Antrag gestellt, so kann der Hypothekengläubiger[6] bis zum Schlusse der

Verhandlung im Versteigerungstermine[7] verlangen, daß bei der Feststellung des geringsten Gebots[8] für die Grundstücke nur die seinem Anspruche vorgehenden Rechte berücksichtigt werden;[9] in diesem Falle sind die Grundstücke auch mit der verlangten Abweichung auszubieten.[10] Erklärt sich nach erfolgtem Ausgebote der Hypothekengläubiger[6] der Aufforderung des Gerichts ungeachtet nicht darüber, welches Ausgebot für die Ertheilung des Zuschlags maßgebend sein soll, so verbleibt es bei der auf Grund des Abs. 1 erfolgten Feststellung des geringsten Gebots.[11]

Diese Vorschriften finden entsprechende Anwendung, wenn die Grundstücke mit einer und derselben Grundschuld oder Rentenschuld belastet sind.

II. 64 D. 50—52.

1. Wegen der Zulässigkeit s. § 18.

2. im Entw. II heißt es: „auf Antrag eines Betheiligten". — Die Antragsberechtigten bezeichnet der Schlußsatz in Abs. 1. (Aenderung der Reichstagskommission KB. S. 29.)

3. An und für sich würde die Gesammthypothek, die bei dem Gesammtausgebot nur einmal zu berücksichtigen ist, beim Einzelausgebot für jedes Grundstück zum vollen Betrage zu berücksichtigen sein. (§ 1132 BGB.)

4. Vgl. § 11 EG., — s. auch § 42. Ueber die Werthbestimmung verordnet

Pr AG.ZVG. Art. 8. In den Fällen der §§ 64, 112 des Reichsgesetzes ist der Werth der Grundstücke auf den vierzigfachen Betrag des staatlich ermittelten Grundsteuerreinertrags und den fünfundzwanzigfachen Betrag des staatlich ermittelten Gebäudesteuernutzungswerths zu bestimmen. Ergeben sich begründete Bedenken gegen die Richtigkeit dieser Bestimmung oder sind die Grundstücke nicht zur Grundsteuer oder zur Gebäudesteuer staatlich veranlagt, so hat das Gericht den Werth nach freiem Ermessen, nöthigenfalls unter Zuziehung eines Sachverständigen zu bestimmen.

In den Hohenzollernschen Landen ist an Stelle des nach der Grund- und Gebäudesteuer zu berechnenden Werthes der Steueranschlag massgebend.

Pr. §§ 88, 41, 199, Pr. Kostengesetz v. 18. Juli 1883 § 4_3.

5. Vgl. § 1172 2 BGB.

6. der Gesammthypothek. Der Gesammthypothekengläubiger selbst ist aber nicht antragsberechtigt. — Seinen Interessen wird Abs. 2 gerecht (s. A. 8—10).

7. §§ 73, 74; s. insbesondere zu § 73 A. 3.

8. die hier folgenden Worte des Entw. II: „der Betrag seiner Gesammthypothek auf die zu versteigernden Grundstücke in anderer Weise vertheilt wird oder" sind von der Reichstagskommission gestrichen. (KB. S. 29, 30.)

9. Das Recht des Gesammthypothekengläubigers, den Betrag seiner Forderung auf die einzelnen Grundstücke nach § 1132 2 BGB. zu vertheilen und dadurch die Gesammthypothek in Einzelhypotheken zu verwandeln, oder auf die Hypothek an einem der Grundstücke zu verzichten und dadurch für dieses Grundstück die Hypothek zu beseitigen (§ 1175 1 Satz 2 BGB.) bleibt unberührt.

10. Doppelausgebot (: „auch"). Die Abweichung von § 44 besteht darin, daß die Gesammthypothek und die ihr gleich- oder nachstehenden, dem Anspruche des Gläubigers aber vorgehenden Rechte zahlbar werden. Die Entscheidung, zu welchem Ausgebot der Zuschlag zu ertheilen, steht dem Gesammthypothekengläubiger zu. (Vgl. den

folgenden Satz des Abs. 2.) Doch muß der Zuschlag auf ein unter Abweichung von der gesetzlichen Bedingung des § 44 veranlaßtes Ausgebot versagt werden, wenn die Gesammthypothek (Grundschuld, Rentenschuld Abs. 3) oder die ihr gleich, oder nachstehenden, den Ansprüchen des betreibenden Gläubigers aber vorgehenden Rechte durch das Gesammtergebniß der Einzelausgebote nicht gedeckt werden (§ 83 Nr. 3).

11. und deren Folgen. Die nach Abs. 1 vertheilte Gesammthypothek erlischt, sobald der Zuschlag erfolgt ist (§§ 91, 44, 49, 52) in Ansehung der einzelnen Grundstücke zu dem Betrage, welcher bei der Feststellung des geringsten Gebots für das Grundstück nicht berücksichtigt ist; soweit sie Berücksichtigung gefunden hat, bleibt sie an jedem Grundstück als Einzelhypothek bestehen. Ist nur ein Theil der mitbelasteten Grundstücke versteigert, so dauert die Gesammthypothek an den nicht versteigerten Grundstücken als solche in ihrem bisherigen Umfange fort; auch im Verhältnisse zu den einzelnen Hypotheken an den versteigerten Grundstücken bleibt sie insoweit Gesammthypothek (D. 52).

Der Schlußsatz ist von der Reichstagskommission hinzugefügt (KB. S. 26).

Sonderverwerthung mithaftender Gegenstände.

§ 65. Das Gericht kann auf Antrag anordnen, daß eine Forderung oder eine bewegliche Sache von der Versteigerung des Grundstücks ausgeschlossen und besonders versteigert werden soll.[1] Auf Antrag kann auch eine andere Art der Verwerthung angeordnet, insbesondere zur Einziehung einer Forderung ein Vertreter bestellt oder die Forderung einem Betheiligten mit dessen Zustimmung an

Zahlungsstatt überwiesen werden. Die Vorschriften der §§ 817, 820, 835 der Civilprozeßordnung finden entsprechende Anwendung. Der Erlös ist zu hinterlegen.[2]

Die besondere Versteigerung oder die anderweitige Verwerthung ist nur zulässig, wenn das geringste Gebot erreicht ist.[3]

I 84; M. 191; II. 65 D. 52. — B. I Art. 36 2, 3, B II Art. 13. — S. § 45.

1. Widerspruchsrecht eines Hypothekengläubigers, dessen Recht bestehen bleibt, wegen Gefährdung der Sicherheit nach §§ 1134, 1135 BGB.

2. Ueber die Zugehörigkeit des Erlöses zur Theilungsmasse s. § 107 1 Satz 2.

3. also erst nach Schluß der Versteigerung; der Ausschluß von der Versteigerung des Grundstücks ist schon vorher zulässig.

V. Versteigerung.

Gang der Verhandlung.

§ 66. In dem Versteigerungstermine werden nach dem Aufrufe der Sache die das Grundstück betreffenden Nachweisungen,[1] die das Verfahren betreibenden Gläubiger,[2] deren Ansprüche,[3] die Zeit der Beschlagnahme[4] und die erfolgten Anmeldungen[5] bekannt gemacht, hierauf das geringste Gebot[6] und die Versteigerungsbedingungen[7] nach Anhörung der anwesenden Betheiligten,[8] nöthigenfalls mit Hülfe eines Rechnungsverständigen, unter

Bezeichnung der einzelnen Rechte festgestellt[9] und die erfolgten Feststellungen verlesen.

Nachdem dies geschehen, hat das Gericht auf die bevorstehende Ausschließung weiterer Anmeldungen hinzuweisen und sodann zur Abgabe von Geboten aufzufordern.[10]

Abs. 1 I 85, 86; M. 192—194; Abs. 2 I 88; M. 194; } II. 66 D. 52; — Pr. §§ 52, 54, 61. — B. I Art. 69, B. II Art 24. — S. §§ 120, 121.

1. § 42. 2. §§ 9, 15, 27.
3. §§ 16, 27 (§ 13 3). 4. §§ 22, 27.
5. §§ 9 Nr. 2, 37 Nr. 4, 45, 53 2, 54. — § 8 EG.
6. §§ 44—48. — § 8 EG.
7. §§ 49—58. — § 9 EG.
8. §§ 59—61 und § 62.

9. Eine Verletzung der Vorschriften über die Feststellung des geringsten Gebotes begründet nach § 83 Nr. 1, 84 Versagung des Zuschlags, nach § 100 Beschwerde.

10. §§ 37 Nr. 4, 45, 54; § 325 CPO. (oben zu § 26 A. 4); Versagung des Zuschlages und Beschwerde, wenn die nach der Aufforderung zur Abgabe von Geboten erfolgte Anmeldung oder Glaubhaftmachung ohne Beachtung der Vorschrift des § 66 2 zurückgewiesen ist. (§ 83 Nr. 4, §§ 84, 100.)

Sicherheitsleistung des Bieters.

§ 67. Ein Betheiligter,[1] dessen Recht durch Nichterfüllung des Gebots beeinträchtigt werden würde, kann Sicherheitsleistung[2] verlangen, jedoch nur sofort nach Abgabe des Gebots.[3] Das Verlangen gilt auch für weitere Gebote desselben Bieters.

Steht dem Bieter eine durch das Gebot ganz oder theilweise gedeckte Hypothek,[4] Grundschuld oder Rentenschuld zu, so braucht er Sicherheit nur auf Verlangen des Gläubigers[5] zu leisten. Auf Gebote des Schuldners oder eines neu eingetretenen Eigenthümers[6] findet diese Vorschrift keine Anwendung.

Für ein Gebot des Reichs, der Reichsbank oder eines Bundesstaats kann Sicherheitsleistung nicht verlangt werden.[7] Das Gleiche gilt in Ansehung eines Gebots, zu dessen Erfüllung sich nach § 61 ein Dritter verpflichtet hat.[8]

Abs. 1 I 90 1 Satz 1, 91 1; } M. 196—201, 204.
Abs. 2 I 93; }
Abs. 3 I 90 2 Satz 2; }

II. 67 D. 52, 53. — Pr. § 62. — B. I Art. 55 Nr. 4, Art. 74 1, 2, B. II Art. 17. — S. §§ 14 1, 134.

1. § 9. 2. Höhe § 68 1. — Art. § 69.

3. Die Entscheidung über das Verlangen erfolgt sofort durch das Gericht (§ 70). Liegt mögliche Beeinträchtigung vor, so **muß** dem Verlangen entsprochen werden, auch wenn der Bieter vom Gericht für zahlungsfähig erachtet wird (s. jedoch Abs. 2 u. 3). Vgl. auch zu § 70 A. 6.

4. jeder Art; auch Sicherungshypothek. Bei Briefhypotheken hat der nicht eingetragene Bieter sich durch Vorlegung des Briefes und nach § 1155 BGB. als Gläubiger auszuweisen.

5. sowohl des ersten (§ 16) als eines beitretenden (§ 27).

6. § 26. — Höhe der Sicherheit § 68 3. — Art. § 69.

7. § 10 Nr. 1 EG. und dazu

Pr. AG.ZVG. Art. 9. Für ein Gebot einer Gemeinde oder eines anderen Kommunalverbandes, einer landschaftlichen, ritterschaftlichen, städtischen oder provinzialen Kreditanstalt oder einer öffentlichen Sparkasse kann Sicherheitsleistung nicht verlangt werden.

Pr. § 62_4.

8. Dagegen hat der Dritte Sicherheit zu leisten (§ 61 1, 2). — Höhe § 68. — Art. § 69.

Höhe der Sicherheitsleistung.

§ 68. Die Sicherheit ist für ein Zehntel des Baargebots,[1] wenn aber der Betrag der aus dem Versteigerungserlöse zu entnehmenden Kosten höher ist, für diesen Betrag zu leisten.

Ein Betheiligter, dessen Recht nach § 52 bestehen bleibt, kann Sicherheitsleistung bis zur Höhe des Betrags verlangen, welcher zur Deckung der seinem Rechte vorgehenden Ansprüche durch Zahlung zu berichtigen ist.[2]

Bietet der Schuldner oder ein neu eingetretener Eigenthümer des Grundstücks,[3] so kann der Gläubiger Sicherheitsleistung bis zur Höhe des Betrags verlangen, welcher zur Deckung seines Anspruchs durch Zahlung zu berichtigen ist.

I 92; M. 201—203; II. 68 D. 53. — Pr. § 62. — B. I Art. 55 Nr. 4, 74, 73; B. II Art. 17. — S. §§ 14 1, 119 Nr. 3, 132.

1. § 49. Dabei kommt derjenige Theil des Gebots, für welchen Zahlungsfristen (§§ 60, 61) bestehen, nicht in Betracht.

2. § 49. 3. §§ 67 2, 26.

4. § 9 A. 1; für die andern Betheiligten bleibt es bei Abs. 1, 2.

Art der Sicherheitsleistung.

§ 69. Die Sicherheitsleistung ist durch Hinterlegung von Geld oder inländischen Werthpapieren[1] zu bewirken.[2] Werthpapiere sind zur Sicherheitsleistung nur geeignet, wenn sie auf den Inhaber lauten und einen Kurswerth haben; den Inhaberpapieren stehen Orderpapiere gleich, die mit Blankoindossament versehen sind. Mit Werthpapieren kann die Sicherheit in Höhe des ganzen Kurswerths[3] geleistet werden.

Die Uebergabe an das Gericht hat die Wirkung der Hinterlegung.[5]

I 94 Satz 1 und 2; M. 205; II. 69 D. 53. — Pr. § 64. — B. I Art. 55 Nr. 4. — S. § 133.

1. mit den Zinsscheinen u. s. w. (§ 234 2 BGB.). Mündelgeldsicherheit (§§ 234, 1807 BGB.) ist nicht erforderlich; der Betheiligte (§ 67 1) kann sich auch mit jeder andern Art der Sicherheitsleistung begnügen.

2. Die Wirkung ergiebt § 233 BGB.

3. Abweichung von § 234 3 BGB.

4. §§ 372 ff. BGB. — Das Gericht, wenn es nicht selbst Hinterlegungsstelle ist, hat die Hinterlegung der Sicherheit, sofern das Gebot beim Schluß der Versteigerung noch in Betracht kommt, bei dieser nach Maßgabe der Landesgesetze zu bewirken (Art 145 EG.BGB., §§ 73 ff. der preuß. Hinterlegungsordnung). Die für erloschene Gebote (§ 72) bestellte Sicherheit ist zurückzugeben.

5. Ueber Sicherheitsleistung durch Stellung eines Bürgen § 10 Nr. 2 EG. und dazu:

Pr. AG ZVG. Art. 10. Im bisherigen Geltungsbereiche des Rheinischen Rechtes darf die Sicherheit für ein Gebot auch durch Stellung eines Bürgen nach § 239 des Bürgerlichen Gesetzbuchs geleistet werden.

Wird dem Bieter der Zuschlag ertheilt, so ist in dem Beschlusse der Bürge unter Angabe der Höhe seiner Schuld für mithaftend zu erklären. Soweit zur Ausführung des Theilungsplans die Forderung gegen den Ersteher auf die Berechtigten übertragen wird, ist den Berechtigten nach der Rangordnung ihrer Ansprüche die Forderung gegen den Bürgen mitzuübertragen. Die Forderung ist nach Massgabe des § 132 des Reichsgesetzes gegen den Bürgen vollstreckbar.

Auf Gebote des Schuldners oder eines neu eingetretenen Eigenthümers finden diese Vorschriften keine Anwendung.

§ 87 Ges. v. 12. April 1888 (GS. S. 52).

Entscheidung über die Sicherheitsleistung.

§ 70. Das Gericht hat über die Sicherheitsleistung sofort zu entscheiden.[1]

Erklärt das Gericht die Sicherheit für erforderlich, so ist sie sofort zu leisten.[2] Unterbleibt die Leistung,[3] so ist das Gebot zurückzuweisen.[4]

Wird das Gebot ohne Sicherheitsleistung zugelassen und von dem Betheiligten, welcher die Sicherheit verlangt hat, nicht sofort[5] Widerspruch erhoben, so gilt das Verlangen als zurückgenommen.[6]

Abs. 1 I 95; M. 207;
Abs. 2 I 90; M. 198; } II. 70 D. 54. — Pr. § 62.
Abs. 3 I 95; M. 207;

1. über ihre Erforderlichkeit: nachdem sie verlangt ist (§ 67 1 insbes. A. 3, vgl. auch unten A. 6); über

ihre genügende Bestellung: nachdem sie geleistet ist (§§ 68, 69).

2. nach § 69.

3. in der genügenden Höhe und Art (§§ 68, 69).

4. als unwirksam (§ 71 1).

5. nachdem das Gericht das Gebot ohne Sicherheitsleistung zugelassen hat.

6. Die Entscheidungen des Gerichts über Erforderlichkeit, Höhe und Art der Sicherheitsleistung unterliegen keiner Beschwerde nach § 95. Für die Entscheidung über den Zuschlag ist aber zu beachten, daß die Zulässigkeit und Wirksamkeit des Meistgebots, wenn die Betheiligten Sicherheitsleistung verlangen können, von deren Leistung abhängig ist (§ 71 1). Der Betheiligte wahrt sich durch Erhebung des Widerspruchs das Recht der Beschwerde gegen Ertheilung des Zuschlags (§§ 81, 100).

Unwirksames Gebot.

§ 71. Ein unwirksames Gebot[1] ist zurückzuweisen.

Ist die Wirksamkeit eines Gebots von der Vertretungsmacht desjenigen, welcher das Gebot für den Bieter abgegeben hat, oder von der Zustimmung eines Anderen oder einer Behörde[2] abhängig, so erfolgt die Zurückweisung, sofern nicht die Vertretungsmacht oder die Zustimmung bei dem Gericht offenkundig ist oder durch eine öffentlich beglaubigte Urkunde[3] sofort[4] nachgewiesen wird.

I 89; M. 194—196; II 71 D. 54. — Pr. § 65. — B. I Art. 74; B. II Art. 26 Nr. 1. — S. §§ 111 1, 117.

1. Fälle z. B. §§ 44 1, 70 2, 3, 71 2, ferner mangelnde Geschäftsfähigkeit des Bieters (§§ 104 ff. BGB.). Vgl. auch Art. 86 EG.BGB. Ueber die Wirksamkeit der Gebote von Gerichtspersonen s. §§ 456 bis 458 BGB.

2. § 182 BGB. Art. 86, 88 EG.BGB. und dazu:

Pr. AG BGB. Art. 7. § 1. Juristische Personen, die in Preussen ihren Sitz haben,[a] bedürfen zum Erwerbe von Grundstücken im Werthe von mehr als fünftausend Mark der Genehmigung der staatlichen Aufsichtsbehörde.

Dies gilt nicht für Familienstiftungen,[b] für juristische Personen, deren Rechtsfähigkeit auf einem neben dem Bürgerlichen Gesetzbuche bestehenden Reichsgesetze[c] beruht, sowie für solche juristische Personen des öffentlichen Rechtes, welche nach den für sie geltenden Gesetzen ohne die im Abs 1 bezeichnete Genehmigung Grundeigenthum erwerben können.[d]

Sparkassen, die durch staatliche Verleihung Rechtsfähigkeit erlangt haben, können ein von ihnen beliehenes Grundstück im Zwangsversteigerungsverfahren ohne die Genehmigung erwerben.[e]

§ 2. Juristische Personen, die in einem anderen Bundesstaat ihren Sitz haben, bedürfen zum Erwerbe von Grundstücken im Werthe von mehr als fünftausend Mark der Genehmigung des Königs oder der durch Königliche Verordnung bestimmten Behörde.[f]

Der gleichen Genehmigung bedürfen ausländische juristische Personen zum Erwerbe von Grundstücken ohne Rücksicht auf den Werth.

a. Dazu gehören auch Vereine und Stiftungen, die nach Massgabe der Vorschriften des BGB. (§§ 21 ff., 80 ff.) Rechtsfähigkeit erlangen.

b. Ueber Familienstiftungen s. Pr. AG.BGB. Art. 1—3.

c. z. B. Reichsfiskus.

d. dahin gehören: die landschaftlichen Kreditinstitute bezüglich der bepfandbrieften, zur Subhastation gestellten Güter (Allerh. Erl. v. 1. Dez. 1869, GS. S. 1185), die Stadt- u. Landgemeinden nach Massgabe der Städte- und Landgemeindeordnungen (z. B. Städteordnung v. 30. Mai 1853 § 59, Landgemeindeordnung v. 3. Juli 1891 § 114).

e. Zusatz der Kommission des Abg. Hauses.
f. Art 6. Ver. v. 16. Nov. 1899 (GS. S. 562).

3. § 129 BGB., § 29 GBO.
4. bei der Abgabe des Gebotes.

Erlöschen des Gebots.

§ 72. Ein Gebot erlischt, wenn ein Uebergebot zugelassen[1] wird und ein Betheiligter der Zulassung nicht sofort[2] widerspricht. Das Uebergebot gilt als zugelassen, wenn es nicht sofort[2] zurückgewiesen wird.

Ein Gebot erlischt auch dann, wenn es zurückgewiesen wird und der Bieter oder ein Betheiligter der Zurückweisung nicht sofort[3] widerspricht.

Das Gleiche[4] gilt, wenn das Verfahren einstweilen eingestellt[5] oder der Termin aufgehoben wird.

I 98; M. 209 ff.; II. 72 D. 54. — Pr. § 66. — B. I Art. 75. — S. § 122.

1. s. Satz 2.

2. nach der Abgabe des Uebergebots. Der Vorbieter bleibt im Falle des Widerspruchs trotz des Uebergebots gebunden. Der Widerspruch wahrt dem Vorbieter und den Betheiligten das Recht der Beschwerde gegen die Ertheilung des Zuschlags an den Ueberbieter als Meistbietenden (§§ 81, 97, 100).

3. nach der Zurückweisung § 71; der Bieter bleibt im Falle des Widerspruchs trotz der Zurückweisung gebunden. Der Widerspruch wahrt dem Bieter oder den Betheiligten das Recht der Beschwerde gegen die Ertheilung des Zuschlags an den in Folge der Zurückweisung als Meistbietender behandelten Vorbieter (§§ 81, 97, 100).

4. Das letzte Gebot kann in seiner Wirksamkeit durch Widerspruch des Gläubigers gegen die einstweilige Einstellung des Verfahrens und die Aufhebung des Termins aufrecht erhalten werden. — Beschwerderecht des Gläubigers, wenn die Einstellung vor Schluß der Versteigerung geschah, nach § 95; nach Schluß der Versteigerung: § 33.

5. §§ 28—30, 31, 75—77, — natürlich auch bei Aufhebung des Verfahrens nach § 29.

6. § 30 2. — Anders bei Anberaumung eines neuen Versteigerungstermines im Falle des § 85.

Dauer und Schluß der Versteigerung.

§ 73. Zwischen der Aufforderung zur Abgabe von Geboten[1] und dem Zeitpunkt, in welchem bezüglich sämmtlicher zu versteigernder Grundstücke[2] die Versteigerung geschlossen wird, muß mindestens eine Stunde liegen. Die Versteigerung muß so lange fortgesetzt werden, bis der Aufforderung des Gerichts ungeachtet ein Gebot nicht mehr abgegeben wird.[3]

Das Gericht hat das letzte Gebot und den Schluß der Versteigerung[1] zu verkünden. Die Verkündung des letzten Gebots soll mittelst dreimaligen Aufrufs erfolgen.

I 100; M. 211; II. 73 D. 54. — Pr. § 68. — B. II Art. 24. — S. §§ 120, 130.

1. § 66 2.

2. §§ 18, 63 1—3. Die Stunde braucht nicht für jedes Einzelgrundstück eingehalten zu werden. — Zusatz der Reichstagskommission (KB. S 30, 31).

3. Nichtbeachtung des Abs. 1 begründet Versagung des Zuschlags (§§ 83, 84) und Beschwerde (§ 100).

4. Der Schluß der Versteigerung deckt sich nicht mit dem Schlusse der Verhandlung im Versteigerungstermine (§§ 64, 85). Vgl. § 74.

Verhandlung über Ertheilung des Zuschlags.

§ 74. Nach dem Schlusse der Versteigerung sind die anwesenden Betheiligten über den Zuschlag zu hören.[1]

I 102; M. 213; II. 74 D. 54. — Pr. § 72. — S. § 148.

1. Vgl. § 78 Schlußsatz.

Zahlung an das Gericht.

§ 75. Zahlt nach dem Beginne der Versteigerung[1] der Schuldner oder ein Dritter, der berechtigt ist, den Gläubiger zu befriedigen,[2] den zur Befriedigung und zur Deckung der Kosten erforderlichen Betrag an das Gericht, so wird das Verfahren einstweilen[3] eingestellt.[4]

I 103; M. 214; II. 75 D. 54. — Pr. § 70 3. — S. § 81.

1. also im Versteigerungstermine (§ 66). Vorher darf das Gericht Zahlungen nicht annehmen.
2. §§ 268, 1150 BGB.
3. Die Zahlung an das Gericht befriedigt den Gläubiger und befreit den Schuldner noch nicht.
4. Eines ausdrücklichen Antrags bedarf es bei dem Zwecke der Zahlung nicht. — Beschwerde nach § 95. — Fortsetzung des Verfahrens nur auf Antrag des Gläubigers (§ 31).

Deckung des Anspruchs des Gläubigers durch ein Einzelgebot.

§ 76. Wird bei der Versteigerung mehrerer Grundstücke auf eines oder einige so viel geboten, daß der Anspruch des Gläubigers gedeckt ist, so wird[1] das Verfahren in Ansehung der übrigen Grundstücke einstweilen[2] eingestellt; die Einstellung unterbleibt, wenn sie dem berechtigten Interesse des Gläubigers widerspricht.[3]

Ist die einstweilige Einstellung erfolgt, so kann der Gläubiger die Fortsetzung des Verfahrens verlangen, wenn er ein berechtigtes Interesse[4] daran hat, insbesondere wenn er im Vertheilungstermine nicht befriedigt worden ist. Beantragt der Gläubiger die Fortsetzung nicht vor dem Ablaufe von drei Monaten nach dem Vertheilungstermine, so gilt der Versteigerungsantrag als zurückgenommen.[5]

I 104; M. 215, 216; II. 76 D. 55. — B. I Art. 5. — S § 33.

1. Ein ausdrücklicher Antrag ist nicht unbedingte Voraussetzung, aber ohne Einstellungsantrag (des Schuldners oder des neueingetretenen Eigenthümers) jedenfalls kein Beschwerderecht (§ 95) wegen unterlassener Einstellung.

2. Das Gebot gewährt noch keine Befriedigung des Gläubigers. — Die für die übrigen Grundstücke abgegebenen Gebote erlöschen (§ 72 3, vgl. jedoch § 33 A. 3).

3. weil er andernfalls schneller oder für ihn vortheilhafter zur Befriedigung zu gelangen Aussicht hat. Beschwerderecht des Gläubigers, wenn die Einstellung gegen seinen Widerspruch vor Schluß der Versteigerung durch Beschluß geschah (§ 95). Nach dem Schluß der Ver-

steigerung findet einstmalige Einstellung nur nach § 33 statt.

4. s. A. 3.

5. Das Verfahren ist hinsichtlich der übrigen Grundstücke aufzuheben (§§ 29, 34).

Ergebnißlosigkeit der Versteigerung.

§ 77. Ist ein Gebot nicht abgegeben oder sind sämmtliche Gebote erloschen,[1] so wird das Verfahren einstweilen eingestellt.[2]

Bleibt die Versteigerung in einem zweiten Termine gleichfalls ergebnißlos, so wird das Verfahren aufgehoben.[3] Liegen die Voraussetzungen für die Anordnung der Zwangsverwaltung[4] vor, so kann auf Antrag des Gläubigers das Gericht anordnen, daß das Verfahren als Zwangsverwaltung fortgesetzt wird. In einem solchen Falle bleiben die Wirkungen der für die Zwangsversteigerung erfolgten Beschlagnahme[5] bestehen; die Vorschrift des § 155 Abs. 1 findet jedoch auf die Kosten der Zwangsversteigerung keine Anwendung.[6]

I 105; M. 216; II. 77 D. 55. — Pr. § 69. — B. I Art. 70. — S. § 127.

1. § 72.

2. Fortsetzung des Verfahrens nur auf Antrag des Gläubigers nach § 31.

3. §§ 32, 34.

4. § 866 CPO. (s. oben S. 5) und dritter Titel dieses Abschnitts.

5. §§ 23, 27.

6. d. h. die Kosten der Zwangsversteigerung werden nicht aus den Nutzungen vorweg bestritten.

Terminsprotokoll.

§ 78. Vorgänge in dem Termine, die für die Entscheidung über den Zuschlag oder für das Recht eines Betheiligten in Betracht kommen, sind durch das Protokoll festzustellen; bleibt streitig, ob oder für welches Gebot der Zuschlag zu ertheilen ist, so ist das Sachverhältniß mit den gestellten Anträgen in das Protokoll aufzunehmen.[1]

I 106; M. 217; II. 78 D. 55. — Pr. § 80. — B. I Art. 78, B. II Art. 25, 45 Nr. 7. — S. § 136.

1. Die Form des Protokolls ergiebt sich aus der entsprechenden Anwendung der §§ 159—164 CPO. — Vgl. §§ 80, 85.

IV. Entscheidung über den Zuschlag.

Beschlußfassung.

§ 79. Bei der Beschlußfassung über den Zuschlag ist das Gericht an eine Entscheidung, die es[1] vorher getroffen hat, nicht gebunden.

I 120; M. 237; II. 79 D. 55. — § 9 Pr. Ges. v. 4. März 1879. — B. I Art. 24, 32, 36, 42, 43, 47, 60. — S. §§ 61, 68, 80, s. auch §§ 69, 73, 75, 81.

1. das Gericht selbst. Fälle: §§ 70, 71. — An eine Vorentscheidung des Beschwerdegerichts (§ 95) ist das Vollstreckungsgericht gebunden.

§ 80. Vorgänge in dem Versteigerungstermine, die nicht aus dem Protokoll ersichtlich sind,[1] werden bei der Entscheidung über den Zuschlag nicht berücksichtigt.

I 106 2; M. 218; II. 80 D. 56. — Pr. §§ 72, 81.

1. § 78. — Vorgänge außerhalb des Versteigerungstermins, die zu berücksichtigen sind, s. in § 81 2, 3.

Ertheilung des Zuschlags.

§ 81. Der Zuschlag ist dem Meistbietenden zu ertheilen.[1]

Hat der Meistbietende das Recht aus dem Meistgebot an einen anderen abgetreten und dieser die Verpflichtung aus dem Meistgebot übernommen, so ist, wenn die Erklärungen im Versteigerungstermin abgegeben oder nachträglich durch öffentlich beglaubigte Urkunden[2] nachgewiesen werden, der Zuschlag nicht dem Meistbietenden, sondern dem Andern zu ertheilen.

Erklärt der Meistbietende im Termin oder nachträglich in einer öffentlich beglaubigten Urkunde,[2] daß er für einen Anderen geboten habe, so ist diesem der Zuschlag zu ertheilen, wenn die Vertretungsmacht des Meistbietenden oder die Zustimmung des Anderen entweder bei dem Gericht offenkundig ist oder durch eine öffentlich beglaubigte Urkunde[2] nachgewiesen wird.[3]

Wird der Zuschlag ertheilt, so haften der Meistbietende und der Ersteher[4] als Gesammtschuldner.[5]

Abs. 1 I 113 1; M. 225—227; } II. 81 D. 55, 56.
Abs. 2—4 I 123; M. 240—242; }
— Pr. § 75 Nr. 10, 87 2, 83. — B. I Art. 76. — S. § 125.

1. wenn ein wirksames Meistgebot zur Zeit des Zuschlags vorliegt (§§ 71 u. 72 und zu § 70 A. 6; zu

§ 72 A. 2—4) und der Zuschlag nicht nach §§ 83 ff. versagt werden muß. Vgl. auch § 73 2. — Beschwerde nach §§ 97, 100.

2. § 129 BGB.; § 29 GBO.

3. Beschwerderecht des Andern in den Fällen der Abs. 2 und 3 nach §§ 97, 100.

4. Abs. 2 und 3.

5. § 421 BGB., § 82 a. E., 132.

§ 82. In dem Beschlusse,[1] durch welchen der Zuschlag ertheilt wird, sind das Grundstück, der Ersteher, das Gebot und die Versteigerungsbedingungen zu bezeichnen;[2] auch ist im Falle des § 61 der Dritte, welcher die Verpflichtung des Erstehers übernommen hat, unter Angabe seiner Schuld für zahlungspflichtig[3] und im Falle des § 81 Abs. 4 der Meistbietende für mithaftend zu erklären.[4 5]

I 124; M. 242, 243; II. 82 D. 56. — Pr. § 83. — B. 1 Art. 78 Nr. 2, 3, 6. — S. § 131.

1. § 87 Beschluß (kein Urtheil) im Sinne der CPO. (§ 764 CPO.).

2. Als solche sind die gesetzlichen anzusehen, wenn der Beschluß über Versteigerungsbedingungen nichts enthält. (Vgl. zu § 59 A. 2 u. § 66 sowie zu § 44 A. 3.)

3. Vgl. § 134. 4. Vgl. § 132.

5. desgl. der Bürge im Falle des Art. 10 Pr. AG. ZVG. (zu § 69 A. 5).

Versagung des Zuschlags.

§ 83. Der Zuschlag ist zu versagen:[1 2]

1. wenn die Vorschrift des § 43 Abs. 2 oder eine der Vorschriften über die Feststellung des

geringsten Gebots[3] oder der Versteigerungsbedingungen[4] verletzt ist;

2. wenn bei der Versteigerung mehrerer Grundstücke das Einzelausgebot oder das Gesammtausgebot den Vorschriften des § 63 Abs. 1, Abs. 2 Satz 1, Abs. 5 zuwider unterblieben ist;
3. wenn in den Fällen des § 64 Abs. 2 Satz 1, Abs. 3 die Hypothek, Grundschuld oder Rentenschuld oder das Recht eines gleich- oder nachstehenden Betheiligten, der dem Gläubiger vorgeht, durch das Gesammtergebniß der Einzelausgebote nicht gedeckt werden;[5]
4. wenn die nach der Aufforderung zur Abgabe von Geboten erfolgte Anmeldung oder Glaubhaftmachung eines Rechtes ohne Beachtung der Vorschrift des § 66 Abs. 2 zurückgewiesen ist;
5. wenn der Zwangsversteigerung oder der Fortsetzung des Verfahrens das Recht eines Betheiligten entgegensteht;[6]
6. wenn die Zwangsversteigerung oder die Fortsetzung des Verfahrens aus einem sonstigen Grunde[7] unzulässig ist;
7. wenn eine der Vorschriften des § 43 Abs. 1[8] oder des § 73 Abs. 1 verletzt ist.

I 114, 118; M. 225, 227—230, 232—234; II. 83 D. 55, 56. — Pr. §§ 75, 78. — B. I Art. 82, B. II Art. 24, 26, 27. — S. §§ 63, 128, 130, 148.

1. auch wenn ein wirksames Meistgebot vorliegt (s. zu § 81 A. 1). Die Versagungsgründe des § 83 sind

ausschließliche. Vgl. zu § 81 A. 1. Die Versagung erfolgt durch Beschluß (§ 87). — Beschwerde nach §§ 96 bis 98, 100.

2. Die Gründe in Nr. 1—5 enthalten Gesetzesverletzungen, durch die lediglich bestimmte Rechte betroffen werden; sie bleiben daher — unter der Voraussetzung des § 84 — bei der Entscheidung über den Zuschlag außer Betracht. — Die Tragweite der in Nr. 6, 7 vorgesehenen Verstöße läßt sich nicht mit Sicherheit übersehen; sie bilden unter allen Umständen Versagungsgründe und sind auch in der Beschwerdeinstanz von Amtswegen zu berücksichtigen (§ 100 Nr. 3).

3. §§ 44—49.

4. der gesetzlichen (§§ 49—58) oder der vereinbarten §§ 59—66).

5. Vgl. zu § 101 A. 3.

6. § 9 Nr. 2, § 28, § 37 Nr. 5 und zu § 26 A. 2.

7. §§ 17, 28—31, 75, 76, 77, 95 und zu § 79 A. 1.

8. Vgl. zu § 43 A. 1 und zu §§ 37, 39.

9. Von den 12 Gründen, aus denen nach Pr. § 75 der Zuschlag zu versagen war, erledigt sich der erste (Unzulässigkeit der Zwangsversteigerung überhaupt oder durch Veräußerung des Grundstücks; Unzulässigkeit der Fortsetzung des Verfahrens) nach §§ 95, 79, 83 Nr. 5, 6; der zweite (Unfähigkeit des Bieters oder mangelnde Legitimation des Vertreters) nach §§ 71, 81; der dritte nach § 83 Nr. 1; der vierte bis achte nach § 83 Nr. 1—7; der neunte nach § 83 Nr. 7; der zehnte nach §§ 72, 81; der elfte nach §§ 71, 81; der zwölfte nach § 83 Nr. 4. — Die Vorschrift des § 83 Nr. 2 u. 3 beruhen auf den in den §§ 63, 64 enthaltenen neuen Vorschriften über das Aufgebot und die Behandlung der Gesammthypothek bei der gleichzeitigen Versteigerung mehrerer Grundstücke.

§ 84. Die im § 83 Nr. 1 bis 5 bezeichneten Versagungsgründe stehen der Ertheilung des Zuschlags nicht entgegen, wenn das Recht des Betheiligten durch den Zuschlag nicht beeinträchtigt[1] wird oder wenn der Betheiligte das Verfahren genehmigt.

Die Genehmigung ist durch eine öffentlich beglaubigte Urkunde[2] nachzuweisen.[3]

I 115, 116; M. 230—232; II. 84 D. 56. — Pr. §§ 77, 78 2. — B. I Art. 31, 82, 84. — S. §§ 128, 148.

1. also durch das Meistgebot gedeckt wird. Im Falle der Beeinträchtigung s. unten § 85.

2. § 129 BGB., § 29 GBO., § 183 Frw.G.

3. bis zur Entscheidung über den Zuschlag; — und sofern sie nicht bereits im Versteigerungstermin erklärt und durch das Protokoll festgestellt ist (§ 78).

Aussetzung des Zuschlags. Neuer Versteigerungstermin.

§ 85. Der Zuschlag ist zu versagen,[1] wenn vor dem Schlusse der Verhandlung[2] ein Betheiligter, dessen Recht durch den Zuschlag beeinträchtigt werden würde,[3] die Bestimmung eines neuen Versteigerungstermins beantragt und sich zugleich zum Ersatze des durch die Versagung des Zuschlags entstehenden Schadens verpflichtet, auch auf Verlangen eines anderen Betheiligten Sicherheit[4] leistet. Die Vorschriften des § 67 Abs. 3 Satz 1 und des § 69 finden entsprechende Anwendung. Die Sicherheit ist in Höhe des im Vertheilungstermine durch Zahlung zu berichtigenden Theiles des bisherigen Meistgebots zu leisten.

Die neue Terminsbestimmung ist auch dem Meistbietenden zuzustellen.

Für die weitere Versteigerung gilt das bisherige Meistgebot mit Zinsen[5] von dem durch Zahlung zu berichtigenden Theile des Meistgebots unter Hinzurechnung derjenigen Mehrkosten, welche aus dem Versteigerungserlöse zu entnehmen sind,[6] als ein von dem Betheiligten abgegebenes Gebot.[7]

In dem fortgesetzten Verfahren findet die Vorschrift des Abs. 1 keine Anwendung.

I 119; M. 234, 235; II. 85 D. 56. — Pr. § 74. — S. § 126.

1. durch Beschluß (§ 87) — Beschwerde nach §§ 96 bis 98, 100.
2. § 74. Vgl. zu § 73 A. 4.
3. also durch das Meistgebot nicht gedeckt wird.
4. für den vollen Betrag des Baargebots. (Schlußsatz zu Abs. 1.) (Vgl. zu § 49 A. 3.)
5. zu 4%; vom Tage des Versteigerungstermins, in welchem sonst der Zuschlag hätte ertheilt werden können. (§§ 87, 89, 49 2.)
6. § 109.
7. Der bisherige Meistbietende wird frei. § 72 3.

Wirkung der Versagung des Zuschlags.

§ 86. Die rechtskräftige[1] Versagung des Zuschlags wirkt, wenn die Fortsetzung des Verfahrens zulässig ist,[2] wie eine einstweilige Einstellung,[3] anderenfalls wie die Aufhebung[4] des Verfahrens.

I 145; M. 272, 273; II. 86. — Pr. § 99. — S. § 135.

1. mit Ablauf der mit der Verkündung des Beschlusses (§ 87) beginnenden (§ 98) Nothfrist für die sofortige Beschwerde (§ 96 und § 577 2 CPO.); bezw. durch die letztinstanzliche (§ 568 CPO.) Enscheidung über die Beschwerde.

2. Vgl. § 83 Nr. 5, 6.

3. § 31.   4. § 34.

Verkündung des Beschlusses.

§ 87. Der Beschluß, durch welchen der Zuschlag ertheilt oder versagt wird, ist in dem Versteigerungstermin oder in einem sofort[1] zu bestimmenden Termine zu verkünden.

Der Verkündungstermin soll nicht über eine Woche hinaus bestimmt werden.[2] Die Bestimmung des Termins ist zu verkünden und durch Anheftung an die Gerichtstafel bekannt zu machen.

Sind nachträglich Thatsachen oder Beweismittel vorgebracht, so sollen in dem Verkündungstermine die anwesenden Betheiligten hierüber gehört werden.[3]

I 121; M. 238—240; II. 87. — Pr. §§ 81, 82. — B. I Art. 78 Nr. 6. — S. § 131.

1. im Versteigerungstermin.

2. Vgl. § 310 CPO.

3. Der Verkündungstermin gilt als Fortsetzung des Versteigerungstermins — § 74.

Zustellung des Beschlusses.

§ 88. Der Beschluß, durch welchen der Zuschlag ertheilt wird, ist den Betheiligten,[1] soweit sie weder im Versteigerungstermine noch im Verkündungstermin erschienen sind,[2] und dem Ersteher[3] sowie im Falle des § 61 dem für zahlungspflichtig erklärten Dritten[3] und im Falle des § 81 Abs. 4 dem Meistbietenden[3] zuzustellen.[4] Als Betheiligte gelten auch diejenigen, welche das angemeldete Recht noch glaubhaft zu machen haben.

I § 25; M. 243; II. 88. — Pr. § 85. — S. § 52 1.

1. Vgl. den Schlußsatz.

2. Für die auch nur in einem der beiden Termine erschienenen Betheiligten (auch den Schuldner) genügt die Verkündung. § 98 Satz 2.

3. Für den Ersteher und gegen den Dritten und den Meistbietenden bildet der Beschluß einen vollstreckbaren Titel (§§ 93, 132, 134). An sie ist zuzustellen, auch wenn sie erschienen sind. Die Wirkung des Zuschlags hängt aber nicht von der Zustellung ab (§ 89).

4. nach §§ 3—7. — Eine Zustellung des den Zuschlag versagenden Beschlusses findet nicht statt. — Vgl. auch § 98.

Zeitpunkt der Wirksamkeit des Zuschlags.

§ 89. Der Zuschlag wird mit der Verkündung wirksam.[1]

I 142; M. 268; II. 89. — Pr. § 97.

1. § 87; §§ 329, 572 CPO. — Vgl. aber die in § 90 1 bestimmte Voraussetzung, sowie § 104 1. — Der

Eintritt der Wirkungen nach §§ 90, 91 ist unabhängig von der Richtigstellung des Grundbuchs (§ 130).

Eigenthumserwerb.

§ 90. Durch den Zuschlag[1] wird der Ersteher Eigenthümer des Grundstücks, sofern nicht im Beschwerdewege der Beschluß rechtskräftig aufgehoben wird.[2] [3]

Mit dem Grundstück erwirbt[4] er zugleich die Gegenstände, auf welche sich die Versteigerung erstreckt hat.[5]

I 138; M. 258—261; II. 90 D. 56. — Pr. § 97. — B. 1 Art. 55 Nr. 2.

1. §§ 89, 104. Der Zuschlag begründet Eigenthum, auch wenn der Schuldner nicht Eigenthümer des Grundstücks und der mithaftenden Sachen war und der Ersteher dieses wußte (§ 37 Nr. 5). — Vgl. auch §§ 56, 57.

2. §§ 101 2, 102, 103. Die Anfechtbarkeit des Beschlusses wirkt für den Eigenthumserwerb wie eine auflösende Bedingung (§ 158 2 BGB.); bis zur Erlangung der Rechtskraft, durch Ablauf der Nothfrist (§ 577 CPO. — §§ 96, 98) oder rechtskräftige Zurückweisung der Beschwerde (§§ 96 ff., 101) ist die Berichtigung des Grundbuchs durch Eintragung des Erstehers, sowie die Eintragung von diesem bewilligten Rechten ausgeschlossen (§ 130). — Vgl. auch §§ 94, 108 2.

3. Das Vorkaufsrecht ist im Falle der Zwangsversteigerung ausgeschlossen (§§ 1098, 512 BGB.); das Wiederkaufsrecht bei Rentengütern (Art. 29 Pr. AG. BGB.) ist — soweit es nicht nach §§ 52, 91 erloschen ist — außerhalb des Verfahrens geltend zu machen (a. a. O. §§ 3, 6, 7—9).

4. s. A. 1. Forderungen, auf welche sich die Versteigerung erstreckt hat (§§ 21, 55) werden kraft Gesetzes auf den Ersteher übertragen (§ 412 BGB.).

5. §§ 55, 59.

Erlöschen der Rechte.

§ 91. Durch den Zuschlag[1] erlöschen[2] unter der im § 90 Abs. 1 bestimmten Voraussetzung[3] die Rechte, welche nicht nach den Versteigerungsbedingungen[4] bestehen bleiben sollen.

Ein Recht an dem Grundstücke bleibt jedoch[5] bestehen, wenn dies zwischen dem Berechtigten und dem Ersteher vereinbart ist und die Erklärungen entweder im Vertheilungstermin abgegeben oder, bevor das Grundbuchamt um Berichtigung des Grundbuchs ersucht ist, durch eine öffentlich beglaubigte Urkunde[6] nachgewiesen werden.

Im Falle des Abs. 2 vermindert sich der durch Zahlung zu berichtigende Theil des Meistgebots um den Betrag, welcher sonst dem Berechtigten gebühren würde. Im Uebrigen wirkt die Vereinbarung wie die Befriedigung des Berechtigten aus dem Grundstücke.[7]

I 138, 139; M. 260, 263; II. 91 D. 57. — Pr. §§ 22 2, 57 3, 115, 116. — B. I Art. 55 Nr. 1. — S. § 170.

1. §§ 89, 104. Der Zuschlag wirkt aufhebend und verwirklicht die gesetzliche Versteigerungsbedingung des § 52 1 Satz 2.

2. gleichgültig, ob sie aus dem Versteigerungserlöse (§ 44 A. 3) zur Hebung gelangen (§ 109 2) oder nicht, und ob die Befriedigung durch Baarzahlung (§ 117) oder

durch Uebertragung der Forderung an den Ersteher (§ 118) erfolgt.

3. Vgl. zu § 90 A. 2.

4. den gesetzlichen (§ 52) wie den vereinbarten (§ 59).

5. Aufhebung der nach Abs. 1 begründeten Wirkung durch Vereinbarung mit dem Ersteher. — Vgl. §§ 112, 113.

6. § 129 BGB., § 29 GBO., § 183 Frw.G.

7. Hinsichtlich der Gesammthypotheken § 1181 2 BGB. — Der persönliche Schuldner wird befreit, wie wenn Baarzahlung erfolgt wäre. — § 53 findet keine Anwendung.

Werthersatz für nicht auf Zahlung von Kapital gerichtete Rechte.

§ 92. Erlischt durch den Zuschlag ein Recht, das nicht auf Zahlung eines Kapitals gerichtet ist,[1] so tritt an die Stelle des Rechtes der Anspruch auf Ersatz des Werthes[2] aus dem Versteigerungserlöse.

Der Ersatz für einen Nießbrauch, für eine beschränkte persönliche Dienstbarkeit sowie für eine Reallast von unbestimmter Dauer ist durch Zahlung einer Geldrente zu leisten, die dem Jahreswerthe des Rechtes gleichkommt.[3] Der Betrag ist für drei Monate vorauszuzahlen. Der Anspruch auf eine fällig gewordene Zahlung verbleibt dem Berechtigten auch dann, wenn das Recht auf die Rente vor dem Ablaufe der drei Monate erlischt.

Bei ablösbaren Rechten bestimmt sich der Betrag der Ersatzleistung durch die Ablösungssumme.

I 140; M. 264—266; II. 92 D. 57. — Pr. §§ 32, 109, 119. — B. I Art. 115.

1. Erbbaurecht, Dienstbarkeit, Reallasten und Nutzungsrechte. — (Auch Vorkaufsrecht im Falle des § 1099 Schlußsatz s. zu § 44 A. 1.)

2. bis zu einem etwa im Grundbuche eingetragenen Höchstbetrage (§ 882 BGB.).

3. Vgl. § 121.

4. für Rentenschulden (§§ 1199 2, 1200 BGB.).

Zwangsvollstreckung auf Räumung und Herausgabe.

§ 93. Aus dem Beschlusse, durch welchen der Zuschlag ertheilt wird, findet gegen den Besitzer[1] des Grundstücks oder einer mitversteigerten Sache die Zwangsvollstreckung[2] auf Räumung und Herausgabe[3] statt. Die Zwangsvollstreckung soll nicht erfolgen, wenn der Besitzer auf Grund eines Rechtes besitzt, das durch den Zuschlag nicht erloschen ist.[4] Erfolgt gleichwohl die Zwangsvollstreckung, so kann der Besitzer nach Maßgabe des § 771 der Civilprozeßordnung Widerspruch erheben.

Zum Ersatze von Verwendungen, die vor dem Zuschlage gemacht sind, ist der Ersteher nicht verpflichtet.[5]

I 143; M. 269—271; II. 93 D. 57. — Pr. § 98. — B. I Art. 78 Nr. 8, Art. 79. — S. § 176 1.

1. auch einen Dritten, s. jedoch § 57 bei Miethe und Pacht.

2. auf Grund der vollstreckbaren Ausfertigung des Zuschlagsbeschlusses (§ 88) — §§ 724 ff. CPO. — nach Maßgabe der §§ 883, 885, 886 CPO. — und ohne daß es der Berichtigung des Versteigerungserlöses bedarf.

3. Bei Forderungen (s. zu § 90 A. 4) kann der Ersteher die Herausgabe der darüber vorhandenen Urkunden auf Grund des § 402 BGB., § 836 3 CPO. erzwingen. — M. 271, ist auch § 461 Entw. I BGB. = § 444 BGB. citirt, der den Verkäufer eines Grundstücks verpflichtet, die zum Beweise des Rechts (an dem Kaufgegenstande) dienenden Urkunden an den Käufer herauszugeben. § 836 3 CPO. dürfte auf diese Urkunden keine Anwendung finden; sie gehören auch nicht zu den Gegenständen, auf die sich die Versteigerung des Grundstücks auch nach § 55 erstreckt. — Mit Rücksicht auf § 90 werden als für den Ersteher bedeutsame Urkunden, namentlich Karten, Vermessungsregister u. s. w. in Betracht kommen, die aber meist bei den Grundakten zu finden sein werden. — Die entsprechende Anwendung des § 444 BGB. auf den Fall der Zwangsversteigerung, obwohl diese weder ein Kauf noch eine vertragsmäßige Veräußerung gegen Entgelt ist (§ 445 a. a. O.) erscheint unbedenklich.

4. insbesondere also auf Grund eines dem Anspruche des Gläubigers vorgehenden Nießbrauchrechts (§§ 44, 52). — S. auch § 9 EG.

5. Der Besitzer kann also wegen solcher Verwendungen die Herausgabe nicht verweigern (§ 1000 BGB.).

Verwaltung des Grundstücks für Rechnung des Erstehers.

§ 94. Auf Antrag eines Betheiligten, der Befriedigung aus dem Baargebote zu erwarten hat, ist das Grundstück für Rechnung des Erstehers in gerichtliche Verwaltung zu nehmen, solange nicht die Zahlung oder Hinterlegung[1] erfolgt ist. Der Antrag kann schon im Versteigerungstermine gestellt werden.

Auf die Bestellung des Verwalters sowie auf dessen Rechte und Pflichten finden die Vorschriften über die Zwangsverwaltung[2] entsprechende Anwendung.

I 144; M. 271; II. 94 D. 57. — Pr. § 98. — S. § 176 2.

1. welche der Zahlung gleichsteht §§ 376 Abs. 2, 378 BGB.; — s. unten § 49 3. — Vgl. auch §§ 12 ff. der preuß. Hinterlegungsordnung.
2. §§ 150, 152 ff.

VII. Beschwerde.

1. Gegen andere Entscheidungen als die über den Zuschlag.

§ 95. Gegen eine Entscheidung, die vor der Beschlußfassung über den Zuschlag erfolgt, kann die Beschwerde[1] nur[2] eingelegt werden, soweit die Entscheidung die Anordnung,[3] Aufhebung,[4] einstweilige Einstellung[5] oder Fortsetzung[6] des Verfahrens betrifft.[7]

I 120 2; M. 235; II. 95 D. 57. — § 9 Pr. G. v. 4. März 1879. — Wegen B. und S. s. zu § 79.

1. d. h. die sofortige Beschwerde ganz nach der CPO. gemäß § 793 (§§ 577, 568 ff.) CPO.
2. Gegen alle übrigen vor der Entscheidung über den Zuschlag erfolgenden Entscheidungen findet eine selbstständige Beschwerde also nicht statt. Sie können nur den Grund zu einer Beschwerde gegen die Entscheidung über den Zuschlag abgeben, soweit § 100 zuläßt. Außerdem sind Einwendungen und Erinnerungen gemäß § 766

CPO. zulässig. Gegen die Entscheidung darüber ist aber ebenfalls durch § 95 die Beschwerde ausgeschlossen.

3. § 15 ff. 4. §§ 28, 29, 31, 32.

5. §§ 28, 30, 31, 32, 75, 77. 6. §§ 31, 43.

7. Die im Instanzenwege ergangene Entscheidung ist für das Vollstreckungsgericht verbindlich (§ 79). — Vgl. auch über die Möglichkeit, in den im § 95 angeführten Fällen Beschwerde wegen nicht erfolgter Versagung des Zuschlags zu erheben (wenn vor der Beschlußfassung über den Zuschlag selbständige Beschwerde nicht erhoben oder rechtskräftige Entscheidung nicht erfolgt war) zu § 83 Nr. 6, 84, 100.

2. Gegen die Entscheidung über den Zuschlag.

§ 96. Auf die Beschwerde gegen die Entscheidung über den Zuschlag[1] finden die Vorschriften der Civilprozeßordnung über die sofortige Beschwerde[2] nur insoweit Anwendung, als nicht in den §§ 97 bis 104 ein Anderes vorgeschrieben ist.[3]

I 127; M. 247; II. 96 D. 18. — Pr. § 86.

1. §§ 79 ff.

2. §§ 567 ff., insbesondere § 577 CPO. Dieselben finden schon an und für sich gemäß § 793 CPO. Anwendung. Einwendungen aus §§ 766 ff. CPO. sind ausgeschlossen.

3. Außer den Vorschriften der CPO. finden auch die reichsgesetzlichen Vorschriften über die Gerichtskosten und Rechtsanwaltsgebühren für die Vertretung in der Beschwerdeinstanz Anwendung, also § 45 GKG., § 41 RAGO.

a. Berechtigte.

§ 97. Die Beschwerde steht im Falle der Ertheilung des Zuschlags jedem Betheiligten[1] sowie dem Ersteher[2] und dem für zahlungspflichtig erklärten Dritten,[3] im Falle der Versagung dem Gläubiger[4] zu, in beiden Fällen auch dem Bieter, dessen Gebot nicht erloschen ist,[5] sowie demjenigen, welcher nach § 81 an die Stelle des Bieters treten soll.[6]

Im Falle des § 9 Nr. 2 genügt es, wenn die Anmeldung und Glaubhaftmachung des Rechtes bei dem Beschwerdegericht[7] erfolgt.

I 128 1, 2, 3 Satz 2; M. 247; II. 97 D. 58. — Pr. §§ 87, 88. — B. I Art. 82. — S. §§ 129 2, 148 2.

1. § 9. Für den Fall der Nr. 2 des § 9 vgl. Abs. 2. — Vgl. auch § 26 A. 2.

2. § 82.

3. §§ 61, 82. — Dem nach Art. 10 Pr. AG.ZVG. mithaftenden Bürgen steht ein Beschwerderecht nicht zu.

4. zu § 9 A. 1.

5. § 72.

6. Vgl. ferner § 102. — Andere Betheiligte, insbesondere der Schuldner und der Bürge des Bieters (§ 10 Nr. 2 EG.), haben also gegen die Versagung des Zuschlags keine Beschwerde.

7. §§ 568, 570 CPO.

b. Frist.

§ 98. Die Frist für die Beschwerde[1] gegen einen Beschluß des Vollstreckungsgerichts, durch welchen der Zuschlag versagt wird, beginnt mit der Verkündung des Beschlusses.[2] Das Gleiche gilt im Falle der Ertheilung des Zuschlags für die Betheiligten, welche im Versteigerungstermin oder im Verkündungstermin erschienen waren.[3]

I 136 1; M. 257; II. 98 D. 58. — Pr. § 90. — B. I Art. 82. — S. §§ 129, 146 2.

1. Für die Einlegung ist § 569 (§ 577 2 Satz 2) CPO. maßgebend. — Die Frist ist eine Nothfrist von zwei Wochen (§ 577 2 Satz 1). — Die Beschwerde ist, da § 571 Halbsatz 1 durch § 577 3 CPO. ausgeschlossen ist, in jedem Falle vor Ablauf einer Woche dem Beschwerdegericht vorzulegen. Aufschiebende Wirkung hat sie nicht, § 572 1 CPO., vgl. auch § 102, 105, 117 und zu § 101 A. 1.

2. auch für die nicht erschienenen Beschwerdeberechtigten (A. 4—6 zu § 97).

3. Abweichung von § 577 2 Satz 1 CPO. Für die Nichterschienenen ist die Zustellung (§ 88) maßgebend.

c. Gegenerklärung. Beschwerdenverbindung.

§ 99. Erachtet das Beschwerdegericht eine Gegenerklärung für erforderlich,[1] so hat es zu bestimmen, wer als Gegner des Beschwerdeführers zuzuziehen ist.

Mehrere Beschwerden sind mit einander zu verbinden.

I 129; M. 249; II. 91 D. 58. — Pr. § 91. — S. § 152.

1. Es hängt das gemäß § 573 CPO. von dem gerichtlichen Ermessen ab.

d. Begründung.

§ 100. Die Beschwerde kann nur[1] darauf gestützt werden, daß eine der Vorschriften der §§ 81,

83 bis 85 verletzt oder daß der Zuschlag unter anderen als den der Versteigerung zu Grunde gelegten Bedingungen ertheilt ist.

Auf einen Grund, der nur das Recht eines Anderen betrifft,[2] kann weder die Beschwerde noch ein Antrag auf deren Zurückweisung gestützt werden.

Die im § 83 Nr. 6, 7 bezeichneten Versagungsgründe hat das Beschwerdegericht von Amtswegen zu berücksichtigen.[3]

I 130 2; M. 250; II. 100 D. 58. — Pr. §§ 88, 89. — B. I Art. 82 3. — S. § 148 3.

1. Jeder andere Beschwerdegrund ist ausgeschlossen. Vgl. auch für den Fall des § 83 Nr. 3 zu § 101 A. 3.

2. Vgl. § 84.

3. Nach § 570 CPO. kann aber die Beschwerde auf neue Behauptungen und Beweismittel gestützt werden.

e. **Entscheidung.**

§ 101. Wird die Beschwerde[1] für begründet erachtet, so hat das Beschwerdegericht unter Aufhebung des angefochtenen Beschlusses in der Sache selbst zu entscheiden.[2 3]

Wird ein Beschluß, durch welchen der Zuschlag ertheilt ist, aufgehoben, auf weitere Beschwerde[4] aber für begründet erachtet, so ist unter Aufhebung des Beschlusses des Beschwerdegerichts die gegen die Ertheilung des Zuschlags erhobene Beschwerde zurückzuweisen.[5]

I 132; M. 252; II. 101 D. 58. — Pr. §§ 93, 94. — S. §§ 129 3, 4, 153.

1. bezüglich deren zunächst Statthaftigkeit, Frist und Form zu prüfen sind. § 574 CPO. Ueber einstweilige Anordnungen s. § 572 2, 3 CPO.

2. § 575 CPO. erscheint damit unanwendbar. Die Sachlage ergiebt sich im Wesentlichen aus dem Terminsprotokoll und anderem urkundlichen Material (§§ 78, 80, 81, 97 2).

3. In dem KB. (Nr. 41) ist unter Zustimmung der Regierungsvertreter festgestellt, daß, wenn im Falle des § 64, die Beschwerde zur Aufhebung des Zuschlags bezüglich eines der mit der Gesammthypothek belasteten Grundstücke führt, in Konsequenz der Vorschrift in § 83 Nr. 3 auch der Zuschlag wegen der übrigen Grundstücke aufgehoben werden muß, falls die erforderliche Deckung nicht mehr vorliegt; daß ferner, falls der Zuschlag bei dem einen Grundstücke zu Unrecht versagt und deshalb auch für die anderen Grundstücke nicht ertheilt wurde, das Beschwerdegericht aber den Zuschlag für das erste Grundstück ertheilt, dieser auch für die übrigen Grundstücke zu ertheilen ist.

4. für welche gemäß § 568 2 CPO. ein neuer selbstständiger Beschwerdegrund (d. h. Beschwerdepunkt) erforderlich ist. Zuständig ist das Oberlandesgericht und für Beschwerden gegen dieses das Reichsgericht.

5. Der Zeitpunkt des Eigenthumsübergangs (§ 90) bleibt also unverändert (s. zu § 90 A. 2).

f. Berechtigte bei der weiteren Beschwerde.

§ 102. Hat das Beschwerdegericht den Beschluß, durch welchen der Zuschlag ertheilt war, nach der Vertheilung des Versteigerungserlöses aufgehoben, so steht die weitere Beschwerde[1] auch[2] denjenigen zu, welchen der Erlös zugetheilt ist.[3]

I 134; M. 254; II. 102 D. 58. — Pr. § 87, Satz 1.

1. gegen die Versagung des Zuschlags. — Vgl. auch zu § 101 A. 4; §§ 105, 117.

2. neben den nach § 97 Berechtigten, d. h. dem Gläubiger und dem Bieter, dessen Gebot nicht erloschen ist, und demjenigen, der nach § 81 an die Stelle des Bieters treten soll.

3. (§§ 117 ff.); und die den zugetheilten Erlös wieder herausgeben müssen.

g. Zustellung.

§ 103. Der Beschluß des Beschwerdegerichts ist, wenn der angefochtene Beschluß aufgehoben oder[1] abgeändert wird, allen Betheiligten[2] und demjenigen Bieter, welchem der Zuschlag verweigert oder ertheilt wird, sowie im Falle des § 61 dem für zahlungspflichtig erklärten Dritten und in den Fällen des § 81 Abs. 2, 3 dem Meistbietenden zuzustellen.[3] Wird die Beschwerde[4] zurückgewiesen, so erfolgt die Zustellung des Beschlusses nur an den Beschwerdeführer und den zugezogenen Gegner.

I 135 1; M. 255; II. 103 D. 59. — Pr. § 95. — S. § 155.

1. in irgend einer Weise. 2. § 9.

3. auch wenn der Beschluß auf mündliche Verhandlung erfolgt und verkündet ist; also abweichend von § 329 CPO. — Zustellung nach §§ 3 ff.

4. auch die weitere Beschwerde.

h. Wirksamkeit.

§ 104. Der Beschluß, durch welchen das Beschwerdegericht den Zuschlag ertheilt, wird[1] erst mit der Zustellung[2] an den Ersteher wirksam.

I 142 1; M. 268; II. 104 D. 59.

1. abweichend von § 89.

2. § 103. — Die Zurückweisung der Beschwerde gegen die Ertheilung des Zuschlags ist auch im Falle des § 101 2 nicht als Beschluß, durch welchen der Zuschlag ertheilt wird, anzusehen. — Ueber die Wirksamkeit eines solchen Beschlusses s. zu § 90 A. 2 zu § 101 A. 5.

VIII. Vertheilung des Erlöses.

Vertheilungstermin.

§ 105. Nach der Ertheilung des Zuschlags[1] hat das Gericht einen Termin zur Vertheilung des Versteigerungserlöses zu bestimmen.[2]

Die Terminsbestimmung ist den Betheiligten[3] und dem Ersteher sowie im Falle des § 61 dem für zahlungspflichtig erklärten Dritten und in den Fällen des § 81 Abs. 2, 3 dem Meistbietenden zuzustellen. Als Betheiligte gelten auch diejenigen, welche das angemeldete Recht noch glaubhaft zu machen haben.

Die Terminsbestimmung soll an die Gerichtstafel angeheftet werden.

Ist die Terminsbestimmung dem Ersteher und im Falle des § 61 auch dem für zahlungspflichtig erklärten Dritten sowie in den Fällen des § 81 Abs. 2, 3 auch dem Meistbietenden nicht zwei Wochen vor dem Termine zugestellt, so ist der Termin aufzuheben und von neuem zu bestimmen, sofern nicht das Verfahren genehmigt wird.[4]

I 147; M. 274 ff.; II. 105 D. 59. — Pr. § 101. — B. I Art. 95, 96, B. II Art. 32.

1. §§ 89, 104 — ohne Abwartung der Rechtskraft (§ 572 CPO.).

2. Obwohl die Beschwerde aufschiebende Wirkung nicht hat, kann die Aufhebung des Vertheilungstermins nach § 572 2 CPO. erfolgen.

3. § 9. Zu den Betheiligten gehört auch der Eigenthümer des Grundstücks z. Z. des Zuschlags (§§ 26, 128 2, 139, 141), s. auch den Schlußsatz dieses Absatzes, welcher auch für die Zwangsverwaltung entsprechende Anwendung findet. (§ 156 2 Schlußsatz.)

4. Vgl. § 43 2.

Vorbereitung des Vertheilungsverfahrens.

§ 106. Zur Vorbereitung des Vertheilungsverfahrens kann das Gericht in der Terminsbestimmung die Betheiligten auffordern, binnen zwei Wochen eine Berechnung ihrer Ansprüche einzureichen.[1] In diesem Falle hat das Gericht nach dem Ablaufe der Frist den Theilungsplan[2] anzufertigen und ihn spätestens drei Tage vor dem Termin auf der Gerichtsschreiberei zur Einsicht der Betheiligten niederzulegen.

II. 106 D. 59. — Pr. § 104 2, 3.

1. Vgl. § 62. 2. §§ 113 ff.

Feststellung der Theilungsmasse. — Zahlung und Hinterlegung des Erlöses.

§ 107. In dem Vertheilungstermin ist festzustellen, wieviel die zu vertheilende Masse beträgt. Zu der Masse gehört auch der Erlös aus denjenigen

Gegenständen, welche im Falle des § 65 besonders versteigert oder anderweit verwerthet sind.[4]

Die von dem Ersteher im Termine zu leistende Zahlung erfolgt an das Gericht.

Ein Geldbetrag, der zur Sicherheit für das Gebot des Erstehers[2] hinterlegt ist,[3] gilt als gezahlt.

I 148, 188; M. 278; II. 107 D. 59. — Pr. § 102. — B. I Art. 117.

1. s. unten § 125. 2. §§ 67 ff.

3. nach §§ 372 ff. BGB. — Vgl. auch §§ 12 ff. der preuß. Hinterlegungsordnung.

Verwerthung der zur Sicherheit für das Gebot hinterlegten Papiere.

§ 108. Soweit das Baargebot nicht berichtigt wird, hat das Gericht, wenn Werthpapiere zur Sicherheit für das Gebot des Erstehers hinterlegt sind,[1] die Veräußerung der Papiere nach Maßgabe der Vorschriften über die Zwangsvollstreckung[2] anzuordnen. Der Erlös ist nach Anordnung des Gerichts auszuzahlen oder zu hinterlegen.

Ist der Beschluß, durch welchen der Zuschlag ertheilt wird, noch nicht rechtskräftig,[3] so soll auf Antrag desjenigen, welcher die Sicherheit geleistet hat, die Veräußerung bis zur Rechtskraft[3] ausgesetzt werden.

I 149; M. 279; II. 108. — Pr. § 103.

1. §§ 69 ff.

2. durch den Gerichtsvollzieher (§ 821 CPO.).

3. Vgl. auch zu § 90 A. 2.

Entnahme der Kosten des Verfahrens aus dem Erlöse. — Vertheilung des Ueberschusses.

§ 109. Aus dem Versteigerungserlöse sind die Kosten des Verfahrens [1] vorweg [2] zu entnehmen, mit Ausnahme der durch die Anordnung des Verfahrens oder den Beitritt des Gläubigers,[3] durch den Zuschlag [4] oder durch nachträgliche Vertheilungsverhandlungen [5] entstehenden Kosten.

Der Ueberschuß wird auf die Rechte, welche durch Zahlung zu decken sind,[6] vertheilt.

I § 151; M. 282; II. 109. — Pr. § 84 2. — B. I Art. 107. — S. § 178.

1. Das GKG. findet keine Anwendung; auch nicht hinsichtlich der Kosten für Anordnung der Zwangsvollstreckung. — Durch § 869 CPO. ist auch diese in dem früheren § 755 geregelte und in § 35 GKG. mit reichsgesetzlicher Gebühr belegte Handlung der Zwangsvollstreckung aus der CPO. ausgeschieden; die Gebühr ist landesgesetzlich zu bestimmen (§§ 1, 35 Nr. 3 GKG. neue Fassung, Bekanntm. des Reichskanzlers v. 20. Mai 1898, RGB. S. 659 ff.). Ueber die Gerichtskosten in Preußen s. unter V.

2. — auch vor den in § 10 gedachten Ansprüchen, die erst aus dem Ueberschusse befriedigt werden. — Soweit die Kosten für baare Auslagen vom Gläubiger vorgeschossen sind, wird er vorweg befriedigt, sofern es sich nicht um die zu A. 3 erwähnten Kosten handelt.

3. welche der Gläubiger zu tragen hat, und wegen deren er nicht vorweg, sondern nach §§ 10 2, 12 aus dem Ueberschusse befriedigt wird.

4. die dem Ersteher zur Last fallen (§ 58).

5. die aus der nachträglich zu ertheilenden Masse vorweg entnommen wurden.

6. § 49. — Vgl. zu § 44 A. 2, zu § 91 A. 2.

Behandlung nicht angemeldeter Rechte.

§ 110. Rechte, die ungeachtet der im § 37 Nr. 4 bestimmten Aufforderung nicht rechtzeitig angemeldet oder glaubhaft gemacht worden sind, stehen bei der Vertheilung den übrigen Rechten[1] nach.

I 152; M. 283; II. 110. — Pr. § 108. — B. II Art. 33. — S. § 101 4.

1. also nicht bloß den bei Feststellung des geringsten Gebots berücksichtigten (wie nach Pr. §§ 40 Nr. 8, 108), sondern auch dem Anspruch des Gläubigers und den diesem gleich- oder nachstehenden Rechten (§ 37 Nr. 4; §§ 10—12). — Vgl. auch § 8 EG. und Art. 33 Pr. AG.ZVG. wegen der älteren Hypotheken im Bezirk des Appellationsgerichts zu Kassel.

Behandlung betagter Ansprüche.

§ 111. Ein betagter Anspruch gilt als fällig. Ist der Anspruch unverzinslich, so gebührt dem Berechtigten nur die Summe, welche mit Hinzurechnung der gesetzlichen Zinsen[1] für die Zeit von der Zahlung bis zur Fälligkeit dem Betrage des Anspruchs gleichkommt;[2] solange die Zeit der Fälligkeit ungewiß ist, gilt der Anspruch als aufschiebend bedingt.

I 154; M. 285; II. 111. — Pr. § 31. — B. I Art. 113. — S. § 14.

1. § 246 BGB.: 4%.

2. Vgl. § 65 KO., § 1133 BGB. — Hoffmann'sche Methode. — Formel:

$$x\,(\text{gesuchter Betrag}) = \frac{100\,K\ (\text{voller Betrag der Forderung})}{100 + 4\,z\ (\text{Zahl der Jahre bis zur Fälligkeit})}$$

Vertheilung des Gesammterlöses auf mehrere Grundstücke.

§ 112. Ist bei der Versteigerung mehrerer Grundstücke der Zuschlag auf Grund eines Gesammtausgebots ertheilt und wird eine Vertheilung des Erlöses[1] auf die einzelnen Grundstücke nothwendig, so wird aus dem Erlöse zunächst der Betrag entnommen, welcher zur Deckung der Kosten sowie zur Befriedigung derjenigen, bei der Feststellung des geringsten Gebots berücksichtigten und durch Zahlung zu deckenden Rechte erforderlich ist, für welche die Grundstücke ungetheilt haften.[2]

Der Ueberschuß[3] wird auf die einzelnen Grundstücke nach dem Verhältnisse des Werthes der Grundstücke vertheilt.[4] Dem Ueberschusse[3] wird der Betrag der Rechte, welche nach § 91 nicht erlöschen,[5] hinzugerechnet.[6] Auf den einem Grundstücke zufallenden Antheil am Erlöse[7] wird der Betrag der Rechte, welche an diesem Grundstücke bestehen bleiben, angerechnet. Besteht ein solches Recht an mehreren der versteigerten Grundstücke, so ist bei jedem von ihnen nur ein dem Verhältnisse des Werthes der Grundstücke entsprechender Theilbetrag in Anrechnung zu bringen.

Reicht der nach Abs. 2 auf das einzelne Grundstück entfallende Antheil am Erlöse nicht zur Befriedigung derjenigen Ansprüche aus, welche nach Maßgabe des geringsten Gebots durch Zahlung zu berichtigen sind oder welche durch das bei dem Einzelausgebote für das Grundstück erzielte Meistgebot gedeckt werden, so erhöht sich der Antheil um den Fehlbetrag.[8]

I § 150; M. 280, 281; II. 112 D. 61. — Pr. § 38 2, 112. — B. I Art. 105, B. II Art. 45 Nr. 10. — S. § 36.

1. Wenn auch unter Erlös im Allgemeinen das Entgelt zu verstehen ist, welches der Ersteher für die Ueberlassung der mehreren Grundstücke zu entrichten hat, und welches sich zusammensetzt: aus dem Baargebote (§ 49; dem durch das Gesammtausgebot festgestellten Versteigerungserlös) und den Rechten, welche an den einzelnen Grundstücken bestehen bleiben (vgl. § 44 A. 3), so ist doch in Abs. 1 unter Erlös der allein den Gegenstand der Vertheilung bildende baarzuzahlende Versteigerungserlös (§§ 105 ff.) zu begreifen. Diesem tritt unter Umständen der Erlös aus der Sonderverwerthung mithaftender Gegenstände hinzu (§§ 65, 107); der Betrag, der sich aus der erhöhten Zahlungspflicht des Erstehers nach §§ 50, 51 ergiebt, gehört nicht hierher. Für das Verfahren nach § 112 wird das wegfallende Recht als bestehend behandelt (Vgl. § 125).

2. Dazu gehören auch die Zinsen der bei Feststellung des geringsten Gebots berücksichtigten Gesammthypotheken. Im Entw. II lautete der Relativsatz: „welcher zur Befriedigung der bei der Feststellung des geringsten Gebotes berücksichtigten, durch Zahlung zu deckenden Rechte erforderlich ist" — also ohne Unterschied ob für diese Rechte die einzelnen Grundstücke ungetheilt haften. — Die Reichstagskommission erblickte dariu eine unbillige Benachtheiligung des nicht mit demselben Rechte belasteten anderen Grundstücks (KB. S. 33).

3. d. h. der nach Abs. 1 verbleibende Rest des Versteigerungserlöses (der zu vertheilenden Masse § 107).

4. die Ausführung der Vertheilung dieses Ueberschusses (A. 3) auf die einzelnen Grundstücke geschieht

nach Maßgabe der folgenden Sätze. — Bez. des Werthes s. § 42 2, § 11 EG., sowie zu § 64 A. 4.

5. d. h. der kraft Gesetzes nach § 52, sowie der nach den Versteigerungsbedingungen in Abweichung von § 52 für das Gesammtausgebot bestehen bleibenden und deshalb nicht erlöschenden Rechte (§§ 59, 91 1). Vgl. zu § 64 A. 3. — Nicht hierher gehören die kraft der Vereinbarung mit dem Ersteher bestehen bleibenden Rechte, deren Deckung — soweit sie überhaupt zur Hebung gelangen, durch das Baargebot erfolgt sein muß, und deren Betrag schon in dem Ueberschusse (A. 3) enthalten ist.

6. Die nach Satz 2 ermittelte Summe (A. 3 und A. 5) giebt den nach Satz 1 zu vertheilenden Gesammtbetrag (die Teilungsmasse).

7. Der Antheil der einzelnen Grundstücke an dem Erlöse (dem Entgelt für die Ueberlassung der mehreren Grundstücke an den Ersteher) berechnet sich nach dem Verhältnisse des Werthes der Grundstücke. Auf diese Antheilsquote der einzelnen Grundstücke werden die an jedem derselben bestehen bleibenden Rechte (Gesammthypotheken nach Verhältniß § 64 1) angerechnet. — Im Berichte der Reichstagskommission wird diese Anrechnung als „Vorempfang aus dem Erlöse" bezeichnet und auf die Vorschrift über die Erbauseinandersetzung (§§ 2055, 2056 BGB.) hingewiesen.

8. Es dürfen weder die Betheiligten, die nach § 49 einen Anspruch auf Berücksichtigung beim geringsten Gebot haben, benachtheiligt werden, noch diejenigen, welche, wenn der Zuschlag für das Meistgebot des Einzelgrundstücks erfolgt wäre, mit ihrem Anspruche zur Hebung gelangt sein würden. — Der Fehlbetrag kann nur aus dem Erlösantheile der anderen Grundstücke (nach Verhältniß des Werthes) durch entsprechende Kürzung aufgebracht werden.

Theilungsplan.

§ 113. In dem Vertheilungstermine wird nach Anhörung der anwesenden Betheiligten von dem Gerichte, nöthigenfalls mit Hülfe eines Rechnungsverständigen, der Theilungsplan aufgestellt.[1]

In dem Plane sind auch die nach § 91 nicht erlöschenden Rechte anzugeben.[2]

I 155; M. 286; II. 113 D. 59. — Pr. §§ 104, 105. — B. I Art. 97, 99, 104, 120, B. II Art. 35, 45 Nr. 9. — S. § 139.

1. S. unten § 156 2 Schlußsatz.

2. Vgl. zu § 112 A. 5—7. — Eine Vertheilung dieser Rechte oder eine Erklärung des Gerichts, daß diese Forderungen vom Ersteher zu übernehmen sind, findet nicht statt; sie stehen außerhalb des Vertheilungsverfahrens (§ 44 A. 2), aber sie können noch bestritten werden (§§ 50, 51, 125), insbesondere zu § 50 A. 2—7). — Die Wirkung des Stehenbleibens ist für die nach § 52 und den Versteigerungsbedingungen (§ 59) nicht erlöschenden Rechte (§ 91 1) eine andere als für die auf Grund der Vereinbarung mit dem Ersteher bestehen bleibenden (§ 91 2, 3). In dem Theilungsplan ist deshalb ersichtlich zu machen, ob es sich um nach § 91, oder nach § 91 2, 3 stehen bleibende Rechte handelt.

§ 114. In den Theilungsplan sind Ansprüche, soweit ihr Betrag oder ihr Höchstbetrag zur Zeit der Eintragung des Versteigerungsvermerkes aus dem Grundbuch ersichtlich war, nach dem Inhalte des Buches, im Uebrigen nur dann aufzunehmen, wenn sie spätestens in dem Termin angemeldet sind.[2] Die Ansprüche des Gläubigers gelten als angemeldet, soweit sie sich aus dem Versteigerungsantrag[3] ergeben.

Laufende Beträge wiederkehrender Leistungen,[4] die nach dem Inhalte des Grundbuchs zu entrichten sind, brauchen nicht angemeldet zu werden.[5]

I 156; M. 287; II. 114. — Pr. § 104, 106. — B. I Art. 97, 98. — S. § 102.

1. § 19. Auch die nach der Eintragung des Versteigerungsvermerks eingetragenen Rechte müssen angemeldet werden.

2. § 37 Nr. 4 und § 110 ergeben die Rangstellung der nicht bereits im Versteigerungstermine angemeldeten, der Anmeldung bedürfenden Rechte.

3. § 16. 4. §§ 13, 45 2.

5. Vgl. auch § 156 2 Schlußsatz.

Verhandlung über den Theilungsplan. — Erledigung von Widersprüchen.

§ 115. Ueber den Theilungsplan wird sofort verhandelt. Auf die Verhandlung sowie auf die Erledigung erhobener Widersprüche und die Ausführung des Planes finden die §§ 876 bis 882 der Civilprozeßordnung entsprechende Anwendung.[1]

Ist ein vor dem Termin angemeldeter Anspruch nicht nach dem Antrag in den Plan aufgenommen, so gilt die Anmeldung als Widerspruch gegen den Plan.

Der Widerspruch des Schuldners gegen einen vollstreckbaren Anspruch wird nach den §§ 767, 769, 770 der Civilprozeßordnung erledigt.[2]

Soweit der Schuldner durch Sicherheitsleistung oder Hinterlegung die Befriedigung eines solchen Anspruchs abwenden darf,[3] unterbleibt die Ausführung des Planes, wenn die Sicherheit geleistet oder die Hinterlegung erfolgt ist.[4]

I § 157; M. 288; II. 115. — Pr. §§ 113, 114. — B. I 117. — Vgl. auch § 89, §§ 138—144, 146 ff.

1. Satz 2 entspricht dem Schlußsatz in § 757 s CPO. (ältere Fassung). — Vgl. auch R. 26, 422 und über die Vertheilung und Bedeutung der Parteirollen R. 15, 221; über die Behandlung von Widersprüchen im Theilungsplan s. § 124. — Der Widerspruch gegen einen Anspruch, wegen dessen einer bei dem Inkrafttreten des BGB. in Preußen bestehenden öffentlichen landschaftlichen (ritterschaftlichen) Kreditanstalt das Zwangsvollstreckungsrecht satzungsmäßig oder nach Kgl. Verordnung zusteht, hält die Ausführung des Theilungsplans nicht auf. Dem Widersprechenden bleibt überlassen, sein Recht nach erfolgter Auszahlung im Wege der Klage geltend zu machen (§§ 1, 2, 8, 12, 13 Ges. v. 3. Aug. 1897, betr. die Zwangsvollstreckung aus Forderungen landschaftlicher Kreditanstalten, GS. S. 388, §§ 7, 4 der Verordn. v. 15. Nov. 1898 und v. 10. Aug. 1899, betr. die Verleihung des Zwangsvollstreckungsrechts an die Nassauische Landesbank bezw. an die Landeskreditkasse zu Kassel, GS. 1899 S. 1 u. 1621).

2. Der Widerspruch des Schuldners gegen einen nicht vollstreckbaren Anspruch (z. B. § 10 Nr. 1—3) ist nach Abs. 1 zu behandeln.

3. §§ 707, 713, 719, 769, 775 Nr. 3 CPO.

4. Vgl. unten § 156.

Ausführung des Theilungsplans.

§ 116. Die Ausführung des Theilungsplanes soll bis zur Rechtskraft des Zuschlags[1] ausgesetzt werden, wenn der Ersteher oder im Falle des § 61 der für zahlungspflichtig erklärte Dritte sowie in den Fällen des § 81 Abs. 2, 3 der Meistbietende die Aussetzung beantragt.

I 147 5; M. 277; II. 116. — Pr. § 123. — B. I Art. 95, 97.

1. also bis zum Ablauf der Nothfrist (§ 577 2 CPO.) bezw. bis zur rechtskräftigen Zurückweisung der rechtzeitig angebrachten Beschwerde (§§ 96 ff., 101).

Zahlung, Hinterlegung.

§ 117. Soweit der Versteigerungserlös in Geld vorhanden ist,[1] wird der Theilungsplan durch Zahlung an die Berechtigten[2] ausgeführt.

Die Auszahlung an einen im Termine nicht erschienenen Berechtigten ist von Amtswegen anzuordnen. Die Art der Auszahlung bestimmt sich nach den Landesgesetzen.[3] Kann die Auszahlung nicht erfolgen, so ist der Betrag für den Berechtigten zu hinterlegen.[4]

Im Falle der Hinterlegung des Erlöses[5] kann statt der Zahlung eine Anweisung auf den hinterlegten Betrag ertheilt werden.[4 6]

I 158; M. 290; II. 117. — Pr. §§ 117, 121. — B. I Art. 121.

1. §§ 107, 108.

2. Dazu gehört auch hinsichtlich des Ueberschusses der Schuldner (Grundstückseigenthümer z. B. des Zuschlags). Der Versteigerungserlös tritt an die Stelle des Grundstücks. Der Anspruch auf Zahlung des Baarangebots gehört wie der gezahlte Geldbetrag zum Vermögen des Schuldners (Grundstückseigenthümers z. B. des Zuschlags, §§ 128 2, 142), der aber die freie Verfügung darüber erst dadurch erhält, daß das Gericht zur Ausführung des Theilungsplans ihm den zur Befriedigung der Gläubiger nicht erforderlichen Rest zahlt bezw. überträgt (§ 118).

3. Pr. AG.ZVG. Art. 11. Ist in dem Termine zur Vertheilung des Versteigerungserlöses oder eines im Zwangsverwaltungsverfahren erzielten Ueberschusses ein Berechtigter, dem nach dem Theilungsplan ein Betrag zugetheilt ist, nicht erschienen, so erfolgt die Uebersendung des Betrags nach Massgabe der §§ 25, 26 der Hinterlegungsordnung vom 14. März 1879 (Gesetz-Samml. S. 249) durch die Post; Beträge von nicht mehr als dreihundert Mark können innerhalb des Gebiets des Deutschen Reichs dem Berechtigten auch ohne Antrag übersandt werden. Die nach § 25 Abs. 2 erforderliche Beglaubigung der Unterschrift des Berechtigten ist stempelfrei; geschieht sie durch ein Gericht oder einen Notar, so ist dafür eine Gebühr von drei Mark zu entrichten. Auf Antrag des Berechtigten ist die Auszahlung durch ein ersuchtes Gericht zu bewirken. Die Kosten und die Gefahr der Uebersendung an das ersuchte Gericht trägt der Berechtigte.

Pr. § 121.

4. Nach Maßgabe der landesgesetzlichen Hinterlegungsordnungen. Für Preußen vgl. §§ 75, 79—84 der Hinterlegungsordnung. — Wegen des Aufgebots eines nach § 117 2 hinterlegten Betrages s. §§ 58b, 61 3, 64 der Hinterlegungsordnung in der Fassung der Art. 84, XI, XII, XIII Pr. AG.BGB.

Uebertragung der Forderung gegen den Ersteher aus dem Meistgebot.

§ 118. Soweit das Baargebot nicht berichtigt wird,[1] ist der Theilungsplan dadurch auszuführen, daß die Forderung gegen den Ersteher[2] auf die Berechtigten[3] übertragen wird; die Uebertragung erfolgt durch Anordnung des Gerichts.[4] Das Gleiche gilt, soweit Zahlungsfristen festgesetzt worden sind.[5]

Die Uebertragung wirkt wie die Befriedigung aus dem Grundstücke.[6] Diese Wirkung tritt[7] jedoch im Falle des Abs. 1 Satz 1 nicht ein,[8] wenn vor dem Ablaufe von drei Monaten[9] der Berechtigte dem Gerichte gegenüber den Verzicht auf die Rechte aus der Uebertragung erklärt oder die Zwangsversteigerung[10] beantragt. Wird der Antrag auf Zwangsversteigerung zurückgenommen oder das Verfahren nach § 31 Abs. 2 aufgehoben, so gilt er als nicht gestellt. Im Falle des Verzichts soll das Gericht die Erklärung dem Ersteher sowie demjenigen mittheilen, auf welchen die Forderung in Folge des Verzichts übergeht.

I 159; M. 291; II. 118 D. 60, 61. — Pr. 117. — B. I Art. 121. — S. § 175.

1. d. h. die von dem Ersteher im Termin an das Gericht zu zahlende Leistung unterbleibt (§ 107 2, 3).

2. d. h. der aus der Baarzahlungspflicht des Erstehers nach §§ 49 1, 3, 59 sich ergebende Anspruch auf Erfüllung. — Vgl. zu § 125 A. 1.

3. dazu gehört auch hinsichtlich des Ueberschusses der

Schuldner (Grundstückseigenthümer z. Z. des Zuschlags). — Vgl. § 117 A. 2.

4. Die Uebertragung an die Gläubiger erfolgt kraft Gesetzes (§ 412 BGB.). Der Versteigerungserlös tritt an die Stelle des Grundstücks. Die Anordnung des Gerichts bildet die Ausführungsmaßregel, sie wird durch Verkündung bezw. Zustellung des Beschlusses wirksam (s. A. 9).

Die Anordnung ist kein Ueberweisungsbeschluß im Sinne der §§ 835, 836 CPO. und der §§ 408, 1155 BGB.

5. §§ 60, 61. 6. § 91 A. 2 u. 7.

7. im Falle des Abs. 1 Satz 2 stets und unbedingt ein.

8. Im Falle des Abs. 1 Satz 1 steht die Wirkung unter einer auflösenden Bedingung.

9. von der Verkündung der Anordnung im Vertheilungstermin, bezw. von ihrer Zustellung an (§ 329 CPO.).

10. §§ 132, 133.

Behandlung bedingter Ansprüche.

§ 119. Wird auf einen bedingten Anspruch ein Betrag zugetheilt,[1] so ist durch den Theilungsplan festzustellen, wie der Betrag anderweit vertheilt werden soll, wenn der Anspruch wegfällt.[2]

I 160; M. 294; II. 119. — Pr. §§ 110, 111.

1. nach § 117 oder § 118. — Vgl. auch § 14.

2. bei auflösend bedingten Ansprüchen durch Eintritt der Bedingung; bei aufschiebend bedingten Ansprüchen durch Ausfall der Bedingung.

§ 120. Ist der Anspruch aufschiebend bedingt, so ist der Betrag für die Berechtigten zu hinterlegen.[1] Soweit der Betrag nicht gezahlt ist, wird die Forderung gegen den Ersteher auf die Berechtigten übertragen. Die Hinterlegung sowie die Uebertragung erfolgt für jeden[2] unter der entsprechenden Bedingung.[2]

Während der Schwebezeit gelten für die Anlegung des hinterlegten Geldes, für die Kündigung und Einziehung der übertragenen Forderung sowie für die Anlegung des eingezogenen Geldes die Vorschriften der §§ 1077 bis 1079 des Bürgerlichen Gesetzbuchs;[3] die Art der Anlegung bestimmt derjenige, welchem der Betrag gebührt, wenn die Bedingung ausfällt.[4]

I 161 1, 2; M. 295; II. 120. — Pr. § 119. — B. I Art. 111 3.

1. s. zu § 117 A. 4.

2. also für den aufschiebend bedingt Berechtigten unter der Bedingung der Eintrittes der Bedingung; für den andern unter der Bedingung des Ausfalls der Bedingung. — Letzterer ist der zunächst Berechtigte, hat Anspruch auf die Zinsen während der Schwebezeit, und bestimmt über die Art der Anlegung im Falle des § 1079 BGB. (s. Abs. 2 Schlußsatz).

3. d. h. die beim Nießbrauch eines Kapitals für Nießbraucher und Kapitalgläubiger in diesen Beziehungen geltenden Vorschriften.

4. Ueber die Behandlnng eines Anspruchs unter auflösender Bedingung bei Ausführung des Theilungsplans enthält das Gesetz keine besondere Bestimmung. Er ist wie ein unbedingter zu behandeln. Doch muß auch in diesem Falle für den Eintritt der Bedingung eine weitere Vertheilung vorgesehen werden. Bei Baarzahlung (§ 117) sind diejenigen Berechtigten zu bezeichnen, denen der Anspruch auf Herausgabe des Empfangenen zusteht;

im Falle des § 118 ist die Anordnung entsprechend zu fassen, und demgemäß die Eintragung der Sicherungshypothek zu bewirken (§ 130). — Im ersten Falle ist es Sache der Berechtigten, nach §§ 916, 917 CPO. für Sicherung ihres Anspruches zu sorgen. (Vgl. Entw. I BGB. § 133 — I 162. — Pr. §§ 110, 119.)

Behandlung nicht auf Zahlung von Kapital gerichteter Rechte.

§ 121. In den Fällen des § 92 Abs. 2 ist für den Ersatzanspruch in den Theilungsplan ein Betrag aufzunehmen, welcher der Summe aller künftigen Leistungen gleichkommt, den fünfundzwanzigfachen Betrag einer Jahresleistung jedoch nicht übersteigt; zugleich ist zu bestimmen, daß aus den Zinsen und dem Betrage selbst die einzelnen Leistungen zur Zeit der Fälligkeit zu entnehmen sind.

Die Vorschriften der §§ 119, 120[1] finden entsprechende Anwendung; die Art der Anlegung des Geldes bestimmt der zunächst Berechtigte.[2]

I 163; M. 296; II. 121 D. 60. — Pr. §§ 32, 109, 119.

1. Hinsichtlich der Feststellung des beim Wegfall des Anspruchs (§ 92 2) Berechtigten und der Anlegung u. s. w. des Geldes.

2. d. h. der in den Fällen des § 92 2 Berechtigte (Nießbraucher u. s. w.). Vgl. § 1079 BGB.

3. Auch hinsichtlich des Aufgebots des nach Maßgabe des § 121 hinterlegten Geldes gilt dasselbe wie im Falle des § 120. (Vgl. zu § 120 A. 1.)

Behandlung von Gesammtbelastungen.

§ 122. Sind mehrere für den Anspruch eines Betheiligten[1] haftende Grundstücke in demselben Verfahren versteigert worden,[2] so ist, unbeschadet der Vorschrift des § 1132 Abs. 1 Satz 2 des Bürgerlichen Gesetzbuchs,[3] bei jedem einzelnen Grundstücke nur ein nach dem Verhältnisse der Erlöse[4] zu bestimmender Betrag[5] in den Theilungsplan aufzunehmen.[6] Der Erlös wird unter Abzug des Betrags der Ansprüche berechnet, welche dem Anspruche des Betheiligten vorgehen.

Unterbleibt die Zahlung eines auf den Anspruch des Betheiligten zugetheilten Betrags, so ist der Anspruch bei jedem Grundstück in Höhe dieses Betrags in den Plan aufzunehmen.[7] [8]

I 164; M. 297—300; II. 122. — Pr. § 204 (Pr. KO. v. 8. Juni 1855, § 56 — Ges. v. 12. März 1869 Art. 1). B. I Art. 106 1—3. — S. §§ 36 ff.

1. § 9, nicht bloß des oder der betreibenden Gläubiger.

2. §§ 18, 63, 64.

3. d. h. des Rechtes des Gläubigers, die Befriedigung nach seinem Belieben aus jedem der Grundstücke ganz oder zum Theile zu suchen.

4. welche bei dem regelmäßig stattfindenden Einzelausgebot (§ 63) bez. beim Zuschlag zu einem Gesammtgebote sich durch die Vertheilung des Ueberschusses (§ 112) ergeben haben, und nach Befriedigung der vorgehenden Ansprüche übrig bleiben (Satz 2).

5. der Gesammtbelastung (Hypothek, Grundschuld, Rentenschuld, Reallast).

6. Dies Verfahren setzt voraus, daß der Gläubiger von seinem Wahlrecht (§ 1132 BGB.) keinen Gebrauch gemacht hat.

7. d. h. wird der Gläubiger der Gesammtforderung wegen des auf diese (den Anspruch) zugetheilten Betrages nicht voll (unterbleibt die Zahlung eines ..... Betrages) befriedigt, und bedarf es also wegen des nicht gezahlten Betrages einer Uebertragung der Forderung gegen den Ersteher (§ 118), so ist der nicht bezahlte Theil des Anspruchs (der Anspruch in Höhe dieses Betrages) in den Plan aufzunehmen und zwar bei jedem der mithaftenden Grundstücke; der Theilungsplan ist dann gemäß § 118 so auszuführen, daß die Forderung gegen den Ersteher als Gesammtbelastung sämmtlicher Grundstücke übertragen wird.

8. Vgl. auch § 123.

§ 123. Soweit auf einen Anspruch, für den auch ein anderes Grundstück haftet, der zugetheilte Betrag nicht gezahlt wird,[1] ist durch den Theilungsplan festzustellen, wie der Betrag[2] anderweit vertheilt werden soll, wenn das Recht auf Befriedigung aus dem zugetheilten Betrage nach Maßgabe der besoderen Vorschriften über die Gesammthypothek erlischt.[3]

Die Zutheilung ist dadurch auszuführen, daß die Forderung gegen den Ersteher unter der entsprechenden Bedingung übertragen wird.[4]

I 165; M. 301; II. 123. — Pr. §§ 59 2, 117.

1. also auch im Falle des § 122 2.

2. d. h. der auf alle mithaftende Grundstücke als Gesammtbelastung zu übertragende Betrag (§ 122 A. 7).

3. §§ 1173, 1174, 1175, 1181 BGB. — § 123 findet nicht bloß im Falle des § 122, sondern auch dann Anwendung, wenn nur eines der mithaftenden Grundstücke versteigert worden ist.

4. Die Zutheilung an den anderweit Berechtigten geschieht unter der Bedingung, daß der Gläubiger nach §§ 1173, 1174, 1181 BGB. anderweit befriedigt wird, oder auf sein Recht an dem versteigerten einen der mithaftenden Grundstücke verzichtet oder mit diesem ausgeschlossen wird (§ 1175 BGB. Vgl. auch §§ 50 2 Nr. 2, 118).

Behandlung von Widersprüchen.

§ 124. Im Falle eines Widerspruchs gegen den Theilungsplan[1] ist durch den Plan festzustellen, wie der streitige Betrag vertheilt werden soll, wenn der Widerspruch für begründet erklärt wird.

Die Vorschriften des § 120 finden entsprechende Anwendung;[2] die Art der Anlegung bestimmt derjenige, welcher den Anspruch geltend macht.[3]

Das Gleiche gilt, soweit nach § 115 Abs. 4 die Ausführung des Planes unterbleibt.[4]

I § 167; M. 302; II. 124. — Pr. § 118.

1. Vgl. §§ 115—156.

2. Der Widersprechende wird wie ein aufschiebend bedingt Berechtigter angesehen.

3. entsprechend § 121 2 Schlußsatz; wegen des Aufgebots des hinterlegten Geldes gilt dasselbe, wie im Falle des § 120 (vgl. zu § 120 A. 1).

4. Der Schuldner, der durch Sicherheitsleistung oder Hinterlegung die Befriedigung eines gegen ihn vollstreckbaren Anspruchs abwenden darf, und durch Leistung der Sicherheit oder Hinterlegung die Ausführung des

Planes verhindert, wird ebenso behandelt, wie ein aufschiebend-bedingt Berechtigter. — Vgl. auch § 156.

Vertheilung eines Betrages außer dem Baargebote.

§ 125. Hat der Ersteher außer dem durch Zahlung zu berichtigenden Theile des Meistgebots einen weiteren Betrag nach den §§ 50, 51 zu zahlen, so ist durch den Theilungsplan festzustellen, wem dieser Betrag zugetheilt werden soll. Die Zutheilung ist dadurch auszuführen, daß die Forderung gegen den Ersteher übertragen wird.[1]

Ist ungewiß oder streitig, ob der weitere Betrag zu zahlen ist, so erfolgt die Zutheilung und Uebertragung unter der entsprechenden Bedingung. Die §§ 878 bis 882 der Civilprozeßordnung finden keine Anwendung.[2]

Die Uebertragung hat nicht die Wirkung der Befriedigung aus dem Grundstücke.[3] [4]

I 168; M. 302—304; II. 125. — Pr. § 115 2.

1. Die §§ 117—124 beziehen sich nur auf Ansprüche, welche nach § 49 bez. den Versteigerungsbedingungen baar zu zahlen waren. — Hier handelt es sich um Ansprüche, welche als bestehen bleibende Belastung auf den Ersteher übergehen sollten, und für welche in den Fällen der §§ 50, 51 eine Zahlungspflicht des Erstehers (eine Forderung an den Ersteher) begründet ist, für die aber § 49 1, 2 nicht gilt (§ 50 Satz 2). Die Voraussetzung der Anwendung des § 125 ist, daß das Nichtbestehen der in §§ 50, 51 erwähnten Rechte bis zur Aufstellung des Theilungsplanes festgestellt (Abs. 1), oder doch ihr Fort-

bestehen ungewiß oder streitig geworden ist (Abs. 2), was für die Fälle § 50 2 Nr. 1 und 2 ohne Weiteres zutrifft. — Nach Abs. 1 findet unmittelbar eine Zutheilung und Uebertragung der Forderung gegen den Ersteher an den Nächstberechtigten durch den Theilungsplan statt (wie nach § 118 1); in den Fällen des Abs. 2 muß die Zutheilung und Uebertragung an den Nächstberechtigten unter der Bedingung geschehen, daß die Belastung als stehen bleibende in Fortfall kommt (also die Zahlungspflicht des Erstehers nach §§ 50, 51 begründet wird). Vgl. zu § 50 A. 5—9, § 52 A. 1.

2. Dem Nächstberechtigten bleibt es überlassen, im Prozeßwege den Fortfall des der Geltungmachung seiner Forderung gegen den Ersteher entgegenstehenden Rechtes, und dadurch die Unbedingtheit seiner Forderung gegen den Ersteher herbeizuführen. Das fortgefallene Recht und die der Zutheilung beigefügte Bedingung sind demnächst zur Löschung zu bringen, und zwar auf Antrag des Berechtigten und auf Grund des § 894 BGB. (§ 130 2 findet keine Anwendung).

3. § 118 2 findet also keine Anwendung. — Die Uebertragung der Forderung an den Ersteher berührt weder das persönliche Forderungsrecht des Berechtigten gegen seinen Schuldner, noch die Mithaftung anderer Grundstücke. — Seine Forderung an dem versteigerten Grundstücke ist aber nach §§ 52, 91 erloschen.

4. Sie gewährt auch nicht unmittelbare Vollstreckbarkeit, s. § 132 1 Satz 2.

Unbekanntschaft des Berechtigten.
Nichtvorlegung des Hypothekenbriefes.

§ 126. Ist für einen zugetheilten Betrag die Person des Berechtigten unbekannt, insbesondere bei einer Hypothek, Grundschuld oder Rentenschuld der Brief nicht vorgelegt,[1] so ist durch den Theilungs=

plan festzustellen, wie der Betrag vertheilt werden soll, wenn der Berechtigte nicht ermittelt wird.

Der Betrag ist für den unbekannten Berechtigten zu hinterlegen.[2] Soweit der Betrag nicht gezahlt wird, ist die Forderung gegen den Ersteher auf den Berechtigten zu übertragen.[3]

I 181; M. 316; II. 126. — Pr. § 120. — B. I Art. 121 4.

1. §§ 1116, 1117, 1144, 1154, 1155 BGB.; §§ 42 bis 44, 56 ff., 70 GBO.

2. Wegen des Aufgebots des hinterlegten Geldes s. §§ 58 b, 61 3, 64 der preuß. Hinterlegungsordnung in der Fassung des Art. 84 XI—XIII Pr. AG.BGB.

3. § 118. — Wegen Ermittelung des unbekannten Berechtigten und weiteren Ausführung des Theilungsplans s. §§ 135 bis 142; wegen Kraftloserklärung des Hypothekenbriefes s. § 136. — Vgl. auch § 156.

Behandlung vorgelegter Urkunden.

§ 127. Wird der Brief über eine in Folge der Versteigerung erloschene Hypothek, Grundschuld oder Rentenschuld[1] vorgelegt, so hat das Gericht ihn unbrauchbar zu machen.[2] Ist das Recht nur zum Theil erloschen, so ist dies auf dem Briefe zu vermerken.[3] Wird der Brief nicht vorgelegt, so kann das Gericht ihn von dem Berechtigten einfordern.[4]

Im Falle der Vorlegung eines vollstreckbaren Titels über einen Anspruch, auf welchen ein Betrag zugetheilt wird, hat das Gericht auf dem Titel zu vermerken, in welchem Umfange der Betrag durch

Zahlung, Hinterlegung oder Uebertragung gedeckt worden ist.[5]

Der Wortlaut der Vermerke ist durch das Protokoll festzustellen.[6]

I 169; M. 304; II. 127. — Pr. § 122. — B. I Art. 121 5.

1. §§ 52, 91.

2. Vgl. § 69 GBO. — Ueber die weitere Behandlung der unbrauchbar gemachten Briefe ist Nichts bestimmt. — Anders Pr. § 122 3.

3. Vgl. §§ 1140, 1145 BGB. — § 62 GBO.

4. Obligatorisch ist die Einforderung nicht; die Vorlegung des Briefes beim Grundbuchamt (§ 130) ist nicht erforderlich (§ 131).

5. Vgl. § 757 1 CPO.

6. Vgl. auch § 158 3.

Sicherungshypothek für die Forderung gegen den Ersteher.

§ 128. Soweit für einen Anspruch die Forderung gegen den Ersteher übertragen wird,[1] ist für die Forderung eine Sicherungshypothek[2] an dem Grundstücke mit dem Range des Anspruchs[3] einzutragen. War das Recht, aus welchem der Anspruch herrührt, nach dem Inhalte des Grundbuchs mit dem Rechte eines Dritten belastet, so wird dieses Recht als Recht an der Forderung miteingetragen.

Soweit die Forderung gegen den Ersteher unvertheilt bleibt, wird eine Sicherungshypothek für denjenigen eingetragen, welcher zur Zeit des Zuschlags Eigenthümer des Grundstücks war.[4]

Mit der Eintragung entsteht die Hypothek.[5] Vereinigt sich die Hypothek[5] mit dem Eigenthum in einer Person,[6] so kann sie nicht zum Nachtheil eines Rechtes, das bestehen geblieben ist, oder einer nach Abs. 1, 2 eingetragenen Sicherungshypothek geltend gemacht werden.

Wird das Grundstück von neuem versteigert, so ist der zur Deckung der Hypothek[5] erforderliche Betrag baar zu berichtigen.[7]

I 170; M. 305—307; II. 128 D. 62. — Pr. § 124. — B. I Art. 94, 122, B. II Art. 28.

1. §§ 118 (119—124), 125, 126.

2. Vgl. § 132. — §§ 1184 ff. BGB., sowie §§ 866, 867 CPO. (oben S. 5).

3. § 10; vgl. aber auch Abs. 3 und § 129. — Wegen der Eintragung des Ranges s. auch §§ 130, 131.

4. Vgl. zu § 117 A. 2.

5. Sicherungshypothek.

6. §§ 889, 1143, 1153, 1163, 1168, 1170, 1173, 1175, 1177 BGB. — Die Hypothek wird Eigenthümerhypothek (§§ 1184, 1185 2 BGB.) — aber der mit derselben verbundene Rang (A. 3) kann nicht zum Nachtheil der in Abs. 3 erwähnten Rechte geltend gemacht werden. Diese sind bei einer neuen Versteigerung des Grundstücks vor der Eigenthümer-Hypothek zu befriedigen.

7. auch wenn dies sonst nach §§ 44, 49 nicht der Fall sein würde. Daß die neue Versteigerung wegen eines durch die Sicherungshypothek gedeckten Anspruchs erfolgt (§ 133) ist nicht erforderlich.

§ 129. Die Sicherungshypothek für die im § 10 Nr. 1 bis 3 bezeichneten Ansprüche, für die im § 10

Nr. 4 bezeichneten Ansprüche auf wiederkehrende Leistungen und für die im § 10 Abs. 2 bezeichneten Kosten[1] kann nicht zum Nachtheile der Rechte, welche bestehen geblieben sind, und der übrigen nach § 128 Abs. 1, 2 eingetragenen Sicherungshypotheken geltend gemacht werden,[2] es sei denn, daß vor dem Ablaufe von sechs Monaten nach der Eintragung derjenige, welchem die Hypothek[3] zusteht, die Zwangsversteigerung des Grundstücks beantragt.[4] Wird der Antrag auf Zwangsversteigerung zurückgenommen oder das Verfahren[5] nach § 31 Abs. 2 aufgehoben, so gilt er als nicht gestellt.[6]

II. 129; D. 62.

1. welche im Range den übrigen nachstehend erwähnten Rechten an sich vorgehen.

2. Vgl. zu § 128 3.

3. für die in § 10 Nr. 1—3 bezeichneten Ansprüche, für die in § 10 Nr. 4 bezeichneten Ansprüche auf wiederkehrende Leistungen und für die in § 10 2 bezeichneten Kosten.

4. § 133. — In diesem Falle verbleibt also den in A. 3 gedachten Rechten ihr Vorrang bei der Vertheilung des Baarbetrages (§ 128 4), die sie sonst, d. h. wenn das Grundstück auf Antrag eines anderen Gläubigers, oder auf Antrag der in A. 3 bezeichneten Berechtigten aber nach Ablauf von sechs Monaten (vgl. auch Satz 2) versteigert wird — zum Nachtheil der übrigen Sicherungshypotheken nicht geltend machen können. (Vgl. zu § 128 A. 6.)

5. d. h. das auf rechtzeitigen Antrag (Satz 1) eingeleitete Verfahren.

6. Vgl. § 118 2 Satz 2.

Berichtigung des Grundbuchs.

§ 130. Ist der Theilungsplan ausgeführt[1] und der Zuschlag rechtskräftig,[2] so ist das Grundbuchamt zu ersuchen, den Ersteher als Eigenthümer einzutragen,[3] den Versteigerungsvermerk[4] sowie die durch den Zuschlag erloschenen Rechte[5] zu löschen[6] und die Eintragung der Sicherungshypotheken für die Forderung gegen den Ersteher[7] zu bewirken. Bei der Eintragung der Hypotheken soll im Grundbuch ersichtlich gemacht werden, daß sie auf Grund eines Zwangsversteigerungsverfahrens erfolgt ist.[8]

Ergiebt sich, daß ein bei der Feststellung des geringsten Gebots berücksichtigtes Recht nicht zur Entstehung gelangt oder daß es erloschen ist,[9] so ist das Ersuchen auch auf die Löschung dieses Rechtes zu richten.[10]

Hat der Ersteher, bevor er als Eigenthümer eingetragen worden ist, die Eintragung eines Rechtes an dem versteigerten Grundstücke bewilligt, so darf die Eintragung nicht vor der Erledigung des im Abs. 1 bezeichneten Ersuchens erfolgen.[11]

I 172; M. 308—310; II. 130. — Pr. § 124. — B. I Art. 94, 95, 122, 123. — S. §§ 169, 171.

1. nach §§ 117—126, 128. 2. Zu § 116 A. 1.
3. § 90. 4. § 19.
5. §§ 91, 127. 6. § 131. 7. §§ 128, 131.
8. damit ist auf die aus §§ 128, 129, 132 sich ergebenden Besonderheiten hingewiesen.
9. §§ 50, 51.
10. s. auch zu § 131 A. 1 und zu § 125 A. 2.

11. Abs. 3 ist (an Stelle des Schlußsatzes in II § 90 1) dem § 130 als Abs. 3 von der Reichstagskommission hinzugefügt (KB. S. 32, 34).

§ 131. In den Fällen des § 130 Abs. 1[1] ist zur Löschung einer Hypothek, einer Grundschuld oder einer Rentenschuld, im Falle des § 128 zur Eintragung des Vorranges einer Sicherungshypothek[2] die Vorlegung des über das Recht ertheilten Briefes nicht erforderlich.[3]

I 174; M. 310; II. 131. — Pr. §§ 122 1, 124 2.

1. nicht aber auch in den Fällen des § 130 2; für welche die §§ 42—44 GBO. zur Anwendung gelangen.

2. Die Sicherungshypothek wird an der nächst offenen Stelle, also hinter den bestehen bleibenden Hypotheken 2c. eingetragen. Soweit sie aber Ansprüche betrifft, die den bestehen bleibenden Hypotheken (nach § 10) vorgehen, muß gleichzeitig dieser Vorrang eingetragen werden.

3. II. § 131 enthielt in Abs. 1 die Vorschrift, daß dem Grundbuchamte mit dem Ersuchen eine Ausfertigung des Zuschlagsbeschlusses und des Protokolls über den Versteigerungstermin übersendet werden solle. Der Satz ist von der Reichstagskommission gestrichen, um zum Ausdruck zu bringen, daß das Grundbuchamt die Grundlagen des Ersuchens nicht zu prüfen habe (§ 39 GBO.).

Vollstreckbarkeit des Anspruchs aus der Sicherungshypothek.

§ 132. Nach der Ausführung des Theilungsplans ist die Forderung gegen den Ersteher und im Falle des § 81 Abs. 4 auch gegen den für mithaftend erklärten Meistbietenden,[1] der Anspruch aus der Sicherungshypothek gegen den Ersteher und jeden späteren Eigenthümer[2] vollstreckbar. Diese Vorschrift findet keine Anwendung, soweit der Ersteher einen weiteren Betrag nach den §§ 50, 51 zu zahlen hat.[3]

Die Zwangsvollstreckung[4] erfolgt auf Grund einer vollstreckbaren Ausfertigung des Beschlusses, durch welchen der Zuschlag ertheilt ist.[5] In der Vollstreckungsklausel[6] ist der Berechtigte[7] sowie der Betrag der Forderung anzugeben; der Zustellung einer Urkunde über die Uebertragung der Forderung bedarf es nicht.

I 178; M. 312—314; II. 132. — Pr. §§ 128, 129. — B. I Art. 121 3. — S. § 158.

1. Nach Art. 10 2 Pr. AG.ZVG. (s. zu § 69 A. 5) auch gegen den für mithaftend erklärten Bürgen.

2. Die Sicherungshypothek begründet einen dinglichen Anspruch, der in seiner Wirksamkeit durch den Eigenthumswechsel nicht beeinträchtigt wird; dem neuen Eigenthümer war die Vollstreckbarkeit durch den Eintragungsvermerk bekannt (§ 130 1 Schlußsatz).

3. Vgl. zu § 125 A. 1—3.

4. wegen der persönlichen Forderung gegen den Ersteher und den für mithaftend erklärten Meistbietenden (und Bürgen) nach den Vorschriften der CPO.; wegen des dinglichen Anspruchs aus der Sicherungshypothek nach diesem Gesetz. S. auch § 133.

5. §§ 724, 727 CPO. 6. § 725 CPO.

7. wegen des Ueberschusses ist dies der Schuldner.

§ 133. Die Zwangsvollstreckung in das Grundstück ist gegen den Ersteher ohne Zustellung des vollstreckbaren Titels oder der nach § 132 ertheilten Vollstreckungsklausel zulässig;[1] sie kann erfolgen, auch wenn der Ersteher noch nicht als Eigenthümer eingetragen ist.[2] Der Vorlegung des im § 17 Abs. 2 bezeichneten Zeugnisses bedarf es nicht, solange das Grundbuchamt noch nicht um die Eintragung ersucht ist.

I 179; M. 314; II. 133 D. 61. — Pr. §§ 128, 129.

1. Abweichung von § 750 CPO. — Gegen den späteren Eigenthümer bedarf es solcher Zustellung; ebenso bedarf es derselben gegen den Ersteher, wenn die Zwangsvollstreckung in dessen bewegliches Vermögen erfolgen soll (§ 132 A. 4).

2. Abweichung von § 17.

Behandlung der Forderung gegen den Dritten im Falle des § 61.

§ 134. Im Falle des § 61 tritt für das Vertheilungsverfahren an die Stelle der Forderung gegen den Ersteher die Forderung gegen den für zahlungspflichtig erklärten Dritten. Wird von dem Dritten die ihm obliegende Zahlung im Vertheilungstermine bewirkt, so ist für seine Forderung gegen den Ersteher[1] eine Sicherungshypothek an dem versteigerten Grundstück einzutragen. Auf die Hypothek finden die Vorschriften des § 128 Abs. 3 Satz 1, des § 130 Abs. 1 und des § 132 entsprechende Anwendung.[2]

I 180; M. 314; II. 134.

1. § 61 Schlußsatz.

2. Der zweite und dritte Satz sind von der Reichstagskommission hinzugefügt. (KB. S. 34.) — Vgl. auch zu § 130 A. 8.

Ermittelung des unbekannten Berechtigten.

§ 135. Ist für einen zugetheilten Betrag die Person des Berechtigten unbekannt,[1] so hat das Vollstreckungsgericht zur Ermittelung des Berechtigten einen Vertreter zu bestellen.[2] Die Vorschriften des § 7 Abs. 2 finden entsprechende Anwendung. Die Auslagen und Gebühren des Vertreters sind aus dem zugetheilten Betrage vorweg zu entnehmen.

I 182; M. 316; II. 135. — Pr. § 131.

1. § 126. 2. S. auch § 138 und § 157 2.

Kraftloserklärung des Hypothekenbriefes.

§ 136. Ist der Nachweis des Berechtigten von der Beibringung des Briefes über eine Hypothek, Grundschuld oder Rentenschuld abhängig,[1] so kann der Brief im Wege des Aufgebotsverfahrens[2] auch dann für kraftlos erklärt werden,[3] wenn das Recht bereits erlöscht ist.[4] [5]

I 183 2; M. 317; II. 136. — Pr. § 132 Satz 2.

1. § 126.

2. nach §§ 1003 ff. CPO.; s. auch §§ 1020, 1024 CPO. — s. auch § 12 EG. — und für Preußen Art. 1 Nr. IV Pr. AG.CPO., wonach an die Stelle der §§ 20—22 des Pr. AG. zur Deutschen Civilprozeßordnung

vom 24. März 1879 (GS. S. 281) die dort angegebenen Vorschriften treten. Durch Art. 7 a. a. O. ist der Justizminister ermächtigt worden, den Text des gedachten preußischen Ausführungsgesetzes, wie er sich aus den Anordnungen des Art. 1 ergiebt, unter fortlaufender Nummerfolge der Paragraphen bekannt zu machen. Die Bekanntmachung ist unter dem 6. Oktober 1899 erfolgt (GS. S. 325, 388). Danach lauten die betr. Bestimmungen im Pr. AG.CPO. wie folgt:

§ 9. Bei Aufgeboten, welche auf Grund des § 1162 des Bürgerlichen Gesetzbuchs oder des § 136 des Reichsgesetzes über die Zwangsversteigerung und die Zwangsverwaltung vom 24. März 1897 ergehen, erfolgt die Veröffentlichung des Aufgebots, des Ausschlussurtheils und des im § 1017 Abs 3 der Civilprozessordnung bezeichneten Urtheils in der im § 7 Abs. 1 bestimmten Art.

Die Aufgebotsfrist (§§ 1014, 1015 der Civilprozessordnung) muss mindestens drei Monate betragen. Die Vorschriften des § 7 Abs. 3 finden Anwendung.

§ 7 Abs. 3. Unterbleibt die Bekanntmachung des Aufgebots im Deutschen Reichsanzeiger, so beginnt die Aufgebotsfrist mit der ersten Einrückung in den öffentlichen Anzeiger des Amtsblatts. Diese Einrückung tritt in dem bezeichneten Falle bei Anwendung des § 1014 der Civilprozessordnung an die Stelle der Einrückung in den Reichsanzeiger.

3. § 1162 BGB. — Einer Erneuerung des Briefes (§ 67 GBO.) bedarf es zur Legitimationsführung nicht. (Vgl. § 42 2 GBO.)

4. was ohne Vorlegung des Briefes geschehen kann (§ 131).

5. Vgl. auch § 157 2.

Nachträgliche Ermittelung des Berechtigten.

§ 137. Wird der Berechtigte nachträglich ermittelt,[1] so ist der Theilungsplan weiter auszuführen.[2]

Liegt ein Widerspruch gegen den Anspruch vor,[3] so ist derjenige, welcher den Widerspruch erhoben hat, von der Ermittelung des Berechtigten zu benachrichtigen. Die im § 878 der Civilprozeßordnung bestimmte Frist zur Erhebung der Klage beginnt mit der Zustellung der Benachrichtigung.[4]

I 183 1, 3; M. 317; II. 137. — Pr. § 132 1 Satz 1 und § 132 2.

1. nach § 135, bez. wird die Kraftloserklärung des Briefes vorgelegt (§ 136).

2. durch Auszahlung des hinterlegten Betrages § 117 bez. Umwandlung der bedingten Uebertragung in eine unbedingte und nöthigenfalls durch Berichtigung des Grundbuchs (§§ 126, 130).

3. § 115. 4. Vgl. auch § 157 2.

Ermächtigung zum Aufgebot des unbekannten Berechtigten.

§ 138. Wird der Berechtigte nicht vor dem Ablaufe von drei Monaten seit dem Vertheilungstermin ermittelt,[1] so hat auf Antrag das Gericht den Betheiligten, welchem der Betrag anderweit zugetheilt ist,[2] zu ermächtigen, das Aufgebotsverfahren zum Zwecke der Ausschließung des unbekannten Berechtigten von der Befriedigung aus dem zugetheilten Betrage zu beantragen.[3]

Wird nach der Ertheilung der Ermächtigung der Berechtigte ermittelt, so hat das Gericht den Ermächtigten hiervon zu benachrichtigen.[4] Mit der Benachrichtigung erlischt die Ermächtigung.[5]

I 184, 185 2; M. 317, 318; II. 138. — Pr. § 133.

1. nach § 135; bez. wird bis dahin nicht die Kraftloserklärung des Briefes (§ 136) beigebracht.

2. § 126.

3. Vgl. § 12 EG. und für Preußen:

Pr. AG.ZVG. Art. 14. In dem Aufgebotsverfahren zum Zwecke der Ausschliessung eines unbekannten Berechtigten von der Befriedigung aus einem zugetheilten Betrag erfolgt die öffentliche Bekanntmachung des Aufgebots nach den für die öffentliche Bekanntmachung eines Versteigerungstermins geltenden Vorschriften.[a]

Die Aufgebotsfrist muss mindestens drei Monate betragen.

a. Handelt es sich um einen geringfügigen Betrag, so findet § 89₂ entsprechende Anwendung.

4. s. jedoch zu § 139 A. 2.

5. Vgl. auch § 157 2.

§ 139. Das Gericht kann im Falle der nachträglichen[1] Ermittelung des Berechtigten zur weiteren Ausführung des Theilungsplans einen Termin bestimmen.[2] Die Terminsbestimmung ist dem Berechtigten und dessen Vertreter, dem Betheiligten, welchem der Betrag anderweit zugetheilt ist,[3] und demjenigen zuzustellen, welcher zur Zeit des Zuschlags Eigenthümer des Grundstücks war.

Liegt ein Widerspruch gegen den Anspruch vor, so erfolgt die Zustellung der Terminsbestimmung auch an denjenigen, welcher den Widerspruch erhoben hat. Die im § 878 der Civilprozeßordnung bestimmte Frist zur Erhebung der Klage beginnt mit dem Termine.[4] [5]

I 185 1, 3; M. 318, 319; II. 139. — Pr. § 134.

1. d. h. nach Ertheilung der Ermächtigung (§ 138 2).

2. Die Anberaumung des Termins steht im Ermessen des Gerichts, welches dann die Benachrichtigung nach § 138 2 zu unterlassen hat; denn der Termin soll gerade den Betheiligten Gelegenheit geben, sich darüber zu äußern, ob der Ermittelte auch wirklich der Benachrichtigte ist.

3. § 126.

4. sowohl für einen im ersten Vertheilungstermin erfolgten, „vorliegenden" (Satz 1) Widerspruch; als für einen im neuen Termin erhobenen Widerspruch.

5. Vgl. auch § 157 2.

Aufgebotsverfahren.

§ 140. Für das Aufgebotsverfahren[1] ist das Vollstreckungsgericht zuständig.

Der Antragsteller[2] hat zur Begründung des Antrags die ihm bekannten Rechtsnachfolger desjenigen anzugeben, welcher als letzter Berechtigter ermittelt ist.

In dem Aufgebot ist der unbekannte Berechtigte aufzufordern, sein Recht spätestens im Aufgebotstermin anzumelden, widrigenfalls seine Ausschließung von der Befriedigung aus dem zugetheilten Betrag erfolgen werde.

Das Aufgebot ist demjenigen, welcher als letzter Berechtigter ermittelt ist, den angezeigten Rechtsnachfolgern sowie dem Vertreter des unbekannten Berechtigten zuzustellen.

Eine im Vollstreckungsverfahren erfolgte Anmeldung gilt auch für das Aufgebotsverfahren.

Der Antragsteller kann die Erstattung der Kosten des Verfahrens aus dem zugetheilten Betrage verlangen.[3]

I 186; M. 186; II. 140 D. 63. — Pr. § 140.

1. Das Aufgebotsverfahren erfolgt nach §§ 946 ff. CPO., s. unten § 12 EG. und über die Bekanntmachung des Aufgebots, sowie die Aufgebotsfrist Art. 14 Pr. AG. ZVG. (zu § 138 A. 3).

2. Antragsteller ist der Betheiligte, welchem der Betrag anderweit zugetheilt ist (§ 126); der indeß der Ermächtigung des Vollstreckungsgerichts bedarf (§ 138).

3. Vgl. auch § 157 2.

Neuer Termin zur Ausführung.

§ 141. Nach der Erlassung des Ausschlußurtheils hat das Gericht einen Termin zur weiteren Ausführung des Theilungsplans[1] zu bestimmen. Die Terminsbestimmung ist dem Antragsteller[2] und den Personen, welchen Rechte in dem Urtheile vorbehalten sind, dem Vertreter des unbekannten Berechtigten sowie demjenigen zuzustellen, welcher zur Zeit des Zuschlags Eigenthümer des Grundstücks war.[3]

I 187; M. 320; II. 141. — Pr. § 136.

1. Die Anberaumung des Termins hat ohne besonderen Antrag zu erfolgen.
2. des Aufgebotsverfahrens (§ 140 2).
3. Vgl. auch § 157 2.

Verjährung der Rechte auf die hinterlegten Beträge.

§ 142. In den Fällen des § 117 Abs. 2 und der §§ 120, 121, 124, 126 erlöschen die Rechte auf den hinterlegten Betrag mit dem Ablaufe von dreißig Jahren, wenn nicht der Empfangsberechtigte sich vorher bei der Hinterlegungsstelle meldet;[1] derjenige, welcher zur Zeit des Zuschlags Eigenthümer des Grundstücks war,[2] ist zur Erhebung berechtigt. Die dreißigjährige Frist beginnt mit der Hinterlegung, in den Fällen der §§ 120, 121 mit dem Eintritte der Bedingung, unter welcher die Hinterlegung erfolgt ist.[3] [4]

II. 142 D. 63.

1. §§ 382, 1171 3 BGB.
2. Vgl. zu § 117 A. 2.
3. Vgl. auch § 157 2.
4. Ueber das Aufgebot eines nach dem § 117 2 und den §§ 120, 121, 124, 126 hinterlegten Betrages s. §§ 58 b, 61 3, 64 der preuß. Hinterlegungsordnung in der Fassung des Art. 84 XI—XIII Pr. AG.BGB.

Außergerichtliche Vertheilung des Erlöses.[1]

§ 143. Die Vertheilung des Versteigerungserlöses durch das Gericht findet nicht statt, wenn dem Gerichte durch öffentliche[2] oder öffentlich beglaubigte[3] Urkunden nachgewiesen wird, daß sich die Betheiligten[4] über die Vertheilung des Erlöses geeinigt haben.

II. 143 D. 63.

1. „Die Vorschriften der §§ 143—145 sind dem in Bayern (Ges. v. 23. Febr. 1879, Art. 95, 96 und vom 29. Mai 1886, Art. 32) und Mecklenburg (Ver. v. 24. Mai 1879 §§ 72, 73) geltenden Rechte nachgebildet." Das außergerichtliche Vertheilungsverfahren werde dort häufig angewendet, erleichtere den Geschäftsbetrieb der Gerichte und ermögliche den Betheiligten eine einfachere, billigere und schnellere Ausführung der Vertheilung (D. 63).

2. § 415 CPO.

3. § 129 BGB., § 183 FrwG.

4. §§ 9, 26, 128 2, 142, vgl. zu § 117 A. 2, 105 2 Satz 2 (§ 145).

§ 144. Weist der Ersteher oder im Falle des § 61 der für zahlungspflichtig erklärte Dritte dem Gerichte durch öffentliche[1] oder öffentlich beglaubigte[2] Urkunden nach, daß er diejenigen Berechtigten, deren Ansprüche durch das Gebot gedeckt sind, befriedigt hat[3] oder daß er von ihnen als alleiniger Schuldner angenommen ist,[4] so sind auf Anordnung des Gerichts die Urkunden nebst der Erklärung des Erstehers oder des Dritten zur Einsicht der Betheiligten auf der Gerichtsschreiberei niederzulegen. Die Betheiligten[5] sind von der Niederlegung zu benachrichtigen und aufzufordern, Erinnerungen binnen zwei Wochen geltend zu machen.

Werden Erinnerungen nicht innerhalb der zweiwöchigen Frist erhoben, so beschränkt sich das Vertheilungsverfahren auf die Vertheilung des Erlöses aus denjenigen Gegenständen, welche im Falle des § 65 besonders versteigert oder anderweit verwerthet worden sind.[6]

II. 144.

1. § 415 CPO.
2. § 129 BGB., § 183 FrwG.
3. durch Baarzahlung oder in anderer Weise (§§ 107, 91 2, 3, 118); vertragsweise Uebertragung (Abtretung) der Forderung (des Schuldners) an den Ersteher tritt hier an Stelle der Uebertragung kraft Gesetzes § 118 A. 4). Der Nachweis erübrigt die Zahlung des baar zu zahlenden Erlöses an das Gericht (§ 107 2).
4. § 91 2, 3.
5. im Sinne des § 143.
6. § 107 1 Satz 2.

§ 145. Die Vorschriften des § 105 Abs. 2 Satz 2[1] und der §§ 127,[2] 130 bis 134[3 4 5] finden in den Fällen der §§ 143, 144 entsprechende Anwendung.

II. 145.

1. wonach als Betheiligte auch diejenigen gelten, die das angemeldete Recht noch glaubhaft zu machen haben.
2. über die Unbrauchbarmachung der Briefe über erloschene Hypotheken u. s. w. durch das Gericht; sowie die auf diese und die vorgelegten vollstreckbaren Titel durch das Gericht zu setzenden Vermerke.
3. über die Berichtigung des Grundbuchs auf Ersuchen des Gerichts u. s. w. (§§ 130, 131), welches mit dem Ersuchen die Verantwortung übernimmt, daß durch die Einigung der Betheiligten (§ 143) die Grundlage für die Vertheilung in gesetzlicher Weise geschaffen, und daß die Vertheilung demgemäß unter Berücksichtigung der gesetzlichen Vorschriften ausgeführt ist (§ 144). Das

Grundbuchamt hat auch in diesem Falle mit der Prüfung der Gesetzmäßigkeit des Ersuchens nichts zu thun (zu § 131 A. 2).

4. über die Vollstreckbarkeit der Forderung gegen den Ersteher und des Anspruchs aus der Sicherheitshypothek u. s. w. und die Zwangsvollstreckung auf Grund einer vollstreckbaren Ausfertigung des Zuschlagsbescheides (§§ 132, 133).

5. Die entsprechende Anwendung des § 134 ergiebt, daß im Falle des § 61 auch für das außergerichtliche Vertheilungsverfahren die Forderung gegen den für zahlungspflichtig erklärten Dritten an die Stelle der Forderung gegen den Ersteher tritt.

Dritter Titel.

Zwangsverwaltung.

Anordnung.

§ 146. Auf die Anordnung der Zwangsverwaltung[1] finden die Vorschriften über die Anordnung der Zwangsversteigerung[2] entsprechende Anwendung, soweit sich nicht aus den §§ 147 bis 151 ein Anderes ergiebt.[3]

Von der Anordnung sind nach dem Eingange der im § 19 Abs. 2 bezeichneten Mittheilungen des Grundbuchamts die Betheiligten zu benachrichtigen.[4] [5]

I 189; M. 323; II. 146 D. 63. — Pr. 139 1, 140. — S. § 183.

1. neben den unverändert zur Anwendung gelangenden abgemeinen Bestimmungen §§ 1—14.

2. §§ 15—27; insbesondere Gericht § 15, Antrag und Anlagen §§ 16—18 (dazu § 147), Vermerkung und Mittheilung des Grundbuchamts § 19 (dazu § 146 2), Beschlagnahme §§ 20—25 (dazu § 148—151, welche den § 24 außer Kraft setzen und die übrigen Vorschriften modifiziren). — Vgl. auch §§ 156 2, 157 2, 158 3, 161 2.

3. Ueber die ausschließliche Zulässigkeit der Zwangsverwaltung bei landesgesetzlichen Revenüenhypotheken vgl. Art. 60 EG.BGB. — vgl. auch zu § 155 A. 4.

4. an Stelle der nach § 41 vorgeschriebenen Zustellung der Bestimmung des Versteigerungstermins.

5. In Preußen ist das Gesetz betr. die Zwangsvollstreckung aus Forderungen landschaftlicher (ritterschaftlicher) Kreditanstalten v. 3. Aug. 1897 (GS. S. 388) zu beachten. (Vgl. zu § 2 EG. A. 3.) — Soweit den gedachten Anstalten satzungsmäßig oder durch Kgl. Verordnung das Recht beigelegt ist, die beliehenen Grundstücke selbst in Zwangsverwaltung zu nehmen, erfolgt diese nach Maßgabe der Satzung. Die Einleitung einer Zwangsverwaltung durch die Anstalt ist ausgeschlossen, solange eine gerichtliche Zwangsverwaltung anhängig ist. Eine durch die Anstalt eingeleitete Zwangsverwaltung endet, wenn wegen des Anspruchs eines andern Gläubigers die gerichtliche Zwangsverwaltung angeordnet wird. Die Befugniß zur selbständigen Zwangsverwaltung beliehener Grundstücke kann auch den nach dem Inkrafttreten des BGB. begründeten Kreditanstalten beigelegt werden (§§ 1—3, 5, 6, 12, 13 a. a. O.).

§ 147. Wegen des Anspruchs aus einem eingetragenen Rechte[1] findet die Zwangsverwaltung auch[2] dann statt, wenn die Voraussetzungen des § 17 Abs. 1 nicht vorliegen, der Schuldner[3] aber das Grundstück im Eigenbesitze[4] hat.

Der Besitz ist durch Urkunden glaubhaft[5] zu machen, sofern er nicht bei dem Gericht offenkundig ist.[6]

I 190 1 Satz 1, 2, 3, Abs. 2; M. 323; II. 147 D. 64. — Pr. § 139 2.

1. im Gegensatze zu blos persönlichen Forderungen, bei denen lediglich § 17 gilt.

2. Abweichung bez. Erweiterung gegenüber § 17, nach welchem der Schuldner als Eigenthümer des Grundstücks eingetragen oder Erbe des eingetragenen Eigenthümers sein muß

3. d. h. der in dem vollstreckbaren Schuldtitel bezeichnete Schuldner. Aus einem gegen den Eigenthümer erlangten Titel kann auch nur gegen die als Eigenthümer bezeichnete Person die Zwangsverwaltung angeordnet werden. Ob im ersten Falle der Eigenthümer, im anderen der Besitzer dem Verfahren widersprechen kann, richtet sich nach § 771 CPO.

4. § 872 BGB. 5. § 294 CPO.

6. § 291 CPO.

§ 148. Die Beschlagnahme[1] des Grundstücks umfaßt auch die im § 21 Abs. 1, 2 bezeichneten Gegenstände.[2] Die Vorschrift des § 23 Abs. 1 Satz 2 findet keine Anwendung.[3]

Durch die Beschlagnahme wird dem Schuldner die Verwaltung und Benutzung[4] des Grundstücks entzogen.[5]

I 192 1—3; M. 324; II. 148 D. 64. — Pr. §§ 140, 143. — S. § 185.

1. Zu bewirken gemäß § 22 oder gemäß § 151.

2. Abweichung vom Rechte der Zwangsversteigerung. Hier werden also sämmtliche Gegenstände von der Be-

schlagnahme ergriffen, welche nach § 865 CPO. (oben S. 4) die Zwangsvollstreckung in das unbewegliche Vermögen umfassen soll. — Vgl. zu § 21 A. 8.

3. Zu § 23 A. 2.

4. Ausnahme in § 149 1; dagegen ist § 24 bei der Zwangsverwaltung unanwendbar.

5. welche nunmehr auf den Verwalter übergeht. Vgl. § 152.

Wohnungsräume des Schuldners.

§ 149. Wohnt der Schuldner zur Zeit der Beschlagnahme auf dem Grundstücke, so sind ihm[1] die für seinen Hausstand unentbehrlichen[2] Räume[3] zu belassen.[4]

Gefährdet der Schuldner oder ein Mitglied seines Hausstandes das Grundstück oder die Verwaltung, so hat auf Antrag das Gericht dem Schuldner die Räumung des Grundstücks aufzugeben.[5]

I 194; M. 327; II. 149 D. 64. — Pr. § 141. — B. I Art. 131. — S. § 191.

1. auch ohne Antrag.

2. nach dem Ermessen des Gerichts.

3. auch Hof- und Gartenräume.

4. selbst wenn sie für die Verwaltung erforderlich sein sollten.

5. Außerdem kann auch § 25 zur Anwendung gelangen.

Bestellung und Einsetzung des Verwalters.

§ 150. Der Verwalter wird von dem Gerichte[1] bestellt.[2]

Das Gericht hat dem Verwalter durch einen Gerichtsvollzieher oder durch einen sonstigen

Beamten[3] das Grundstück zu übergeben oder ihm die Ermächtigung zu ertheilen, sich selbst den Besitz zu verschaffen.[4 5]

I 193 1, 196 1; M. 325, 328; II. 150 D. 64. — Pr. § 142. — B. 1 Art. 29, 132 3, 134 Nr. 1, 135 2. — S. §§ 186, 189.

1 § 1.

2. Eine besondere „Verpflichtung" findet nicht statt. Auch erhält der Verwalter keine Bestallung.

3. Richter, Gerichtsschreiber.

4. Bedeutung des Besitzes für die Beschlagnahme in § 151.

5. In Preußen können die zur Zeit des Inkrafttretens des BGB. bestehenden landschaftlichen (ritterschaftlichen) Kreditanstalten auf Ersuchen des Gerichts die diesen in §§ 150, 153, 154 dieses Gesetzes zugewiesene Thätigkeit bezüglich land- und forstwirthschaftlicher Grundstücke übernehmen; es kann ihnen auch bezüglich der von ihnen beliehenen Grundstücke mit landesherrlicher Genehmigung durch Satzung ein Recht auf Ueberweisung dieser Thätigkeit beigelegt werden; — soweit ihnen solches Recht oder auch weitergehende Befugnisse verfassungs- oder satzungsmäßig zustehen, behält es dabei sein Bewenden (§§ 6, 12, 13 Ges. v. 3. Aug. 1897 betr. die Zwangsvollstreckung aus Forderungen landschaftlicher Kreditanstalten, GS. S. 388). — Vgl. auch zu § 146 A. 5, zu § 2 EG. A. 3 und Art. 34 Pr. AG.ZVG.

Beschlagnahme.

§ 151. Die Beschlagnahme wird auch[1] dadurch wirksam, daß der Verwalter nach § 150 den Besitz des Grundstücks erlangt.

Der Beschluß, durch welchen der Beitritt eines Gläubigers zugelassen wird,[2] soll dem Verwalter zugestellt werden;[3] die Beschlagnahme wird zu Gunsten des Gläubigers auch mit dieser Zustellung wirksam, wenn der Verwalter sich bereits im Besitze des Grundstücks befindet.

Das Zahlungsverbot an den Drittschuldner ist auch auf Antrag des Verwalters zu erlassen.[4]

I 192 4, 195; M. 325; II. 151 D. 64. — Pr. §§ 140 2, 143. — B. I Art. 7, 131.

1. neben der in § 22 vorgesehenen Art.
2. § 27. 3. Vgl. auch § 157 1. 4. § 22 2.

Verwaltung. 1. Stellung des Verwalters.*

§ 152. Der Verwalter hat das Recht und die Pflicht,[1] alle Handlungen[2] vorzunehmen, die erforderlich sind, um das Grundstück in seinem wirthschaftlichen Bestande zu erhalten und ordnungsmäßig zu benutzen;[3] er hat die Ansprüche, auf welche sich die Beschlagnahme erstreckt,[4] geltend zu machen und die für die Verwaltung entbehrlichen Nutzungen in Geld umzusetzen.

Ist das Grundstück vor der Beschlagnahme einem Miether oder Pächter überlassen,[5] so ist der Mieth- oder Pachtvertrag auch dem Verwalter gegenüber wirksam.[6]

I 193 2, Satz 2, 197; M. 326, 329; II. 152 D. 64. — Pr. §§ 142 3, 143. — B. I Art. 137. — S. § 190.

* Vgl. auch Art. 43 Pr. AG.ZVG. (unter IV).

1. Vgl. §§ 1627, 1793 BGB.

2. thatsächlicher oder rechtlicher Art, z. B. Abschluß neuer Miethsverträge oder Versicherungsverträge. — Haftbarkeit des Verwalters § 154.

3. auch Versicherungen zu nehmen nach Maßgabe des § 1045 BGB.

4. also auch Versicherungsgelder gemäß §§ 21, 148. Hauptsächlich aber handelt es sich um die gerichtliche oder außergerichtliche Einziehung der Einkünfte, zu welcher er an Stelle des Schuldners (nicht aber als dessen Vertreter) berechtigt ist.

5. § 571 BGB. Vgl. auch § 57. — Ist das Grundstück vor der Beschlagnahme dem Miether oder Pächter noch nicht überlassen, so ist der Mieth- oder Pachtvertrag dem Verwalter gegenüber nicht wirksam; weder kann der Miether oder Pächter von dem Verwalter die Ueberlassung des Grundstücks, noch dieser von jenem die Erfüllung drs Vertrages fordern.

6. Auch im Uebrigen kann der Verwalter nicht ohne Weiteres in die Rechtssphäre eines Dritten eingreifen. Der Verwalter hat andererseits alle aus dem Vertrage hervorgehenden Rechte des Schuldners, z. B. auf Räumung oder Kündigung wahrzunehmen.

2. Stellung des Gerichts.

§ 153. Das Gericht hat den Verwalter nach Anhörung des Gläubigers und des Schuldners[1] mit der erforderlichen Anweisung für die Verwaltung zu versehen,[2] die dem Verwalter zu gewährende Vergütung[3] festzusetzen und die Geschäftsführung zu beaufsichtigen; in geeigneten Fällen[4] ist ein Sachverständiger zuzuziehen.

Das Gericht kann dem Verwalter die Leistung einer Sicherheit[5] auferlegen, gegen ihn Ordnungsstrafen bis zu zweihundert Mark verhängen und ihn entlassen.[6 7]

I 196 2, 198 1; M. 328, 330; II. 153 D. 64. — Pr. § 144 1, 2. — B. I Art. 140, 142. — S. § 186 2, 3. 196 1.

1. obligatorisch.

2. Außerdem hat die Landesjustizverwaltung die Befugniß zum Erlaß allgemeiner Anordnungen. § 14 EG. Solche sind in Preußen in der Allg. Verf. v. 8. Dez. 1899 ergangen, s. S. 245.

3. nach freiem Ermessen, soweit nicht die Landesjustizverwaltung eine Anordnung nach § 14 EG. erlassen hat.

4. nach dem Ermessen des Gerichts.

5. Vgl. § 154.

6. Die vorherige Anhörung des Verwalters ist nicht obligatorisch. Vgl. auch §§ 78, 84 KO.

7. Wegen der Befugnisse der Kreditanstalten in Preußen s. zu § 150 A. 5.

3. Verantwortlichkeit und Rechnungslegung des Verwalters.

§ 154. Der Verwalter ist für die Erfüllung der ihm obliegenden Verpflichtungen allen Betheiligten gegenüber verantwortlich.[1] Er hat dem Gläubiger und dem Schuldner jährlich und nach der Beendigung der Verwaltung Rechnung zu legen. Die Rechnung ist dem Gericht einzureichen und von diesem dem Gläubiger und dem Schuldner vorzulegen.[2 3]

I 199; M. 331; II. 154 D. 64. — Pr. § 144 3, 4. — B. I Art. 134, 142, 156. — S. §§ 192, 196.

1. Haftung für jede Fahrlässigkeit. § 276 BGB.

2. Die Ertheilung der Entlastung ist Sache des Gläubigers und des Schuldners, nicht des Gerichts. Zur Vorlegung ist Anberaumung eines Termins nicht unbedingt erforderlich.

3. Wegen der Befugnisse der Kreditanstalten in Preußen s. § 150 A. 5.

Vertheilung der Nutzungen. 1. Grundsätze, Recht auf Befriedigung.

§ 155. Aus den Nutzungen des Grundstücks sind die Ausgaben der Verwaltung[1] sowie die Kosten des Verfahrens mit Ausnahme derjenigen, welche durch die Anordnung des Verfahrens oder den Beitritt eines Gläubigers entstehen,[2] vorweg zu bestreiten.

Die Ueberschüsse werden auf die im § 10 Nr. 1 bis 5 bezeichneten Ansprüche vertheilt, auf die Ansprüche der zweiten, dritten und vierten Klasse jedoch nur insoweit, als laufende Beträge wiederkehrender Leistungen zu berichtigen sind.[3 4]

I 200 1, 2; M. 331; II. 155 D. 65. — Pr. §§ 147, 148. — B. I Art. 151. — S. § 194.

1. welche sich gemäß §§ 152, 153 als solche darstellen — Vgl. auch Art. 12 Pr. AG.ZVG. zu § 10 A. 5.

2. Diese fallen zunächst dem Gläubiger zur Last, der sie gemäß §§ 10 2, 12 mit dem Range des Hauptanspruchs, aber vor demselben, erhält. (Vgl. auch zu § 109 A. 2, 3.)

3. Dagegen erhalten die betreibenden Gläubiger auch ihre Kapitalforderungen, aber nur an der durch § 10 Nr. 5 bestimmten Stelle, selbst wenn die nach § 10 Nr. 4 hinsichtlich der wiederkehrenden Leistungen zu befriedigen-

den Gläubiger ihnen im Range nachstehen. — Die unter § 10 Nr. 6—8 genannten Ansprüche kommen bei der Zwangsverwaltung überhaupt nicht in Betracht (§ 161 2). Einen etwaigen Ueberschuß würde der Schuldner erhalten.

4. Bei s. g. Revenüenhypotheken (Art. 60 EG. BGB.) verordnet

Pr. AG.ZVG. Art. 13. Ist bei der Vertheilung eines im Zwangsverwaltungsverfahren erzielten Ueberschusses ein Anspruch aus einem eingetragenen Rechte zu berücksichtigen, wegen dessen der Berechtigte Befriedigung aus dem Grundstücke lediglich im Wege der Zwangsverwaltung suchen kann, so ist in den Theilungsplan der ganze Betrag des Anspruchs aufzunehmen.

Pr. § 147_2.

2. Verfahren. a) Theilungsplan.

§ 156. Die laufenden Beträge der öffentlichen Lasten [1] sind von dem Verwalter ohne weiteres Verfahren [2] zu berichtigen.

Ist zu erwarten, daß auch auf andere Ansprüche Zahlungen geleistet werden können, so wird nach dem Eingange der im § 19 Abs. 2 bezeichneten Mittheilungen des Grundbuchamts [3] der Vertheilungstermin bestimmt.[4] In dem Termine wird der Theilungsplan für die ganze Dauer des Verfahrens aufgestellt.[5] Die Terminsbestimmung ist den Betheiligten sowie dem Verwalter zuzustellen.[6] Die Vorschriften des § 105 Abs. 2 Satz 2,[7] des § 113 Abs. 1 [8] und der §§ 114,[9] 115,[10] 124,[11] 126 [12] finden entsprechende Anwendung.

I 200 2, 201, 202 2 Satz 1 Abs. 4; M. 331—335; II. 156 D. 65. — Pr. §§ 148 2, 149. — B. I Art. 146 bis 149, 154, 155.

1. § 10 Nr. 3.
2. also auch ohne jede gerichtliche Mitwirkung.
3. und nach weiterem Eingang einer entsprechenden Anzeige des Verwalters über das Vorhandensein genügender Einkünfte.
4. Entsprechend dem § 105.
5. Ergänzung nach § 157 1.
6. Diese Bestimmung tritt hier an die Stelle des § 105 2 Satz 1.
7. über die Betheiligten. Abs. 3 und 4 des § 105 fallen weg, so daß insbesondere Anheftung an die Gerichtstafel nicht stattfindet. — §§ 107—112 sind nicht anwendbar.
8. Aufstellung des Plans. Für Abs. 2 des § 113 ist kein Raum.
9. Erforderniß der Anmeldung.
10. Verhandlung über den Plan, Behandlung der Widersprüche. Vgl. auch zu § 159 A. 2. — Ueber die Anwendung von § 117 s. § 158 3; §§ 116, 118—123, 125 sind hier nicht anwendbar.
11. Besondere Feststellung im Falle des Widerspruchs.
12. Unbekanntsein der Person des Berechtigten. Vgl. § 157 1.

b) Auszahlung.

§ 157. Nach der Feststellung des Theilungsplans hat das Gericht die planmäßige Zahlung [1] der Beträge an die Berechtigten anzuordnen; [2] die Anordnung ist zu ergänzen, wenn nachträglich der Beitritt eines Gläubigers zugelassen wird. [3] Die Auszahlungen erfolgen zur Zeit ihrer Fälligkeit durch den Verwalter,[4] soweit die Bestände hinreichen.

Im Falle der Hinterlegung eines zugetheilten Betrags für den unbekannten Berechtigten[5] ist nach den Vorschriften der §§ 135 bis 141 zu verfahren.[6] Die Vorschriften des § 142 finden Anwendung.

I 202 1, 2 Satz 2, Abs. 4; M. 334; II. 157 D. 66. — Pr. §§ 150 1, 151. — B. I Art. 155.

1. bezw. Hinterlegung § 126, zu § 156 A. 12.

2. also — außer ob Zahlung oder Hinterlegung — auch wohl Empfänger, Betrag, Fälligkeitstermin, Reihenfolge anzugeben. Diese Anordnung ist die Richtschnur für den Verwalter, von welcher er nicht abweichen darf.

3. § 151 2.

4. ohne gerichtliche Mitwirkung. Anders im Falle des § 150.

5. A. 1.

6. In Preußen findet wegen des Aufgebotsverfahrens zum Zwecke der Ausschließung eines unbekannten Berechtigten der Art. 14 Pr. AG.ZVG. Anwendung (s. zu § 138 A. 3).

c) Insbesondere eingetragene Kapitalforderungen.

§ 158. Zur Leistung von Zahlungen auf das Kapital einer Hypothek[1] oder Grundschuld[2] oder auf die Ablösungssumme einer Rentenschuld[3] hat das Gericht einen Termin zu bestimmen. Die Terminsbestimmung ist von dem Verwalter zu beantragen.[4]

Soweit der Berechtigte Befriedigung erlangt hat, ist das Grundbuchamt von dem Gericht um die Löschung des Rechtes zu ersuchen. Eine Ausfertigung des Protokolls ist beizufügen; die Vorlegung des über das Recht ertheilten Briefes ist zur Löschung nicht erforderlich.[5]

Im Uebrigen finden die Vorschriften der §§ 117, 127 entsprechende Anwendung.

I 203; M. 336; II. 158 D. 66. — Pr. § 152.

1. §§ 1113 ff. BGB. 2. § 1191 BGB.
3. § 1199 BGB.
4. sobald, bei Berücksichtigung von A. 3 zu § 155, eine Zahlung auf Kapital möglich ist.
5. Entsprechend den §§ 130, 131.

d) Aenderung des Theilungsplans.

§ 159. Jeder Betheiligte kann eine Aenderung des Theilungsplans im Wege der Klage erwirken, auch wenn er Widerspruch gegen den Plan nicht erhoben hat.[1]

Eine planmäßig geleistete Zahlung kann auf Grund einer späteren Aenderung des Planes nicht zurückgefordert werden.[2]

I 202 3; M. 335; II. 159 D. 65. — Pr. § 149 3.

1. Mit Rücksicht auf § 156 2 Satz 2. Weil der Plan auch für die Zukunft, so lange die Zwangsverwaltung dauert, maßgebend sein soll, kann die Zulässigkeit einer späteren Aenderung nicht von der Erhebung eines Widerspruchs abhängig gemacht werden.

2. § 878 2 CPO., der gemäß §§ 115, 156 anwendbar ist, wird aber nicht berührt.

e) Außergerichtliche Vertheilung.

§ 160. Die Vorschriften der §§ 143 bis 145 über die außergerichtliche Vertheilung finden entsprechende Anwendung.

II. 160.

Aufhebung der Zwangsverwaltung.

§ 161. Die Aufhebung des Verfahrens erfolgt[1] durch Beschluß des Gerichts.

Das Verfahren ist aufzuheben, wenn der Gläubiger befriedigt ist.

Das Gericht kann die Aufhebung anordnen, wenn die Fortsetzung des Verfahrens besondere Aufwendungen erfordert und der Gläubiger den nöthigen Geldbetrag nicht vorschießt.[2]

Im Uebrigen finden auf die Aufhebung des Verfahrens die Vorschriften der §§ 28, 29, 32, 34 entsprechende Anwendung.[3 4 5]

I 205; M. 337; II. 161 D. 66. — Pr. § 154. — B. I Art. 156. — S. § 198.

1. in allen Fällen, insbesondere auch wenn die Zwangsverwaltung mit der Veräußerung des Grundstücks im Wege der Zwangsversteigerung ihr Ende erreicht; jedoch ist die Zwangsverwaltung in diesem Falle erst aufzuheben, wenn sämmtliche vor dem Zuschlage gezogenen Nutzungen verwerthet und vertheilt sind. Sind an der Vertheilung dieselben Personen betheiligt, wie beim Versteigerungserlöse, so kann das Gericht nach seinem Ermessen die beiden Vertheilungen derart mit einander verbinden, daß in dem einen Verfahren auf das andere Rücksicht genommen wird (D. 66).

2. Vgl. § 25.

3. Außerdem (Abs. 2—4; vgl. zu Abs. 4 auch zu § 28 A. 3) ist das Verfahren aufzuheben, wenn das Grundstück im Wege der Zwangsversteigerung veräußert ist und die vor dem Zuschlage gezogenen Nutzungen verwerthet und vertheilt sind (s. A. 1). Aehnlich liegt es bei dem Eigenthumsverlust durch Enteignung oder Zusammenlegung (Art. 109, 113 EG.BGB.).

4. Einstweilige Einstellung gemäß §§ 30, 31 findet nicht statt.

5. Die §§ 32, 34 betreffen die Zustellung des Aufhebungsbeschlusses und die Löschung des Vermerks im Grundbuche.

Zweiter Abschnitt.

Zwangsversteigerung von Schiffen im Wege der Zwangsvollstreckung.

I. Inländische Schiffe.

§ 162. Auf die Zwangsversteigerung [1] eines im Schiffsregister eingetragenen [2] Schiffes [3] finden die Vorschriften des ersten Abschnitts [4] entsprechende Anwendung, soweit sich nicht aus den §§ 163 bis 170 ein Anderes ergiebt.[4] [5] [6]

I 206, 207; M. 338; II 162 D. 66. — Pr. § 156, 163, 171, 176.

1. Zwangsverwaltung ist hier ausgeschlossen. (§ 870 2 CPO., oben S. 7.)

2. Nur inländische Schiffe können eingetragen werden Vgl. A. 3. Für ausländische gilt § 171.

3. Zur Seefahrt (Kauffahrteischiff § 474 HGB., RG. v. 25. Okt. 1867) oder zur Binnenschiffahrt (§§ 120—130 RG. v. 15. Juni 1895; neue Fassung. Bek. des Reichskanzlers v. 20. Mai 1898, RGB. S. 369; 868 ff.). Für beide gelten hinsichtlich der Verpfändung §§ 1259—1271 BGB. Den Vorrang aber haben die Rechte der Schiffsgläubiger für die Seefahrt §§ 754—777 HGB. und für die Binnenschiffahrt §§ 102—117 RG. v. 15. Juni 1895. Die Befriedigung beider Arten von Pfandgläubigern kann ebenso wie die persönlicher Gläubiger nur im Wege der Zwangsvollstreckung erfolgen (§ 1268 BGB., § 761 HGB., § 103 RG. v. 15. Juni 1895).

4. §§ 1—145. — Vgl. über die entsprechende Anwendung die Anmerkungen zu §§ 163—170.

5. Die für die Zwangsvollstreckung dem Hauptgegenstande hinzutretenden Gegenstände ergeben sich aus § 865 CPO. (oben S. 4) in Verbindung mit § 1265 BGB. und § 478 HGB. § 21 ist nicht anwendbar. Das Pfandrecht der Schiffsgläubiger an der Fracht (§ 758 HGB., § 104 RG. v. 15. Juni 1895) ist im Wege der Zwangsvollstreckung in das bewegliche Vermögen zu verfolgen.

6. Für Antheile an dem Eigenthum eines eingetragenen Schiffes (Schiffsparten § 474 HGB. Vgl. auch den früheren § 137 RG. v. 15. Juni 1895) gilt der Abschnitt nicht. Schiffsparten unterliegen der Zwangsvollstreckung in das bewegliche Vermögen nach § 858 CPO.

1. Zuständigkeit, Schiffsregister, Betheiligte.

§ 163. Als Vollstreckungsgericht ist das Amtsgericht[1] zuständig, in dessen Bezirke sich das Schiff befindet.[2]

Für das Verfahren tritt an die Stelle des Grundbuchs[3] das Schiffsregister.[4 5]

Die Berufsgenossenschaft für die Unfallversicherung und die Versicherungsanstalt für die Invaliditäts- und Altersversicherung gelten als Betheiligte, auch wenn sie eine Forderung nicht angemeldet haben.[6]

I 208, 209, 213 1, 3, 223 2; M. 339, 343, 349; II 163 D. 67. — Pr. §§ 155, 166—169.

1. bez. die in den Konsularbezirken und Schutzgebieten an dessen Stelle tretende Behörde.

2. die Bestimmung ersetzt den § 1. — Für § 2 ist kein Raum.

3. z. B. für § 9, 17, 19, 27, 28, 36, 37, 38, 114, 130.

4. RG. v. 25. Okt. 1867 und §§ 120—130 RG. v. 15. Juni 1895.

5. Zustellungen gemäß §§ 3—8.

6. § 86 2 RG. v. 13. Juli 1887, § 136 RG. v. 22. Juni 1889, § 754 Nr. 10 HGB., § 102 Nr. 6 RG. v. 15. Juni 1895. Diese Genossenschaft bez. Anstalt hat als Schiffsgläubigerin ein Pfandrecht an dem Schiff für ihre Forderungen. Sie erhält hier den Vorzug, daß sie ohne Anmeldung bei dem Verfahren zugezogen wird. — Im Uebrigen ergiebt die entsprechende Anwendung des § 9, daß betheiligt sind, außer dem betreibenden Gläubiger und dem Schuldner (A. 4 zu § 164), gemäß § 9 Nr. 1 die im Schiffsregister eingetragenen Pfandgläubiger, auch wenn sie Forderungen nicht angemeldet haben und gemäß § 9 Nr. 2 auf Anmeldung und Glaubhaftmachung auch die Schiffsgläubiger (§ 754 HGB., § 102 RG. v. 12. Juni 1895. Vgl. zu § 162 A. 3). — Das Recht auf Befriedigung und die Rangordnung richten sich unter Berücksichtigung der entsprechenden materiellen Bestimmungen (A. 3 zu § 162) nach §§ 10—14, wobei jedoch für § 10 Nr. 1 und 2 kein Raum ist.

2. Voraussetzungen der Anordnung.[1]

§ 164. Die Zwangsversteigerung darf, soweit sich nicht aus den Vorschriften des Handelsgesetzbuchs oder des Gesetzes, betreffend die privatrechtlichen Verhältnisse der Binnenschiffahrt, ein Anderes ergiebt, nur angeordnet werden, wenn der Schuldner das Schiff im Eigenbesitze[2] hat.[3] Die hiernach zur Begründung des Antrags auf Zwangsversteigerung erforderlichen Thatsachen sind durch Urkunden glaubhaft zu machen, soweit sie nicht bei dem Gericht offenkundig sind.[4] Dem Antrag auf Zwangsversteigerung ist ein Zeugniß der Registerbehörde über die Eintragung des Schiffes in das Schiffsregister beizufügen.[5]

I 24, 212; M. 340; II. 164 D. 67. — Pr. § 164. — Der § modifizirt die §§ 16, 17.

1. In erster Linie sind §§ 15—18 entsprechend anwendbar. Außerdem ist § 482 HGB. zu beachten:

„Die Zwangsversteigerung eines Schiffes im Wege der Zwangsvollstreckung darf nicht angeordnet werden, wenn das Schiff zum Abgehen fertig (segelfertig) ist. Auch darf ein segelfertiges Schiff nicht mit Arrest belegt werden.

Diese Vorschriften finden keine Anwendung, wenn die Schuld, wegen deren die Zwangsversteigerung oder der Arrest stattfinden soll, zum Behufe der bevorstehenden Reise eingegangen ist."

Die Bestimmung gilt gleichmäßig für persönliche Forderungen und dingliche Verhaftung.

2. § 872 BGB. Es erübrigt sich also der im § 17 1 geforderte Nachweis des Eigenthums (Rheder § 484 HGB. Schiffseigner §§ 1, 2 RG. v. 15. Juni 1895).

3. Nach Satz 1 können also neben dem Eigenbesitzer in Betracht kommen: der Schiffer (§§ 696, 751 ff., 761 2 HGB. — §§ 97 2, 103 3 RG. v. 15. Juni 1895), der Ausrüster (§ 510 HGB., § 2 RG. v. 15. Juni 1895) und ein dritter Besitzer (§ 755 HGB., § 103 2 RG. v. 15. Juni 1895). Bezüglich des Schiffers vgl. § 166.

4. entsprechend § 17 3.

5. entsprechend § 17 2. Auch hier dürfte Bezugnahme genügen, wenn das Vollstreckungsgericht zugleich Registerbehörde ist.

3. Bewachung und Verwahrung.

§ 165. Bei der Anordnung der Zwangsversteigerung[1] hat das Gericht[2] zugleich die Bewachung und Verwahrung des Schiffes anzuordnen.[3] Die Beschlagnahme[4] wird auch[5] mit der Vollziehung dieser Anordnung wirksam.[6]

I 215 1, 216; M. 344, 345; II. 165 D. 66. — Pr. §§ 163, 165.

1. § 15. Das Ersuchen gemäß § 19 geht an die Schiffsregisterbehörde (zu § 163 A. 4). Für Beitritt § 27. — Aufhebung und Einstellung gemäß §§ 28—34 nebst Ergänzungen.

2. ohne Antrag.

3. Diese Bewachung des Schiffes, welches im Hafen verbleiben muß, dauert fort bis zum Erwerb durch den Ersteher. (Vgl. aber § 170.) Der Gläubiger hat Kostenvorschuß zu leisten; der ihm bei der Vertheilung des Erlöses vorweg zu erstatten ist. (Vgl. zu § 109 A. 2). Auf das Verbleiben des Schuldners im Schiff finden §§ 24, 25 Anwendung.

4. §§ 20, 22, 23, 26.

5. neben der durch § 22 bestimmten Art.

6. Vgl. § 151 1.

4. Verfahren gegen den Schiffer.

§ 166. Ist gegen den Schiffer auf Grund eines vollstreckbaren Titels, der auch gegenüber dem Rheder oder Schiffseigner wirksam ist,[1] das Verfahren angeordnet, so wirkt die Beschlagnahme zugleich gegen den Rheder oder Schiffseigner.

Der Schiffer gilt in diesem Falle als Betheiligter nur so lange, als er das Schiff führt; ein neuer Schiffer gilt als Betheiligter, wenn er sich bei dem Gerichte meldet und seine Angabe auf Verlangen des Gerichts oder eines Betheiligten glaubhaft macht.[2] [3]

I 217 1; Abs. 2 Satz 1, Satz 2, Halbsatz 1; M. 345. II 166 D. 67. — Pr. §§ 166, 168.

1. Bei Seeschiffen gemäß §§ 696, 751, 761 HGB. — bei Binnenfahrzeugen § 97 2 RG. v. 15. Juni 1895 — s. auch zu § 164 A. 3).

2. gemäß § 9 Nr. 2.

3. Der Rheder ist gemäß § 9 als Betheiligter anzusehen, soweit er im Schiffsregister eingetragen ist oder sein Eigenthum gemeldet und auf Verlangen glaubhaft macht.

5. Bestimmung des Versteigerungs-Termins.[1]

a) Inhalt.

§ 167. Die Bezeichnung des Schiffes in der Bestimmung des Versteigerungstermins[2] soll nach dem Schiffsregister erfolgen.

Die Terminsbestimmung muß die Aufforderung an die Schiffsgläubiger und die sonstigen Berechtigten enthalten, ihre Rechte, soweit sie zur Zeit der Eintragung des Versteigerungsvermerkes aus dem Schiffsregister nicht ersichtlich waren, spätestens im Vertheilungstermin anzumelden, widrigenfalls die Rechte bei der Vertheilung des Versteigerungserlöses nicht berücksichtigt werden würden.[3]

I § 219; M. 346; II. 167 D. 66. — Pr. §§ 172, 173.

1. Die §§ 35—43 finden entsprechende Anwendung. Modifizirt werden § 37 durch § 167 und § 39 durch § 168.
2. § 37 Nr. 1.
3. An Stelle von § 37 Nr. 4.

b) **Bekanntmachung.**

§ 168. Befindet sich der Heimathshafen[1] oder Heimathsort[2] des Schiffes in dem Bezirk eines anderen Gerichts, so soll die Terminsbestimmung auch[3] durch das für Bekanntmachungen dieses Gerichts bestimmte Blatt bekannt gemacht werden.

Die im § 39 Abs. 2 vorgesehene Anordnung ist unzulässig.

I 220; M. 347; II. 168. — Pr. § 174

1. § 480 HGB., § 5 RG. v. 25. Okt. 1867.
2. §§ 6, 124 Nr. 4 RG. v. 15. Juni 1895.
3. Neben der Bekanntmachung nach § 39 1.

Berichtigung des Meistgebots.

§ 169. Die Vorschriften über das geringste Gebot finden keine Anwendung.[1] Das Meistgebot ist in seinem ganzen Betrage durch Zahlung zu berichtigen.[2]

Soweit die Berichtigung nicht im Vertheilungstermin[3] erfolgt, ist für die Forderung gegen den Ersteher ein Pfandrecht an dem Schiffe in das Schiffsregister einzutragen. Das Pfandrecht entsteht mit der Eintragung, auch wenn der Ersteher das Schiff inzwischen veräußert hat.[4] Im Uebrigen[5] finden die Vorschriften des Bürgerlichen Gesetzbuchs über das durch Rechtsgeschäft bestellte Pfandrecht an einem Schiffe Anwendung.[6]

I 221, 223 1, 3; M. 348, 349; II. 169 D. 67. — Pr. §§ 170, 177.

1. Dem Meistbietenden wird der Zuschlag ohne Rücksicht auf die Höhe seines Gebots ertheilt. Unanwendbar werden §§ 44—51, 53, 54, 64, modifizirt §§ 52, 59—63, 65, unberührt bleiben §§ 55—58. Durch die Zwangsversteigerung erlöschen gemäß §§ 52, 91 in Verbindung mit § 169 1 sämmtliche Pfandrechte, sowohl die der Schiffsgläubiger als auch die im Schiffsregister eingetragenen. Vgl. auch § 764 in Verbindung mit § 773 HGB. und § 110 in Verbindung mit § 114 RG. v. 15. Juni 1995. — Ausnahmsweise werden die Vorschriften über das geringste Gebot berücksichtigt bei der Aufhebung einer Gemeinschaft § 182 3.

2. soweit nicht gemäß §§ 60 ff. Zahlungsfristen als Versteigerungsbedingung festgestellt sind.

3. Auf die Vertheilung des Erlöses finden die §§ 105—145 entsprechende Anwendung. (Vgl. auch zu § 165 A. 3.) Die Anwendung wird ganz oder theilweise eingeschränkt, namentlich bei §§ 112, 118, 125, 127—132, 136.

4. Diese Vorschrift tritt an die Stelle der §§ 118; 128; § 108 bleibt unberührt.

5. d. h. mit der aus Satz 2 sich ergebenden Abweichung von § 1260 BGB.

6. §§ 1259—1291 BGB.

§ 170. An die Stelle der nach § 94 Abs. 1 zulässigen Verwaltung [1] tritt die gerichtliche Bewachung und Verwahrung des versteigerten Schiffes.

Das Gericht hat die [2] getroffenen Maßregeln aufzuheben, wenn der zu ihrer Fortsetzung erforderliche Geldbetrag nicht vorgeschossen wird.[3]

I 222; M. 348; II 170 D. 66. — Pr. § 175.

1. auf Antrag eines Betheiligten und für Rechnung des Erstehers. — Vgl. zu § 165 A. 3.

2. nach Abs. 1.

3. Im Uebrigen finden auf Versteigerung, Entscheidung über den Zuschlag und Beschwerde gegen diese Entscheidung die §§ 66—104 entsprechende Anwendung. Auch hier ist zu beachten, daß ein geringstes Gebot nicht in Frage kommt, namentlich bei §§ 66, 71, 83. Für § 77 2 ist kein Raum.

II. Ausländische Schiffe.

§ 171. Auf die Zwangsversteigerung eines ausländischen Schiffes, das, wenn es ein deutsches Schiff wäre, in das Schiffsregister eingetragen werden müßte,[1] finden die Vorschriften der §§ 162 bis 167, 169, 170 insoweit Anwendung, als sie nicht die Eintragung in das Schiffsregister voraussetzen.[2]

Die Terminsbestimmung[3] soll, soweit es ohne erhebliche Verzögerung des Verfahrens thunlich ist, auch den aus den Schiffspapieren ersichtlichen Schiffsgläubigern und sonstigen Betheiligten zugestellt und, wenn das Schiff im Schiffsregister eines fremden Staates eingetragen ist, der Registerbehörde mitgetheilt werden.[4]

Die Aufhebung der vom Gericht angeordneten Ueberwachung und Verwahrung des Schiffes[5] sowie die Uebergabe an den Ersteher[6] darf erst erfolgen, wenn die Berichtigung des Meistgebots oder die Einwilligung der Betheiligten nachgewiesen wird.[7]

II. 171 D. 68. — Pr. §§ 155, 156.

1. zu § 162 A. 2 und 3.

2. Das ausländische Schiffsregister wird nur insofern berücksichtigt, als die Mittheilung gemäß Abs. 2 erfolgt.

3. §§ 37, 167.

4. Um die an dem Schiffe bestehenden Rechte nach Möglichkeit berücksichtigen zu können.

5. Vgl. zu § 165 A. 3.

6. Modifikationen der §§ 93, 94.

7. Dagegen wird das in § 169 2 bestimmte Pfandrecht nicht begründet.

Dritter Abschnitt.

Zwangsversteigerung und Zwangsverwaltung in besonderen Fällen.

Vorbemerkung. Dieser Abschnitt betrifft solche Fälle, in denen reichsgesetzlich die Versteigerung oder die Verwaltung eines Vermögensgegenstandes im

Wege des rechtlichen Zwanges zugelassen wird, ohne daß eine Zwangsvollstreckung in diesen Gegenstand in Frage steht. (D.)

Auf Antrag des Konkursverwalters.

§ 172. Wird die Zwangsversteigerung oder die Zwangsverwaltung von dem Konkursverwalter beantragt,[1] so finden die Vorschriften des ersten und zweiten Abschnitts entsprechende Anwendung,[2] soweit sich nicht aus den §§ 173, 174 ein Anderes ergiebt.

I. 226; M. 356; II. 172 D. 69. — Pr. § 180. — B. I Art. 171. — S. § 179.

1. § 126 KO. — Wegen der Fortdauer eines von einem Gläubiger beantragten Verfahrens und der Unzulässigkeit eines solchen Antrages nach der Konkurseröffnung vgl. zu § 28 A. 3. Ist das Verfahren auf Antrag eines Gläubigers angeordnet, so findet auf den Antrag des Verwalters der § 27 Anwendung. Wegen der Fortdauer einer Zwangsversteigerung zur Deckung von Nachlaßverbindlichkeiten s. § 178 2.

2. Es fehlt in diesem Falle sowohl an dem betreibenden Gläubiger als an dem Schuldner im Sinne dieses Gesetzes. An die Stelle des vollstreckbaren Titels tritt der Nachweis, daß der Antragsteller Verwalter in dem Konkurse über das Vermögen desjenigen ist, gegen den eine Zwangsvollstreckung in die betreffende Sache gerichtet werden könnte.

§ 173. Der Beschluß, durch welchen das Verfahren angeordnet wird, gilt nicht als Beschlagnahme.[1] Im Sinne der §§ 13, 55 ist jedoch die

Zustellung des Beschlusses an den Konkursverwalter als Beschlagnahme anzusehen.[2]

I 227; M. 356; II. 69. — Pr. § 182. — B. I Art. 171.

1. Abweichung von § 20 mit Rücksicht darauf, daß der Gemeinschuldner bereits das Verfügungsrecht verloren hat (§§ 6, 7 KO.) und eine besondere Beschlagnahme gegen den Verwalter keinen Sinn hätte.

2. d. h. für die Bestimmung des Anfangstermins der laufenden Beträge bei wiederkehrenden Leistungen und des für den Umfang der Beschlagnahme erheblichen Zeitpunkts, s. auch § 176 und Art. 26 Pr. AG.ZVG.

§ 174. Hat ein Gläubiger für seine Forderung gegen den Gemeinschuldner[1] ein von dem Konkursverwalter anerkanntes[2] Recht auf Befriedigung aus dem Grundstücke, so kann er[3] bis zum Schlusse der Verhandlung im Versteigerungstermine verlangen, daß bei der Feststellung des geringsten Gebots nur die seinem Anspruche vorgehenden Rechte berücksichtigt werden;[4] in diesem Falle ist das Grundstück auch mit der verlangten Abweichung auszubieten.

I 228; M. 357; II. 174 D. 69. — Pr. § 183. — S. § 179 2, 3.

1. Der absonderungsberechtigte Gläubiger muß also eine persönliche Forderung gegen den Gemeinschuldner haben. Die Bestimmung soll die Anwendung der §§ 64, 153 KO. erleichtern.

2. Es genügt selbst ein Anerkenntniß durch schlüssiges Verhalten, also die Nichterhebung eines Widerspruchs gegen das Verlangen des Gläubigers.

3. ohne vollstreckbaren Titel und ohne betreibender Gläubiger zu werden.

4. An und für sich werden in entsprechender Anwendung des § 44 sämmtliche an dem Grundstücke bestehende Rechte bei der Feststellung des geringsten Gebots berücksichtigt.

Zur Deckung der Nachlaßverbindlichkeiten.

§ 175. Hat ein Nachlaßgläubiger für seine Forderung ein Recht auf Befriedigung aus einem zum Nachlasse gehörenden Grundstücke, so kann der Erbe nach der Annahme der Erbschaft die Zwangsversteigerung[1] des Grundstücks beantragen.[2] Zu dem Antrag ist auch jeder Andere berechtigt, welcher das Aufgebot der Nachlaßgläubiger beantragen kann.[3]

Diese Vorschriften finden keine Anwendung, wenn der Erbe für die Nachlaßverbindlichkeiten unbeschränkt haftet[4] oder wenn der Nachlaßgläubiger[5] im Aufgebotsverfahren ausgeschlossen ist[6] oder nach den §§ 1974, 1989 des Bürgerlichen Gesetzbuchs einem ausgeschlossenen Gläubiger gleichsteht.

II. 175 D. 70. — Pr. §§ 180, 182, 184.

1. Der Fall liegt außerhalb der Zwangsvollstreckung (Vorbemerkung zu diesem Abschnitt). Die Vorschriften der CPO. finden keine direkte Anwendung.

2. Ausnahmen in Abs. 2. — Diese Befugniß ergänzt das Recht des Erben, das Aufgebot der Nachlaßgläubiger zu beantragen (§§ 1970—1974 BGB.), insofern bei solchen persönlichen Gläubigern des Erblassers, welche zugleich ein dingliches Recht auf Befriedigung aus einem Nachlaßgrundstücke haben, das Maß der persönlichen Haftung des Erben sich erst erkennen läßt, wenn feststeht, ob und inwieweit der Gläubiger aus dem Grund-

stück befriedigt wird (vgl. § 1971 BGB.). — Dem Antrage soll nicht ensprochen werden, wenn Nachlaßkonkurs beantragt ist (§ 178).

3. Dieses Antragsrecht ist durch die §§ 991, 999 1000 CPO. geregelt, welche lauten:

§ 991. Antragsberechtigt ist jeder Erbe, sofern er nicht für die Nachlaßverbindlichkeiten unbeschränkt haftet.

Zu dem Antrage sind auch ein Nachlaßpfleger und ein Testamentsvollstrecker berechtigt, wenn ihnen die Verwaltung des Nachlasses zusteht.

Der Erbe und der Testamentsvollstrecker können den Antrag erst nach der Annahme der Erbschaft stellen.

§ 999. Ist eine Ehefrau die Erbin und gehört der Nachlaß zum eingebrachten Gute oder zum Gesammtgute, so kann sowohl die Ehefrau, als der Ehemann das Aufgebot beantragen, ohne daß die Zustimmung des anderen Theiles erforderlich ist. Das Gleiche gilt, wenn der Nachlaß zum Gesammtgute gehört, auch nach der Beendigung der Gemeinschaft. Der von dem einen Ehegatten gestellte Antrag und das von ihm erwirkte Ausschlußurtheil kommen auch dem anderen Ehegatten zu Statten.

§ 1000. Hat der Erbe die Erbschaft verkauft, so kann sowohl der Käufer als der Erbe das Aufgebot beantragen. Der von dem einen Theile gestellte Antrag und das von ihm erwirkte Ausschlußurtheil kommen, unbeschadet der Vorschriften des Bürgerlichen Gesetzbuchs über die unbeschränkte Haftung, auch dem anderen Theile zu Statten.

Diese Bestimmungen finden entsprechende Anwendung, wenn Jemand eine durch Vertrag erworbene Erbschaft verkauft oder sich zur Veräußerung einer ihm angefallenen oder anderweit von ihm erworbenen Erbschaft in sonstiger Weise verpflichtet hat.

4. § 1994 mit § 2000 BGB. — Dann findet auch kein Aufgebotsverfahren und Ausschluß durch das Aufgebot statt. Vgl. § 2013 1 BGB. und § 991 CPO. (s. A. 3).

5. d. h. sämmtliche Nachlaßgläubiger, welche ein Recht auf Befriedigung aus dem Grundstücke haben.

6. § 1973 BGB., §§ 989 ff. CPO.

§ 176. Wird die Zwangsversteigerung nach § 175 beantragt, so finden die Vorschriften des ersten und zweiten Abschnitts sowie der §§ 173, 174[1] entsprechende Anwendung,[2] soweit sich nicht aus den §§ 177, 178 ein Anderes ergiebt.

II. 176 D. 70. — Pr. §§ 180, 182, 184.

1. Vgl. zu § 173 A. 2, zu § 174 A. 1—4 und zu § 179 A. 1.

2. Der Fall steht insofern der Zwangsversteigerung auf Antrag des Konkursverwalters gleich, als auch hier Gläubiger und Schuldner im Sinne dieses Gesetzes nicht vorhanden sind. Vgl. zu § 172 A. 2.

§ 177. Der Antragsteller hat die Thatsachen, welche sein Recht zur Stellung des Antrags begründen,[1] durch Urkunden glaubhaft zu machen, soweit sie nicht bei dem Gericht offenkundig sind.[2]

II. 177 D. 70. — Pr. § 181.

1. Vgl. § 175. 2. Modifikation der §§ 16—18.

§ 178. Die Zwangsversteigerung soll nicht angeordnet werden, wenn die Eröffnung des Nachlaßkonkurses beantragt ist.[1]

Durch die Eröffnung des Nachlaßkonkurses wird die Zwangsversteigerung nicht beendigt; für das weitere Verfahren gilt der Konkursverwalter als Antragsteller.[2]

II. 178 D. 71.

1. Es ist dann abzuwarten, ob der Konkursverwalter gemäß § 172 den Antrag stellt. Schwebt eine Zwangsvollstreckungsversteigerung (nach Abschn. I), so ist Beitritt des Erben oder sonstigen Antragsberechtigten (§ 175) gemäß § 27 zulässig. (Vgl. zu § 172 A. 2).

2. Er wird prozeßrechtlicher Nachfolger des bisherigen Antragstellers (Erben u. s. w.).

§ 179. Ist ein Nachlaßgläubiger, der verlangen konnte, daß das geringste Gebot nach Maßgabe des § 174 ohne Berücksichtigung seines Anspruchs festgestellt werde, bei der Feststellung des geringsten Gebots berücksichtigt,[1] so kann ihm die Befriedigung aus dem übrigen Nachlasse verweigert werden.[2]

II. 179 D. 71. — Pr. § 184.

1. Vgl. zu § 174 A. 4.

2. Deshalb muß er in seinem eigenen Interesse von der ihm durch §§ 174 (176) gegebenen Befugniß Gebrauch machen, sofern er sich nicht mit der dinglichen Verhaftung genügen lassen will.

Zum Zwecke der Aufhebung einer Gemeinschaft.

§ 180. Soll die Zwangsversteigerung zum Zwecke der Aufhebung einer Gemeinschaft[1] erfolgen, so finden die Vorschriften des ersten und zweiten Abschnitts entsprechende Anwendung, soweit sich nicht aus den §§ 181 bis 184 ein Anderes ergiebt.[2]

I 229; M. 359; II. 180 D. 71. — Pr. § 180.

1. § 753 BGB. — Auch diese Zwangsversteigerung liegt außerhalb des Gebietes der streitigen Gerichtsbarkeit. Vgl. zu § 175 A. 1 und die Vorbemerkung zu diesem Abschnitt.

2. Unanwendbar erscheint nach der Natur der Sache § 27. Ist bereits eine *Zwangsversteigerung anderer Art bezüglich der ganzen Sache* eingeleitet, so kann die Versteigerung gemäß §§ 180—184 nicht stattfinden. Sie ist aufzuheben, sobald eine Zwangsversteigerung anderer Art angeordnet wird. — Eine *Antheilszwangsversteigerung* und eine Zwangsversteigerung der ganzen Sache zum Zwecke der Aufhebung der Gemeinschaft berühren sich gegenseitig nicht.

§ 181. Ein vollstreckbarer Titel ist nicht erforderlich.[1]

Die Zwangsversteigerung eines Grundstücks darf nur angeordnet werden, wenn der Antragsteller als Eigenthümer[2] im Grundbuch eingetragen oder Erbe eines eingetragenen Eigenthümers ist oder wenn er das Recht des Eigenthümers oder des Erben auf Aufhebung der Gemeinschaft ausübt.[3] Von dem Vormund eines Miteigenthümers kann der Antrag nur mit Genehmigung des Vormundschaftsgerichts gestellt werden.[4]

Betrifft der Antrag ein Schiff, so ist durch Urkunden glaubhaft zu machen, daß das Eigenthum dem Antragsteller und denjenigen, gegen welche sich der Antrag richtet, gemeinschaftlich zusteht und daß einer von ihnen im Besitze des Schiffes ist.

Die Vorschrift des § 17 Abs. 3 findet auch auf die Erbfolge des Antragstellers Anwendung.

I 230; M. 363; II. 181 D. 71. — Pr. §§ 181, 185.

1. An Stelle desselben treten für Grundstücke die Erfordernisse des Abs. 2 und für Schiffe die des Abs. 3. — Wenn die Unzulässigkeit der Theilung sich aus dem Grundbuche ergiebt, so ist gemäß § 28 zu verfahren. Im Uebrigen muß ihre Geltendmachung im besonderen Rechtsstreit erfolgen. § 771 CPO. findet aber keine direkte Anwendung, A. 1 zu § 175. Abweichend: D. 71.

2. d. h. Miteigenthümer.

3. z. B. in Folge einer Ueberweisung im Wege der Zwangsvollstreckung gemäß §§ 857, 835 ff. CPO.

4. § 1821 Nr. 1 BGB.

§ 182. Bei der Feststellung des geringsten Gebots sind die den Antheil des Antragstellers belastenden oder mitbelastenden Rechte an dem Grundstücke sowie alle Rechte zu berücksichtigen, die einem dieser Rechte vorgehen oder gleichstehen.[1]

Ist hiernach bei einem Antheil ein größerer Betrag zu berücksichtigen als bei einem anderen Antheile, so erhöht sich das geringste Gebot um den zur Ausgleichung unter den Miteigenthümern erforderlichen Betrag.[2]

Auf die Versteigerung eines Schiffes finden die Vorschriften über das geringste Gebot entsprechende Anwendung.

I 231; M. 363; II. 182 D. 71. — Pr. § 185.

1. Ausgeschlossen von der Berücksichtigung bleiben also diejenigen lediglich fremde Antheile belastenden Rechte, welche im Range dem letzten den Antheil des Antragstellers mitbelastenden Rechte nachstehen.

2. Damit auf jeden Antheil ein seiner Größe entsprechender Bruchtheil des Versteigerungserlöses entfalle,

muß bei ungleicher Belastung der Antheile durch die bei der Feststellung des geringsten Gebots zu berücksichtigenden Rechte, für eine Ausgleichung gesorgt werden. Diese geschieht dadurch, daß dem geringsten Gebot diejenigen Beträge hinzuzurechnen sind, um welche die Belastungen des am stärksten belasteten Antheils die Belastungen eines jeden der übrigen Antheile verhältnißmäßig übersteigen. (D.) Diese Beträge sind aber trotz ihrer Zugehörigkeit zum geringsten Gebot baar zu zahlen (§§ 49, 180).

3. Abweichung vom Rechte der Zwangsvollstreckung. Vgl. § 169 1. Selbstverständlich sind auch bei Schiffen Abs. 1 und 2 dieses Paragraphen zu berücksichtigen.

§ 183. Im Falle der Vermiethung oder Verpachtung des Grundstücks finden die Vorschriften des § 57 Satz 2, 3 keine Anwendung.[1]

II. 183 D. 71.

1. Demgemäß äußert die Zwangsversteigerung keinen anderen Einfluß wie ein (freiwilliger) Kaufvertrag nach §§ 571 ff. BGB.

§ 184. Ein Miteigenthümer braucht[1] für sein Gebot keine Sicherheit zu leisten, wenn ihm eine durch das Gebot ganz oder theilweise gedeckte Hypothek, Grundschuld oder Rentenschuld zusteht.

I 233; M. 365; II. 184 D. 71. — Pr. § 185.

1. Abweichung von §§ 67 ff.

Urkundlich unter Unserer Höchsteigenhändigen Unterschrift und beigedrucktem Kaiserlichen Insiegel.

Gegeben Berlin im Schloß, den 24. März 1897.

(L. S.) **Wilhelm.**

Fürst zu Hohenlohe.

III.

Einführungsgesetz

zu dem

Gesetz über die Zwangsversteigerung und die Zwangsverwaltung.

Vom 24. März 1897.

(RGBl. S. 135 ff.)

Text nach der Bekanntmachung des Reichskanzlers vom 20. Mai 1898 (RGBl. S. 750 ff.)

Wir **Wilhelm**, von Gottes Gnaden Deutscher Kaiser, König von Preußen rc.

verordnen im Namen des Reichs, nach erfolgter Zustimmung des Bundesraths und des Reichstags, was folgt:

Inkrafttreten.

§ 1. Das Gesetz über die Zwangsversteigerung und die Zwangsverwaltung tritt, soweit es die Schiffe[1] betrifft, gleichzeitig mit dem Bürgerlichen Gesetzbuch,[2] im Uebrigen für jeden Grundbuchbezirk[3] mit dem Zeitpunkt in Kraft, in welchem das Grundbuch als angelegt anzusehen ist.[4]

Die Artikel 2 bis 5, 32, 55 des Einführungsgesetzes zum Bürgerlichen Gesetzbuche finden entsprechende Anwendung.[5]

I 234; M. 366; II. E. 1 D. 72. — § 82 GBO.

1. da die Schiffsregister bereits überall bestehen.

2. also am 1. Januar 1900. Art. 1 EG.BGB.

3. § 2 1 GBO.

4. Art. 186 1 EG.BGB. und für Preußen Verordn. betr. das Grundbuchwesen v. 13. Nov. 1899 (GS. S. 519) sowie am Schlusse der Einleitung. — Vgl. auch Art. 187 ff.

5. Es bleiben also die Vorschriften der Reichsgesetze über Zwangsversteigerung und Zwangsverwaltung grundsätzlich in Kraft, während die entsprechenden landesrechtlichen Vorschriften grundsätzlich außer Kraft treten. Aus der entsprechenden Anwendung der Art. 4 und 55 folgt insbesondere, daß mit dem Inkrafttreten des Reichsgesetzes die Vorschriften des preußischen Gesetzes v. 13. Juli 1883 mit dem in Abs. 1 angegebenen Zeitpunkt aufgehoben, und daß die entsprechenden Vorschriften des Reichsgesetzes an ihre Stelle treten auch wo in anderen Landesgesetzen auf sie Bezug genommen ist. — Indessen eröffnen die §§ 2—6 und 8—14 dieses EG. (für § 7 vgl. A. 1 zu § 7) dem Landesrecht dauernd einen nicht unerheblichen Spielraum. Dazu tritt die Uebergangsbestimmung in § 15. Die dem Landesrecht vorbehaltenen Bestimmungen können schon vor dem 1. Januar 1900 mit rechtsverbindlicher Kraft erlassen werden. — Macht die Landesgesetzgebung von dem Vorbehalte keinen Gebrauch und sind die Grundstücke nach dem bisherigen Rechte in Ansehung der Zwangsvollstreckung den gleichen Vorschriften unterworfen, wie andere Grundstücke, so bleibt dies Verhältniß auch nach dem Inkrafttreten des Reichsgesetzes unverändert bestehen; es kommt daher bei jenen Grundstücken an Stelle des bisherigen Landesrechtes das Reichsrecht zur Anwendung (D. 72). — Ueber die spätere Aenderung der auf Grund des Vorbehalts ergangenen landesgesetzlichen Bestimmungen s. Art. 218 EG.BGB.

— Für das Verfahren bei nicht vollendetem Grundbuch bewendet es in Preußen bei dem Abschn. IV des Gesetzes vom 13. Juli 1883 bis zu dem Zeitpunkte, in welchem nach Art. 186 2 BGB. auch für diese Grundstücke, obwohl sie noch kein Blatt im Grundbuch haben, das Reichsgesetz nach Abs. 1 Anwendung findet. (Vgl. preuß. Verord. v. 13. Nov. 1899 Art. 3, 4, 16, 35, 36.) — Die im Abschn. IV a. a. O. angezogenen Vorschriften der beiden ersten Abschnitte des Ges. v. 13. Juli 1883 werden aber auch hier ohne Weiteres durch die neuen Vorschriften ersetzt. (Vgl. Begründung zu Art. 48 des Entw. des Pr. AG.ZVG.)

Vorbehalte zu Gunsten des Landesrechts. 1. Im Allgemeinen. Vorrechte der Kreditanstalten.

§ 2. Soweit in dem Einführungsgesetze zum Bürgerlichen Gesetzbuche zu Gunsten der Landesgesetze Vorbehalte gemacht sind,[1] gelten sie auch für die Vorschriften der Landesgesetze über die Zwangsversteigerung und die Zwangsverwaltung. Den Landesgesetzen stehen nach Maßgabe der Artikel 57, 58 des Einführungsgesetzes zum Bürgerlichen Gesetzbuche die Hausverfassungen gleich.

Es treten jedoch die landesgesetzlichen Vorschriften außer Kraft, nach welchen den landschaftlichen und ritterschaftlichen Kreditanstalten für den Anspruch auf ältere als zweijährige Rückstände wiederkehrender Leistungen ein Vorrecht vor den im § 10 Nr. 1 bis 6 des Gesetzes über die Zwangsversteigerung und die Zwangsverwaltung bezeichneten Ansprüchen beigelegt ist.[2] [3]

I 235 2, 243; M. 367, 374; II. E. 2 D. 73. — § 83 GBO.

1. Von Art. 55 EG.BGB. ab. Daraus ergiebt sich zugleich die Befugniß zum Erlaß von Uebergangsbestimmungen innerhalb dieses Rahmens. Ein abweichendes Verfahren ist demnach namentlich möglich für Eisenbahngrundstücke, Bergwerke, Familienfideikommisse, Lehen, Stammgüter und Familienvermögen des hohen Adels, Rentengüter, in Erbpacht stehende oder dem Anerbrecht unterworfene Grundstücke. Wegen des Eisenbahnbetriebsnutzungsrechts s. § 871 CPO. oben S. 7. Für Preußen sind die zu den vorbehaltenen Materien ergangenen Vorschriften über Zwangsversteigerung und Zwangsverwaltung in dem zweiten und dritten, die Uebergangsbestimmungen in dem vierten Abschnitt des Ausführungsgesetzes vom 21. September 1899 enthalten, s. unter IV.

2. Nach Art. 167 EG.BGB. bleiben die landesgesetzlichen Vorschriften, welche die zur Zeit des Inkrafttretens des BGB. bestehenden landschaftlichen oder ritterschaftlichen Kreditanstalten betreffen, in Kraft. Vgl. auch Art. 34 Pr. AG.ZVG. unter IV. Hiervon macht aber dieser Abs. 2 eine Ausnahme. — Vgl. auch § 3 a. E.

3. Für Preußen ist das Gesetz betr. die Zwangsvollstreckung aus Forderungen landschaftlicher (ritterschaftlicher) Kreditanstalten vom 3. August 1897 (GS. S. 388) ergangen, dessen Vorschriften über die Zwangsversteigerung und die gerichtliche Zwangsverwaltung von Grundstücken aber nach Inkrafttreten des BGB. nur für die zur Zeit dieses Inkrafttretens bestehenden Kreditanstalten gelten (§ 13 a. a. O., Art. 167 EG.BGB.). Auf Grund jenes Gesetzes sind die Verordnungen betr. die Verleihung des Zwangsvollstreckungsrechtes an die Nassauische Landesbank v. 5. Nov. 1898

(GS. 1899 S. 1) und an die Landeskreditkasse zu Kassel v. 10. Aug. 1899 (GS. S. 162) erlassen. Vgl. auch zu § 10 A. 5, § 16 A. 4, § 37 A. 7, § 115 A. 1, § 146 A. 5, § 150 A. 5.

2. Zusammenlegung der Grundstücke und Verwandtes.

§ 3. Die im Artikel 113 des Einführungsgesetzes zum Bürgerlichen Gesetzbuche bezeichneten Vorschriften[1] bleiben auch insoweit unberührt, als sie für den Anspruch des Entschädigungsberechtigten oder des Dritten, welcher die Entschädigung geleistet hat, ein Recht auf Befriedigung aus dem Grundstücke gewähren und den Rang dieses Rechtes bestimmen.[2] Jedoch kann dem Anspruch auf Rückstände wiederkehrender Leistungen ein Vorrecht nur mit der im § 2 Abs. 2 bezeichneten Einschränkung beigelegt werden.

I 237; M. 369; II. E. 3 D. 73.

1. über die Zusammenlegung von Grundstücken, über die Gemeinheitstheilung, die Regulirung der Wege, die Ordnung der gutsherrlich bäuerlichen Verhältnisse, sowie über die Ablösung, Umwandlung und Einschränkung von Dienstbarkeiten und Reallasten.

Daneben ist auch Art. 114 EG.BGB. zu berücksichtigen, nach welchem die landesgesetzlichen Vorschriften unberührt bleiben, nach denen die staatlichen u. s. w. Anstalten zustehenden Ablösungsrenten und sonstigen Reallasten zur Wirksamkeit gegenüber dem öffentlichen Glauben nicht der Eintragung bedürfen.

2. Vgl. dazu Art. 3 Pr. AG.ZVG. zu § 10 A. 7.

3. Oeffentliche Lasten.

§ 4. Durch Landesgesetz kann bestimmt werden, daß gewisse öffentliche Lasten anderen[1] im Range vorgehen.

In denjenigen Bundesstaaten, in welchen die Besteuerung des inländischen Bieres der Landesgesetzgebung vorbehalten ist, bleiben auch die Vorschriften unberührt, nach welchen bei der Zwangsvollstreckung in ein der Brauerei dienendes Grundstück oder in ein mit diesem räumlich verbundenes Grundstück die zum Zwecke der Besteuerung des Bieres zu entrichtenden Abgaben den öffentlichen Lasten des Grundstücks gleichstehen.[2]

I 238; M. 370; II. E. 4 D. 73.

1. öffentlichen Lasten innerhalb der 3. Klasse (§ 10 Nr. 3). Vgl. Art. 1—3 Pr. AG.ZVG. oben zu § 10 A. 7.

2. Art. 46 des Bayrischen Gesetzes v. 29. Mai 1886, sowie Art. 24 des Bayrischen Gesetzes v. 9. Juni 1899 (Ausf.-Ges. z. GBO. und z. ZVG.).

4. Auszug aus dem Steuerbuche.

§ 5. Durch Landesgesetz kann bestimmt werden, daß dem Antrag auf Zwangsversteigerung[1] ein Auszug aus einem Steuerbuche beigefügt werden soll.[2]

I 29 3; M. 126; II. E. 5 D. 73.

1. § 16. — Pr. § 14 Nr. 1. — B. I Art. 26, 29.

2. Art. 4 Pr. AG.ZVG. oben zu § 16 A. 8.

5. Inhalt der Bestimmung des Versteigerungstermins.

§ 6. Durch die Landesjustizverwaltung kann angeordnet werden, daß die Bestimmung des Versteigerungstermins noch andere als die im § 38 des Gesetzes über die Zwangsversteigerung und die Zwangsverwaltung vorgeschriebenen Angaben über das Grundstück[1] enthalten soll.

I 45 2; M. 152; II. E. 6 D. 73.

1. z. B. Bodenbeschaffenheit, Gebäude. — Siehe die Allg. Verf. v. 7. Dez. 1899 (hinten S. 243).

6. Bekanntmachung der Terminsbestimmung.

§ 7. Unberührt bleiben die bestehenden[1] landesgesetzlichen Vorschriften, nach welchen noch andere als die in den §§ 39, 40 des Gesetzes über die Zwangsversteigerung und die Zwangsverwaltung bezeichneten Veröffentlichungen der Terminsbestimmung zu erfolgen haben.

II. E. 7 D. 73.

1. Der Erlaß neuer derartiger Vorschriften (A. 5 zu § 1 EG.) ist also ausgeschlossen. — Die §§ 39, 40 entsprechen den in Preußen bisher geltenden Vorschriften (Pr. § 46).

7. Anmeldungszwang für Hypotheken.

§ 8. Durch Landesgesetz kann für die Zwangsversteigerung bestimmt werden, daß die vor dem Inkrafttreten des Bürgerlichen Gesetzbuchs eingetragenen Hypotheken bei der Feststellung des geringsten Gebots und bei der Aufstellung des Theilungsplans nur auf Grund einer Anmeldung zu berücksichtigen sind.[1]

In einem solchen Falle muß die im § 37 Nr. 4 des Gesetzes über die Zwangsversteigerung und die Zwangsverwaltung vorgeschriebene Aufforderung auf die Anmeldung der Ansprüche aus den bezeichneten Hypotheken ausgedehnt werden.

I 239; M. 370; II. E. 8 D. 74. — Pr. § 201.

1. Abweichung von der den §§ 9 Nr. 1, 37 Nr. 4 zu Grunde liegenden Regel, daß das im Grundbuch Eingetragene ohne Anmeldung berücksichtigt wird. Man hat dabei namentlich solche Hypotheken im Auge, welche nach bisherigem Rechte ohne Löschung im Grundbuche erlöschen können. — Vgl. Art. 33 Pr. AG.ZVG. unter IV.

8. Einfluß der Zwangsversteigerung auf dingliche Rechte.

§ 9. Soweit ein nach Landesgesetz begründetes Recht an einem Grundstücke, das nicht in einer Hypothek besteht, zur Wirksamkeit gegen Dritte der Eintragung nicht bedarf[1] oder soweit eine Dienstbarkeit oder eine Reallast als Leibgedinge, Leibzucht, Altentheil oder Auszug eingetragen ist, bleibt das Recht nach Maßgabe des Landesgesetzes[2] von der Zwangsversteigerung unberührt, auch wenn es bei der Feststellung des geringsten Gebots nicht berücksichtigt ist.[3]

Das Erlöschen eines solchen Rechtes ist auf Verlangen eines Betheiligten als Versteigerungsbedingung zu bestimmen, wenn durch das Fortbestehen ein dem Rechte vorgehendes oder gleichstehendes Recht des Betheiligten beeinträchtigt werden würde; die Zustimmung eines anderen Betheiligten ist nicht erforderlich.[3]

I 240; M. 371; II E. 9 D. 74.

1. insbesondere Dienstbarkeiten, dingliche Mieth- und Pachtrechte. Vgl. §§ 187, 188 EG.BGB. sowie für Preußen Art. 22 Pr. AG.BGB. und Art. 6 Pr. AG. ZVG. zu § 52 A. 4. Vgl. wegen der Mieth- und Pachtrechte Art. 9 Ver. v. 16. Nov. 1899 (GS. S. 562). Da landesgesetzlich nicht bestimmt ist, daß sie von der Zwangsversteigerung unberührt bleiben, findet Art. 7 Pr. AG.ZVG. (zu § 57 A. 1) Anwendung. — Pr. § 22 3.

2. Modifikation von § 52 1. (Vgl. Pr. § 60). — Ausnahme in Abs. 2. Soweit diese Ausnahme nicht Platz greift, brauchen die Berechtigten an dem Verfahren nicht Theil zu nehmen.

3. Feststellung durch doppeltes Ausgebot entsprechend dem § 59 2.

9. Sicherheitsleistung.

§ 10. **Unberührt** bleiben die landesgesetzlichen Vorschriften, nach welchen bei der Zwangsversteigerung

1. für Gebote kommunaler Körperschaften sowie gewisser Kreditanstalten und Sparkassen Sicherheitsleistung nicht verlangt werden kann;[1]
2. die Sicherheit auch durch Stellung eines Bürgen nach § 239 des Bürgerlichen Gesetzbuchs geleistet werden darf.[2]

I 90 2, 94 2; M. 200, 206; II. E. 10 D. 72. — Pr. G. v. 12. April 1888 § 37. — B. I Art. 55 Nr. 1.

1. Ausnahme von § 67 1 im Anschluß an § 67 3. — Vgl. Art. 9 Pr. AG.ZVG. zu § 67 A. 7.

2. Ausnahme von § 69. — Vgl. Art. 10 Pr. AG. ZVG. zu § 69 A. 5.

10. Feststellung des Werths der Grundstücke.

§ 11. Durch Landesgesetz kann für die Zwangsversteigerung, unbeschadet des § 112 Abs. 2 Satz 4 des Gesetzes über die Zwangsversteigerung und die Zwangsverwaltung, bestimmt werden, daß und nach welchen Grundsätzen der Werth des Grundstücks festgestellt werden soll.

I 150 2, Nr. 2, Halbsatz 2, 241 Satz 1; M. 281, 372; II. 11 D. 72.

1. Es kann aber nicht bestimmt werden, daß bei der Versteigerung der Zuschlag von der Erreichung des Werths oder eines Theils desselben abhängig sein soll. — Vgl. Art. 8 Pr. AG.ZVG. zu § 64 A. 3.

11. Aufgebotsverfahren.

§ 12. Die Landesgesetze können für die Fälle, in welchen bei der Zwangsversteigerung oder der Zwangsverwaltung ein Aufgebotsverfahren[1] erforderlich wird, die Art der Bekanntmachung des Aufgebots und die Aufgebotsfristen abweichend von den Vorschriften der §§ 948, 950 der Civilprozeßordnung bestimmen.

I 186 6, 202 4; M. 320, 335; II. E. 12 D. 72.

1. §§ 136, 138, 140, 141. — Vgl. Art. 14 Pr. AG. ZVG. zu § 136 A. 2.

12. Ersatz des Vollstreckungsgerichts durch Notare und Behörden.

§ 13. Durch Landesgesetz kann bestimmt werden, daß die in dem Gesetz über die Zwangsversteigerung und die Zwangsverwaltung dem Vollstreckungsgerichte zugewiesenen Amtshandlungen, soweit nicht über die Anordnung, Aufhebung oder Verbindung des Verfahrens oder über die Zulassung des Beitritts eines Gläubigers zu entscheiden ist, von einer anderen Behörde oder einem Beamten oder einem Notar ganz oder theilweise wahrzunehmen sind.[1]

Wird die Aenderung einer Entscheidung der Behörde, des Beamten oder des Notars verlangt, so ist die Entscheidung des Vollstreckungsgerichts nachzusuchen; auf das Verfahren finden die Vorschriften der §§ 96 bis 104 des bezeichneten Gesetzes entsprechende Anwendung. Die Beschwerde findet gegen die Entscheidung des Vollstreckungsgerichts statt.[1]

I 242; M. 373; II. E. 13 D. 72.

1. entsprechend dem § 576 CPO.

1. In Preußen ist eine solche landesgesetzliche Bestimmung nicht ergangen. Dagegen z. B. in Bayern (Art. 25 des AG. z. GBO. und zum ZVG. v. 9. Juni 1899, G. u. VBl. Nr. 28).

13. Anordnungen für die Verwalter.

§ 14. Die Landesjustizverwaltung kann für die Geschäftsführung der Verwalter, welche bei der Zwangsverwaltung bestellt werden, und für die den

Verwaltern zu gewährende Vergütung allgemeine Anordnungen treffen.[1]

I 198 2; M. 330; II. E. 14 D. 72. — Pr. § 144 4.

1. In Ergänzung der §§ 146 ff. d. G.

Erledigung älterer Verfahren.

§ 15. Ein vor dem Inkrafttreten des Gesetzes über die Zwangsversteigerung und die Zwangsverwaltung beantragtes[1] Verfahren ist nach den Landesgesetzen zu erledigen.[2]

I 244; M. 376; II. E. 15 D. 72. — Pr. § 207 2. — B. I. Art. 189. — S. § 199.

1. Maßgebend ist der Eingang des Antrages (§ 16) bei dem Vollstreckungsgericht.

2. Vgl. auch § 21 1 EG.CPO., sowie Art. 42, 43 Pr. AG.ZVG.

Urkundlich unter Unserer Höchsteigenhändigen Unterschrift und beigedrucktem Kaiserlichen Insiegel.

Gegeben Berlin im Schloß, den 24. März 1897.

(L. S.) **Wilhelm.**

Fürst zu Hohenlohe.

IV.

Ausführungsgesetz

zum

Reichsgesetz über die Zwangsversteigerung und die Zwangsverwaltung.

Vom 23. September 1899.

(GS. S. 291).

Wir Wilhelm, von Gottes Gnaden König von Preußen ꝛc.

verordnen unter Zustimmung der beiden Häuser des Landtags Unserer Monarchie, was folgt:

Erster Abschnitt.

Zwangsversteigerung und Zwangsverwaltung von Grundstücken im Wege der Zwangsvollstreckung.

Art. 1	} s. unter	II	zu	§ 10	A. 7	S.	19—21
Art. 2								
Art. 3								
Art. 4	„ „	II	„	§ 16	A. 8	„	26
Art. 5	„ „	II	„	§ 39	A. 2	„	47

Art. 6	s.	unter	II	zu	§ 52	A. 4	S.	62
Art. 7	„	„	II	„	§ 57	A. 1	„	68
Art. 8	„	„	II	„	§ 64	A. 4	„	76
Art. 9	„	„	II	„	§ 67	A. 7	„	81
Art. 10	„	„	II	„	§ 69	A. 5	„	83
Art. 11	„	„	II	„	§ 117	A. 3	„	125
Art. 12	„	„	II	„	§ 10	A. 5	„	18
Art. 13	„	„	II	„	§ 155	A. 4	„	161
Art. 14	„	„	II	„	§ 138	A. 3	„	146

Zweiter Abschnitt.

Zwangsversteigerung und Zwangsverwaltung von Bergwerkseigenthum, unbeweglichen Bergwerksantheilen und selbständigen Kohlenabbau-Gerechtigkeiten im Wege der Zwangsvollstreckung.

Vorbemerkung. Nach § 870 1 CPO. finden auf die Zwangsvollstreckung in eine Berechtigung, für welche die sich auf Grundstücke beziehenden Vorschriften gelten, die Vorschriften über die Zwangsvollstreckung in Grundstücke entsprechende Anwendung, also auch die Vorschriften des ersten Abschnittes des Reichsgesetzes über die Zwangsversteigerung und die Zwangsverwaltung (§ 869 a. a. O.). Die Art. 16—21 enthalten nur einige ergänzende Sondervorschriften.

Art. 15. Für die Zwangsversteigerung und die Zwangsverwaltung eines Bergwerkseigenthums,[1] eines unbeweglichen Bergwerksantheils[2] oder einer selbständigen Kohlenabbau-Gerechtigkeit in den vormals Sächsischen Landestheilen[3] gelten die besonderen Vorschriften der Artikel 16 bis 21.[4]

1. s. unter I zu § 864 CPO. A. 2b (oben S. 2, 3).
2. a. a. O. A. 2c.
3. a. a. O. A. 2b.
4. Zuständig ist das Amtsgericht, in dessen Bezirk das verliehene Feld liegt (§§ 34, 52 Allg. Bergges. v. 24. Juni 1865; — § 2 Ges. v. 22. Febr. 1869, § 17 des Allg. Bergges. v. 24. Juni 1865).

Betheiligte.

Art. 16. Zu den Betheiligten gehört in jedem Falle[1] der Repräsentant oder Grubenvorstand.

Pr. § 158.

1. also auch wenn der Repräsentant oder Grubenvorstand nicht Vertreter des Schuldners ist und schon als solcher zu den Betheiligten gehört (vgl. §§ 117, 119, 123, 133 Allg. Bergges. v. 24. Juni 1865, § 10 Ges. v. 22. Februar 1869).

Rangordnung.

Art. 17. Die Ansprüche der zum Betriebe des Bergbaues angenommenen, in einem Dienst- oder Arbeitsverhältnisse stehenden Personen, insbesondere der Bergleute und der Betriebsbeamten, auf Lohn und andere Bezüge gewähren wegen der laufenden und der aus dem letzten Jahre rückständigen Beträge ein Recht auf Befriedigung in der zweiten Klasse.

Die Beiträge, die der Werksbesitzer nach § 174, § 175 Abs. 2 oder § 176 Abs. 1 des Allgemeinen

Berggesetzes zu den Knappschafts- und Krankenkassen zu leisten hat, gelten als gemeine Lasten im Sinne des Artikel 1 Abs. 1 Nr. 2 dieses Gesetzes.

Pr. § 159 1, 2.

Anlagen des Antrags.

Art. 18. Dem Antrag auf Zwangsversteigerung oder Zwangsverwaltung ist eine oberbergamtlich, gerichtlich oder notariell beglaubigte Abschrift der Verleihungsurkunde des Bergwerkes oder, wenn der Antrag eine Kohlenabbau-Gerechtigkeit betrifft, eine in gleicher Art beglaubigte Abschrift des Aktes beizufügen, durch den die Gerechtigkeit vom Eigenthum an dem Grundstücke getrennt worden ist.

Pr. § 157.

Umfang der Beschlagnahme.

Art. 19. Die Beschlagnahme im Zwangsversteigerungsverfahren umfaßt nicht die bereits gewonnenen Mineralien.[1]

1. entsprechend dem § 21 1 ZVG; sonst würden auch diese Mineralien der Beschlagnahme unterliegen; § 20 2 ZVG.; §§ 1120—1122 BGB.

Terminsbestimmung.

Art. 20. Ist ein Bergwerkseigenthum oder ein unbeweglicher Bergwerksantheil zu versteigern, so soll[1] die Terminsbestimmung außer dem Grundbuchblatte den Namen des Bergwerkes sowie die Mineralien, auf die das Bergwerkseigenthum verliehen ist, bezeichnen und im Falle der Versteigerung eines Bergwerksantheils auch die Zahl der Kuxe angeben, in welche das Bergwerk getheilt ist.

Außerdem soll die Terminsbestimmung eine Angabe der Feldesgröße, des Kreises, in welchem das Feld liegt, und der dem Werke zunächst gelegenen Stadt enthalten. Diese Vorschrift findet auf Kohlenabbau-Gerechtigkeiten entsprechende Anwendung.

Pr. § 160.

1. der wesentliche Inhalt der Terminsbestimmung ergiebt sich aus § 37 ZVG., die Vorschriften dieses Art. sind, wie die des § 38 a. a. O., nur Ordnungsvorschriften.

Werthfeststellung.

Art. 21. Ist der Werth des Gegenstandes des Verfahrens festzustellen, so erfolgt die Feststellung durch das Gericht nach freiem Ermessen, nöthigenfalls unter Zuziehung des zuständigen Revierbeamten.

Pr. § 161.

Dritter Abschnitt.

Zwangsversteigerung und Zwangsverwaltung in besonderen Fällen.

In den Fällen des dritten Abschnitts des RG.

Art. 22. Die Vorschriften der § 172 bis 184 des Reichsgesetzes[1] gelten mit den Aenderungen, die sich aus dem ersten und zweiten Abschnitte dieses Gesetzes ergeben, auch für Bergwerkseigenthum, unbewegliche Bergwerksantheile und selbständige Gerechtigkeiten.

1. über die Zwangsversteigerung und Zwangsverwaltung auf Antrag des Konkursverwalters (§§ 172 bis 174), die Zwangsversteigerung auf Antrag eines nicht unbeschränkt für die Nachlaßverbindlichkeiten haftenden Erben (§§ 175—179), und die Zwangsversteigerung zur Aufhebung einer Gemeinschaft (§§ 180—184), (Pr. § 180 Abs. 1 u. Abs. 2 Nr. 1, 2).

Zwangsversteigerung des Bergwerkseigenthums aus Gründen des Bergrechts.

Art. 23. Auf die Zwangsversteigerung eines Bergwerkes oder eines Bergwerksantheils nach den §§ 159, 161, 162, 234, 235g des Allgemeinen Berggesetzes finden die Vorschriften, die für die Zwangsversteigerung im Wege der Zwangsvollstreckung gelten, entsprechende Anwendung, soweit sich nicht aus den Artikeln 24 bis 27 ein Anderes ergiebt.

Pr. § 180 2 Nr. 3. Die Sondervorschriften der Art. 24 bis 27 beschränken sich auf den Fall des Art. 23.

Art. 24. Der Antragsteller hat die Thatsachen, welche sein Recht zur Stellung des Antrags begründen, soweit sie nicht bei dem Gericht offenkundig sind, durch Urkunden glaubhaft zu machen.

Ist der Antrag von einem nach § 159 Abs. 1 des Allgemeinen Berggesetzes Berechtigten gestellt, so sind mit dem Beschlusse, durch den die Zwangsversteigerung angeordnet wird, der Antrag und, wenn der Berechtigte nicht im Grundbuch eingetragen ist, die im Abs. 1 bezeichneten Urkunden dem Bergwerkseigenthümer zuzustellen.

Pr. § 181, § 186 2.

Art. 25. Auf Antrag des Bergwerkseigenthümers darf die Zwangsversteigerung[1] nur angeordnet werden, wenn der Antragsteller als Eigenthümer im Grundbuch eingetragen oder wenn er Erbe des eingetragenen Eigenthümers ist.

1. in Betracht kommen nur die Fälle des § 159 3 und der §§ 234, 235g des Allg. Bergges.

Art. 26. Ist die Zwangsversteigerung eines Bergwerkes auf Antrag des Bergwerkseigenthümers oder die Zwangsversteigerung eines Bergwerksantheils auf Antrag der Gewerkschaft angeordnet oder hat der Bergwerkseigenthümer nach den §§ 161, 162 des Allgemeinen Berggesetzes auf das Bergwerkseigenthum verzichtet, so gilt der Beschluß, durch den das Verfahren angeordnet wird, nicht als Beschlagnahme. Im Sinne der §§ 13, 55 des Reichsgesetzes[1] ist jedoch die Zustellung des Beschlusses an den Antragsteller[2] als Beschlagnahme anzusehen.

Pr. § 182.

1. d. h. für die Bestimmung des Anfangstermins der laufenden Beträge bei wiederkehrenden Leistungen, sowie

des für den Umfang der Beschlagnahme erheblichen Zeitpunkts.

2. Es fehlt an einem Gegner des Antragstellers — vgl. §§ 173, 176 ZVG.

Art. 27. Die Vorschriften über das geringste Gebot finden keine Anwendung. Das Meistgebot ist in seinem ganzen Betrage durch Zahlung zu berichtigen.

Pr. § 186 1, — § 169 1 ZVG.

Zwangsversteigerung verfallener Grundstücke.

Art. 28. Auf den Verkauf eines Grundstücks nach den §§ 40, 58, 60 Theil I Titel 8 des Allgemeinen Landrechts[1] finden die Vorschriften, die für die Zwangsversteigerung im Wege der Zwangsvollstreckung gelten, entsprechende Anwendung, soweit sich nicht aus den Artikeln 29 bis 32 ein Anderes ergiebt.

Pr. § 187.

1. Die §§ 29—69 Th. 1 Tit. 8 Allg. Landrechts sind von der Aufhebung der Vorschriften desselben in Art. 89 Pr. AG.BGB. ausgenommen.

Die §§ 36 ff. verpflichten den Eigenthümer städtischer, an Straßen oder öffentlichen Plätzen stehender Gebäude diese in baulichem Stande zu unterhalten, und verleihen der Obrigkeit (Polizeibehörde) das Recht, ihn zur Reparatur durch Zwangsmittel anzuhalten, nöthigenfalls den Bau auf seine Kosten zu veranstalten.

§ 40. Kann oder will er die Kosten nicht herbeischaffen, so kann die Obrigkeit dergleichen Gebäude zum öffentlichen Verkauf ausbieten.

§ 58. Was § 36 sqq. von verfallenen städtischen Gebäuden verordnet ist, gilt auch von solchen, die durch Feuer oder anderes Unglück zerstört worden, wenn der bisherige Eigenthümer dieselben innerhalb einer von der Obrigkeit zu bestimmenden Frist nicht wieder herstellen kann oder will.

§ 60. Was von städtischen Grundstücken verordnet ist, gilt auch von Grundstücken auf dem Lande . . . .

Art. 29. Antragsberechtigt ist die Ortspolizeibehörde.[1]

Der Antrag soll das Grundstück, den Eigenthümer und die Thatsachen bezeichnen, welche das Recht zur Stellung des Antrags begründen. Die Vorschriften des Artikel 24 finden entsprechende Anwendung.

1. §§ 6, 20 Ges. v. 11. März 1850.

Art. 30. Der Anspruch auf Ersatz der im § 43 Theil I Titel 8 des Allgemeinen Landrechts bezeichneten Verwendungen[1] gewährt ein Recht auf Befriedigung aus dem Grundstücke vor allen anderen Ansprüchen.

1. d. h. dasjenige, was die Ortspolizeibehörde auf einstweilige Veranstaltungen zur Abwendung dringender Gefahr hat verwenden müssen.

Art. 31. Die Vorschriften über das geringste Gebot finden keine Anwendung.[1]

Das Gericht hat die Uebernahme der Wiederherstellung des Gebäudes von Amtswegen als Versteigerungsbedingung zu bestimmen.[2]

1. Das öffentliche Recht auf Wiederherstellung geht allen übrigen Rechten vor.

2. entspricht dem § 41. I. 8 ALR.

Art. 32. Angebote nach den §§ 45 bis 47 Theil I Titel 8 des Allgemeinen Landrechts sind nur zu berücksichtigen, wenn sie im Versteigerungstermine geltend gemacht werden.

Bleibt die Versteigerung ergebnißlos, so ist der Zuschlag nach Maßgabe der §§ 45 bis 48 des bezeichneten Titels zu ertheilen. Die Beschwerde gegen die Entscheidung über den Zuschlag kann auch auf die Verletzung einer dieser Vorschriften gestützt werden.[1]

1. Die §§ 45 bis 48 a. a. O. lauten:

§ 45. Können sich diese (die auf dem Grundstücke versicherten Gläubiger § 44) darüber (d. h. über die Mittel zur Erhaltung und Herstellung des Gebäudes) nicht vereinigen, so muß das Gebäude demjenigen, welcher außer der Wiederherstellung desselben die vortheilhaftesten Bedingungen für seine Mitgläubiger und den Eigenthümer anbietet, zugeschlagen werden.

§ 46. Will auch kein Gläubiger das Gebäude als Meistbietender erstehen, so ist der erste unter ihnen den Zuschlag gegen die bloße Uebernahme der Wiederherstellung zu verlangen berechtigt.

§ 47. Will dieser von seinem Rechte keinen Gebrauch machen, so geht dasselbe auf die folgenden, immer nach Ordnung der Priorität, über.

§ 48. Will keiner von den Gläubigern die Wiederherstellung des Gebäudes übernehmen, so muß dasselbe der Kämmerei des Ortes zugeschlagen werden.

Vierter Abschnitt.

Schluß- und Uebergangsbestimmungen.

Aeltere Hypotheken im Bezirk Kassel.

Art. 33. Im bisherigen Geltungsbereiche des Gesetzes über das Grundbuchwesen im Bezirke des Appellationsgerichts zu Kassel rc. vom 29. Mai 1873 (Gesetz-Samml. S. 273) ist eine vor dem 1. Juli 1874 entstandene Hypothek, die nicht in eine Hypothek des Preußischen Rechts[1] umgewandelt ist, bei der Feststellung des geringsten Gebots und bei der Aufstellung des Theilungsplans nur zu berücksichtigen, wenn sie rechtzeitig angemeldet wird.[2]

Pr. § 201. § 8 EG. (unter II).

1. § 43 des angeführten Gesetzes.
2. Vgl. auch Art. 33 § 3 Pr. AG.BGB.

Landschaftliche Kreditanstalten.

Art. 34. Die Verfassungen und Satzungen der landschaftlichen (ritterschaftlichen) Kreditanstalten und der provinzial- (kommunal-) ständischen öffentlichen Grundkreditanstalten werden, auch soweit sie den Anstalten weitergehende Befugnisse gewähren, durch die Vorschriften dieses Gesetzes nicht berührt.

Pr. § 202. — § 12 Ges. betr. die Zwangsvollstreckung aus Forderungen landschaftlicher (ritterschaftlicher) Kreditanstalten v. 3. Aug. 1897 (GS. S. 388) s. unter III zu § 2 EG. sowie unter II zu § 10 ZVG. A. 5.

Gerichtliches Vertheilungsverfahren in Enteignungssachen.

Vorbemerkung. Für die reichsgesetzlichen Fälle der Enteignung ergiebt sich die Eröffnung eines gerichtlichen Vertheilungsverfahrens nach den für die Vertheilung des Erlöses im Falle der Zwangsversteigerung geltenden Vorschriften aus Art. 52, 53 EG.BGB. Nach Art. 109 Satz 2 a. a. O. finden diese Vorschriften auf die nach landesgesetzlicher Vorschrift wegen einer Enteignung zu gewährende Entschädigung Anwendung, soweit nicht die Landesgesetze ein Anderes bestimmen. Dies war nach dem Enteignungsgesetze v. 11. Juni 1874 der Fall. Die Art. 35—41 dieses Gesetzes bezwecken die verbesserungsbedürftigen Vorschriften des Enteignungsgesetzes zu ergänzen und theilweise zu ändern, und für die ganze Monarchie (in der Rheinprovinz war durch § 38 des Ges. v. 12. April 1888 ein gerichtliches Vertheilungsverfahren für gewisse Fälle vorgesehen) neben dem Vermittelungsverfahren der Auseinandersetzungsbehörden (§ 49 des Enteignungsgesetzes) ein gerichtliches Vertheilungsverfahren (im Anschlusse an die reichsgesetzlichen Bestimmungen bei der Zwangsversteigerung) einzuführen.

Art. 35. Ist im Falle der Enteignung eines mit Reallasten, Hypotheken, Grundschulden oder Rentenschulden belasteten Grundstücks [1] die für den Eigenthümer vereinbarte oder durch Beschluß oder Urtheil endgültig festgestellte Entschädigungssumme nach § 37 Abs. 1 Nr. 3 des Gesetzes über die Enteignung von Grundeigenthum vom 11. Juni 1874 (Gesetz-Samml. S. 221) hinterlegt und sind die Wirkungen der Enteignung [2] eingetreten, so haben die Realberechtigten an dieser Entschädigung,[3] unbeschadet der Vorschriften der §§ 38,[4] 49[5] des genannten Gesetzes, dieselben Rechte, welche ihnen im Falle des Erlöschens ihres Rechtes durch Zwangsversteigerung an dem Erlöse zustehen.[6]

Der Eigenthümer und jeder der im Abs. 1 bezeichneten Realberechtigten kann die Eröffnung eines gerichtlichen Vertheilungsverfahrens beantragen. Für das Verfahren gelten die Vorschriften der Artikel 36 bis 41.

1. Vgl. § 48 des Enteignungsgesetzes.
2. nach §§ 44—46 a. a. O.
3. des Eigenthümers; die also, wenn Nebenberechtigte vorhanden sind und von der Entschädigungssumme Antheil beanspruchen, schon festgestellt sein muß (§§ 11 1, 30 1 Satz 2, 37, Nr. 1 a. a. O.).
4. der dem Eigenthümer unter gewissen Voraussetzungen bei Theilenteignungen die freie Verfügung über die Entschädigungssumme gewährt.
5. der im Falle des § 48 (A. 1) die Vermittelung der Auseinandersetzungsbehörde zuläßt (s. Art. 37—39).
6. Vgl. auch § 45 2 Enteignungsgesetz.

Art. 36. Das Vertheilungsverfahren ist auf Antrag des Eigenthümers aufzuheben, wenn dieser bis zum Schlusse des ersten Termins nachweist, daß er nach § 38 des Enteignungsgesetzes über die Entschädigungssumme verfügen kann.

Art. 37. Nimmt der Eigenthümer die Vermittelung der Auseinandersetzungsbehörde wegen Auszahlung oder Verwendung der Entschädigungssumme in Anspruch,[1] so hat die Auseinandersetzungsbehörde von der Einleitung des Vermittelungsverfahrens und nach dessen Beendigung von der Art der Erledigung dem für das Vertheilungsverfahren zuständigen Gerichte Mittheilung zu machen.

Solange diesen Mittheilungen zufolge ein Vermittelungsverfahren bei der Auseinandersetzungsbehörde anhängig ist, hat das Gericht Anträge auf Eröffnung des Vertheilungsverfahrens abzulehnen.

1. § 49 des Enteignungsgesetzes.

Art. 38. Erlangt das Gericht in einem anhängigen Vertheilungsverfahren vor dem Schlusse des ersten Termins von der Einleitung eines Vermittelungsverfahrens[1] Kenntniß, so ist das Vertheilungsverfahren bis zur Erledigung dieses Verfahrens einstweilen einzustellen.

Das Gleiche gilt, wenn der Eigenthümer vor dem Schlusse des ersten Termins die Bestimmung einer Frist nachsucht und vor dem Ablaufe der Frist die Einleitung des Vermittelungsverfahrens zur Kenntniß des Gerichts gelangt.

Endigt das Vermittelungsverfahren mit der vollständigen Freigabe oder Vertheilung der Entschädigungssumme, so ist das Vertheilungsverfahren aufzuheben.

1. nach § 49 des Enteignungsgesetzes.

Art. 39. Erlangt das Gericht erst nach dem Schlusse des ersten Termins oder nach dem Ablaufe der im Artikel 38 Abs. 2 bezeichneten Frist von der Einleitung des Vermittelungsverfahrens Kenntniß, so ist hiervon der Auseinandersetzungsbehörde Mittheilung zu machen; diese hat das bei ihr anhängige Verfahren aufzuheben.

Art. 40. In den Fällen des Artikel 36, des Artikel 37 Abs. 2 und des Artikel 38 Abs. 3 werden Gerichtskosten nicht erhoben.

Art. 41. Auf das Vertheilungsverfahren finden die für die Vertheilung des Erlöses im Falle der Zwangsversteigerung geltenden Vorschriften des Reichsgesetzes mit folgenden Maßgaben entsprechende Anwendung:

1. Als Betheiligte gelten der Eigenthümer, diejenigen, für welche zur Zeit des Ueberganges des Eigenthums auf den Unternehmer ein Recht der im Artikel 35 bezeichneten Art im Grundbuch eingetragen oder durch Eintragung gesichert ist, sowie diejenigen, welche ein solches Recht bei der Enteignungsbehörde angemeldet haben oder bei dem Vertheilungsgericht anmelden und auf Verlangen des Gerichts oder eines Betheiligten glaubhaft machen.
2. Die Zustellung des Beschlusses, durch den das Vertheilungsverfahren eröffnet wird, an den Antragsteller ist im Sinne des § 13 des Reichsgesetzes als Beschlagnahme anzusehen.

3. Das Vertheilungsgericht hat bei der Eröffnung des Verfahrens das Grundbuchamt um die im § 19 Abs. 2 des Reichsgesetzes bezeichneten Mittheilungen zu ersuchen. In die beglaubigte Abschrift des Grundbuchblatts sind die zur Zeit des Ueberganges des Eigenthums auf den Unternehmer vorhandenen Eintragungen[1] sowie die später eingetragenen Veränderungen und Löschungen aufzunehmen.

Im Falle der Enteignung eines Grundstückstheils kann, wenn die Zwangsversteigerung des Hauptgrundstücks angeordnet ist, das Vertheilungsverfahren mit dem bei der Zwangsversteigerung stattfindenden Vertheilungsverfahren verbunden werden.

1. auch wenn sie nach Eintritt der Wirkung der Enteignung (§ 45 Enteignungsgesetzes) von dem Unternehmer bereits zur Löschung gebracht sind (§ 22 GBO.).

Uebergangsbestimmungen.

Art. 42. Ein vor dem Inkrafttreten dieses Gesetzes beantragtes Verfahren[1] ist, auch wenn es der Vorschrift des § 15 des Einführungsgesetzes zum Reichsgesetze nicht unterliegt,[2] nach den bisherigen Vorschriften zu erledigen.

1. auch ein anhängiges Vertheilungsverfahren (Vorbemerkung vor Art. 35).

2. d. h. nicht die reichsgesetzlich geregelten Fälle der Zwangsversteigerung und Zwangsverwaltung betrifft, sondern die landesgesetzlichen Fälle (Abschn. II—IV d. G.).

Art. 43. In einem vor dem Inkrafttreten dieses Gesetzes beantragten Zwangsverwaltungsverfahren bestimmen sich die Rechte und die Pflichten des Verwalters[1] von der bezeichneten Zeit an nach den Vorschriften des Reichsgesetzes.

Von derselben Zeit an sind die Vorschriften des Reichsgesetzes auch für die Vertheilung der Nutzungen maßgebend. Eine über die Vertheilung vorher getroffene Bestimmung bleibt, unbeschadet der Vorschriften des § 159 des Reichsgesetzes, in Kraft. Auch behält ein Anspruch seinen bisherigen besseren Rang, wenn für ihn vor dem bezeichneten Zeitpunkt eine Beschlagnahme erfolgt war.

Pr. §§ 209, 210.

1. auch wenn er vorher bestellt ist.

Gerichtskosten.

Art. 44. Das Gesetz, betreffend die Gerichtskosten bei Zwangsversteigerungen und Zwangsverwaltungen von Gegenständen des unbeweglichen Vermögens vom 18. Juli 1883 (Gesetz-Samml. S. 189) wird dahin geändert:

folgen unter I—IX die betreffenden Aenderungen. Diese sind mit Rücksicht auf deren Aufnahme in den neuen Text des Gerichtskostengesetzes hier nicht abgedruckt (vgl. Art. 46 und unter V).

Art. 45. Die §§ 117 bis 121a und der § 122 Abs. 1 des Preußischen Gerichtskostengesetzes vom 25. Juni 1895 (Gesetz-Samml. S. 203) fallen weg.[1]

Im § 122 Abs. 2 werden die Worte „oder Genehmigung" gestrichen und die Worte „der Zwangsvollstreckung in das unbewegliche Vermögen" durch die Worte „der Zwangsversteigerung, der Zwangsverwaltung oder der Zwangsliquidation" ersetzt. Der § 114 Absatz 1 erhält folgende Fassung:

> Die Vorschriften der §§ 8, 10, 13, 16, 17, 30, 31, 110 finden auch in den Angelegenheiten der streitigen Gerichtsbarkeit Anwendung. In dem Verfahren der Zwangsversteigerung oder der Zwangsverwaltung von Gegenständen des unbeweglichen Vermögens sowie der Zwangsliquidation einer Bahneinheit finden alle Vorschriften des ersten und zehnten Abschnitts des ersten Theiles Anwendung.

1. Vgl. dazu aber Art. 86 § 1 Nr. L Pr. AG.BGB.

Art. 46. Der Justizminister wird ermächtigt, bei der Bekanntmachung des neuen Textes des Preußischen Gerichtskostengesetzes[1] die §§ 1 bis 11 des Gesetzes vom 18. Juli 1883 und die §§ 121 b, 122 des Preußischen Gerichtskostengesetzes in den zweiten Theil des letzteren Gesetzes als zweiten Abschnitt unter der Ueberschrift „Zwangsversteigerung und Zwangsverwaltung von Gegenständen des unbeweglichen Vermögens. Zwangsliquidation einer Bahneinheit" aufzunehmen. Hierbei sind die §§ 121 b, 122 des Preußischen Gerichtskostengesetzes hinter den §§ 1 bis 8, 10, 11 des Gesetzes vom

18. Juli 1883 und der § 9 des letzteren Gesetzes am Schlusse des Abschnitts einzustellen. Die §§ 114 bis 116, 122 a, 123 des Preußischen Gerichtskostengesetzes erhalten als erster Abschnitt des zweiten Theiles die Ueberschrift: „Allgemeine Bestimmungen".

1. Art. 86 § 2 Pr. AG.BGB.

Art. 47. Soweit in Gesetzen auf Vorschriften verwiesen ist, welche durch dieses Gesetz außer Kraft gesetzt werden, treten an deren Stelle die entsprechenden neuen Vorschriften.

Pr. § 211. — § 1 2 EG. (unter III); Art. 4 EG. BGB.

Art. 48. Dieses Gesetz tritt gleichzeitig mit dem Reichsgesetz in Kraft.[1]

Die Vorschriften des Artikel 46 treten mit der Verkündung in Kraft.

1. § 1 EG. (unter III).

Urkundlich 2c.

V.

Preußisches Gerichtskostengesetz

vom 25. Juni 1895

(GS. S. 203 ff.)

in der Fassung der Bekanntmachung des Justizministers vom 6. Oktober 1899 GS. S. 325, 376 ff.*

Zweiter Theil.

Angelegenheiten der streitigen Gerichtsbarkeit.

Erster Abschnitt.

Allgemeine Bestimmungen.

§ 119. Die Vorschriften der §§ 8, 10, 13, 16, 17, 30, 31, 115 finden auch in den Angelegenheiten der streitigen Gerichtsbarkeit Anwendung. In dem

---

*) Der Justizminister ist durch die Art. 86 § 2 Pr. AG.BGB., Art. 46 Pr. AG.ZVG. ermächtigt worden, den Text des preußischen Gerichtskostengesetzes mit den durch die verschiedenen Ausführungsgesetze eingetretenen Aenderungen durch die Gesetzsammlung bekannt zu machen (s. auch unter IV zu Art. 46 Pr. AG.ZVG.).

Es sind hier nur die Vorschriften abgedruckt, welche sich auf die Zwangsversteigerung und die Zwangsverwaltung beziehen.

Verfahren der Zwangsversteigerung oder der Zwangsverwaltung von Gegenständen des unbeweglichen Vermögens sowie der Zwangsliquidation einer Bahneinheit finden alle Vorschriften des ersten[1] und zehnten Abschnitts[2] des ersten Theiles Anwendung.[3]

In bürgerlichen Rechtsstreitigkeiten beginnt die Verjährung der Gerichtskosten mit dem Schlusse desjenigen Jahres, in welchem das Verfahren durch unbedingte Entscheidung über die Kosten, durch Vergleich oder Zurücknahme oder anderweite Erledigung beendigt ist. Im Sinne dieser Bestimmung gilt das Verfahren als erledigt, wenn seit der letzten Prozeßhandlung des Gerichts zwei Jahre verflossen sind, ohne daß ein Antrag auf Fortsetzung des Verfahrens gestellt wäre. Wird das Verfahren während des Laufes der Verjährungsfrist wieder aufgenommen, so wird hierdurch die Verjährung unterbrochen.

Während der Dauer einer Vormundschaft können ohne Rücksicht auf die Höhe des Vermögens eines Mündels aus demselben außer den im § 10 Nr. 1 bezeichneten Kosten auch die Kosten eines Konkurs- oder Zwangsversteigerungsverfahrens sowie eines Aufgebots der Nachlaßgläubiger erhoben werden, sobald sich eine Unzulänglichkeit der Konkurs- oder Nachlaßmasse oder des Erlöses der Zwangsversteigerung zur Befriedigung der Gläubiger und Berichtigung der Kosten ergiebt.

1. Der erste Abschnitt des ersten Theils (Angelegenheiten der freiwilligen Gerichtsbarkeit enthält „Allgemeine Bestimmungen." §§ 1—5: Kostenpflichtigkeit; § 6: Vorschußpflicht; §§ 7—9: Gebührenfreiheit; § 10: theilweise Kostenstundung bei Bevormundeten; § 11: Fälligkeit; § 12: Nachforderung; § 13: Verjährung der Gebühren; § 14: Zuständigkeit; §§ 15 bis 16: Kostenerhebung und Beitreibung; § 17: Niederschlagung; §§ 18—24: Werthfestsetzung; §§ 25—26: Erinnerungen gegen Kostenansatz und Werthfestsetzung; §§ 27, 28: Beschwerde und Beschwerdegericht; §§ 29 bis 31: Erhebung von Stempeln bei den Gerichten; § 32: Mindestbetrag einer Gebühr.

2. Der zehnte Abschnitt betrifft die Auslagen. § 113: die verschiedenen Arten der baaren Auslagen; § 114: Schreibgebühren; § 115: Reisekosten; § 116: Kommissionsgebühren; § 117: Rechnungsgebühren (Allg. Verf. v. 26. Dez. 1899, JMBl. S. 902 Nr. 1 u. 3); § 118: baare Auslagen.

3. Die Fassung des Abs. 1 entspricht dem Art. 45 Pr. AG.ZVG. (unter IV).

§ 120 betrifft die Anwendbarkeit des Deutschen Gerichtskostengesetzes auf die vor die ordentlichen oder vor besondere Gerichte gehörigen Rechtssachen, für welche die Deutsche Civilprozeßordnung bezw. die Deutsche Strafprozeßordnung kraft landesgesetzlicher Vorschrift Anwendung finden.

§ 121 betrifft Forstdiebstahlssachen,

§ 122 das Vertheilungsverfahren im Falle einer Enteignung. (Vgl. Art. 86 Nr. XXXVIII. Pr. AG. BGB., sowie unter IV zu Art. 35 Vorbemerkung.)

§ 123 betrifft das Disziplinarverfahren.

Zweiter Abschnitt.

Zwangsversteigerung und Zwangsverwaltung von Gegenständen des unbeweglichen Vermögens. Zwangsliquidation einer Bahneinheit.

§ 124. Zwei Zehntheile der im § 8 des Deutschen Gerichtskostengesetzes bestimmten Gebühr werden erhoben für die Entscheidung, einschließlich des vorangegangenen Verfahrens, über Anträge auf Anordnung der Zwangsversteigerung, der Zwangsverwaltung[1] oder der Zwangsliquidation. Ist ein Gläubiger der Antragsteller,[2] so werden die Gebühren nach dem Betrage der einzuziehenden Forderungen nebst den miteinzuziehenden Zinsen berechnet; im Uebrigen[3] werden die Gebühren nach der Hälfte des Werthes des Gegenstandes der Zwangsversteigerung, der Zwangsverwaltung oder der Zwangsliquidation berechnet.[4] Bei Gegenständen, welche der Grundsteuer oder der Gebäudesteuer unterliegen, ist der Werth auf den vierzigfachen Betrag des staatlich ermittelten Grundsteuerreinertrags und den fünfundzwanzigfachen Betrag des staatlich ermittelten Gebäudesteuernutzungswerths zu bestimmen. In den Hohenzollernschen Landen ist an Stelle des nach der Grund- und Gebäudesteuer zu berechnenden Werthes der Steueranschlag maßgebend.

Wird der Antrag zurückgenommen, ehe eine gebührenpflichtige Entscheidung ergangen ist, so wird ein Zehntheil der im Abs. 1 bestimmten Gebühr erhoben. Im Falle einer theilweisen Zurücknahme wird diese Gebühr nur insoweit erhoben, als die im Abs. 1 bestimmte Gebühr sich erhöht haben würde, wenn die Entscheidung auf den zurückgenommenen Theil erstreckt worden wäre.[5]

1. Ersatz für die reichsgesetzliche Vorschrift in § 35 Nr. 2 GKG. (frühere Fassung), s. unter II zu § 109 ZVG. A 1 und für die landesgesetzlichen Vorschriften in § 12 Ges. v. 18. Juli 1883, und § 122 Pr. GKG. (ältere Fassung).

2. also in den Fällen der Zwangsversteigerung und Zwangsverwaltung im Wege der Zwangsvollstreckung, s. unter II: Abschn. I und II, unter IV: Abschn. II.

3. also in den Fällen der Gesetze unter II: Abschn. III, und unter IV: Abschn. III.

4. Kostenschuldner: der Antragsteller; Fälligkeit nach § 11, s. auch § 132.

5. Ersatz für § 46 GKG, § 12 Ges. v. 18. Juli 1883, § 122 Pr. GKG. (ältere Fassung).

§ 125. In dem Verfahren der Zwangsversteigerung werden erhoben:

1. für den Erlaß der Bekanntmachung des Versteigerungstermins zwei Zehntheile,
2. für die Abhaltung des ersten Versteigerungstermins zwei Zehntheile,
3. für die Abhaltung eines jeden Versteigerungstermins nach Abhaltung des ersten ein Zehntheil,

4. für das Vertheilungsverfahren fünf Zehntheile der im § 8 des Deutschen Gerichtskostengesetzes bestimmten Gebühr.[1]

Bei Gegenständen von mehr als 100 000 Mark steigen die ferneren Werthklassen um je 3 000 Mark und die Gebühren um je 10 Mark.

Die Gebühr für den Erlaß der Bekanntmachung[2] des Versteigerungstermins wird nur einmal erhoben. Wird jedoch nach Abhaltung[3] des bekannt gemachten Termins ein neuer Termin bekannt gemacht, so wird ein Zehntheil der bezeichneten Gebühr erhoben (§ 8 a. a. O.)

Die Bekanntmachung des Versteigerungstermins gilt als erlassen, wenn sie zur Veröffentlichung oder an einen der Betheiligten abgesandt worden ist.

Der Versteigerungstermin gilt als abgehalten, wenn in demselben nach Feststellung der Versteigerungsbedingungen zu Abgabe von Geboten aufgefordert worden ist.

Findet nach § 144 des Gesetzes über die Zwangsversteigerung und die Zwangsverwaltung ein Vertheilungsverfahren nicht statt oder wird nach § 143 desselben Gesetzes ein Vertheilungsverfahren nach der Zustellung der Bestimmung des Vertheilungstermins,[4] aber vor dem Beginne des Vertheilungstermins[5] eingestellt, so werden zwei Zehntheile der im § 8 des Deutschen Gerichtskostengesetzes bestimmten Gebühr erhoben.[6] Ist diese Gebühr und die Gebühr der Nr. 4 von verschiedenen Theilen des Erlöses[7] zu berechnen, so darf der Gesammtbetrag die nach Nr. 4 von dem Gesammterlöse zu berechnende Gebühr nicht überschreiten.

1. Berechnung des Werthgegenstandes nach §§ 127, 128.

2. s. Abs. 3. 3. s. Abs. 4.

4. Erfolgt die Einstellung vor der Zustellung der Bestimmung des Vertheilungstermins, so ist keine Gebühr zu erheben.

5. Erfolgt die Einstellung nach dem Beginne des Vertheilungstermins, so ist die $^5/_{10}$ Gebühr nach Abs. 1 Nr. 4 zu erheben.

6. Die $^2/_{10}$ bilden im Falle des § 144 das Entgelt für die Prüfung des Nachweises der Befriedigung, im Falle des § 143 das Entgelt für den Beginn des gerichtlichen Vertheilungsverfahrens (Zustellung der Terminsbestimmung).

7. § 144 Abs. 2 ZVG. (unter II).

§ 126. Für den Beschluß, durch welchen im Verfahren der Zwangsversteigerung der Zuschlag ertheilt worden ist, wird das Zweifache der im § 33 bestimmten Gebühr erhoben.[1]

Daneben wird der Betrag des nach den Bestimmungen der Stempelgesetze zu berechnenden Werthstempels[2] erhoben. In den Hohenzollernschen Landen wird bei der Eintragung des Erstehers als Eigenthümers von diesem die im Artikel 2 § 1 des Gesetzes vom 22. Juni 1875 (Gesetz-Samml. S. 235) bestimmte Abgabe[3] erhoben.

Im Falle der Zwangsversteigerung zum Zwecke der Aufhebung einer Gemeinschaft findet bei der

Berechnung der Gebühren, Stempel und Abgaben die Vorschrift im Abs. 3 der Tarifstelle 32 des Stempelsteuergesetzes vom 31. Juli 1895 (Gesetz-Samml. S. 413) Anwendung.

Wird der Beschluß aufgehoben, so werden die angesetzten Beträge nicht erhoben oder, wenn sie bezahlt sind, erstattet.

1. Ersatz für § 117 des Preuß. Gerichtskostengesetzes (ältere Fassung). — Die Gebühr ist das Zweifache der vollen Gebühr für gerichtliche Urkunden. — Kostenschuldner ist der Ersteher (s. unter II § 58 ZVG.), s. a. § 133.

2. 1 % bei unbeweglichen Gegenständen, 1/3 % bei anderen Gegenständen (Schiffe): Tarifstellen Nr. 78, 32: — berechnet nach dem Meistgebote (nöthigenfalls unter Scheidung des davon auf Zubehör entfallenden Theils) unter Hinzurechnung der von dem Ersteher übernommenen Leistungen, namentlich also der bestehenbleibenden Belastungen (vgl. unter II zu § 44 A. 3 ZVG).

3. ebenfalls 1 % bei Grundstücken.

4. d. h. es bleibt, wenn der Zuschlag einem Miteigenthümer ertheilt wird, derjenige Theil des Meistgebots außer Betracht, welcher auf den dem Ersteher bereits zustehenden Antheil an den versteigerten Gegenständen fällt. Der Miterbe gilt als Miteigenthümer nach Verhältniß seines ideellen Antheils am Nachlasse.

§ 127. Die nach den §§ 125, 126 zu erhebenden Gebühren werden nach dem Gebote[1] berechnet, für welches der Zuschlag ertheilt ist.

Erreicht das Gebot nicht zwei Drittheile des Werthes des Gegenstandes, so treten diese zwei Drittheile bei Berechnung der nach § 125 Nr. 1, 2,

3 und § 126 zu berechnenden Gebühren an Stelle des Gebots. Ist der Zuschlag nicht ertheilt, so werden die nach § 125 zu erhebenden Gebühren nach dem Werthe des Gegenstandes berechnet.

Auf die Berechnung des Werthes finden die Vorschriften des § 124 Abs. 1 Satz 3, 4 Anwendung.

Sind nach § 65 des Gesetzes über die Zwangsversteigerung und die Zwangsverwaltung Gegenstände besonders versteigert oder anderweit verwerthet worden, so tritt für die Berechnung der Gebühren für das Vertheilungsverfahren ihr Erlös dem Gebote hinzu.

1. Vgl. unten II zu § 44 A. 3 ZVG. und vorstehend zu § 126 A. 2.

§ 128. Betrifft das Verfahren der Zwangsversteigerung mehrere Gegenstände, so werden die im § 125 bestimmten Gebühren nach der Summe der für die einzelnen Gegenstände maßgebenden Beträge berechnet. Werden mehrere Gegenstände verschiedenen Personen zugeschlagen, so werden die im § 126 bestimmten Gebühren, Stempel und Abgaben nach den Personen der Ersteher gesondert berechnet.

§ 129. Die im § 125 bestimmten Gebühren werden, wenn der Zuschlag ertheilt ist und ein Vertheilungstermin stattfindet, nicht vor diesem Termin erhoben.[1]

Ist der Zuschlag nicht ertheilt, so werden die Gebühren fällig,[2] sobald der den Zuschlag versagende Beschluß erlassen oder das Verfahren ohne solchen Beschluß beendigt ist oder das Verfahren nach Abhaltung des Versteigerungstermins nur noch auf Antrag fortzusetzen ist.

Ist das Verfahren eingestellt, so werden mit dem Ablauf eines Jahres seit dem Erlasse des Einleitungsbeschlusses die bis dahin entstandenen Gebühren fällig.[2]

1. Vgl. § 109 ZVG. Die Gebühren werden aus dem Versteigerungserlöse vorweg entnommen, s. auch § 133.

2. Kostenschuldner sind der oder die Antragsteller, §§ 1, 3 Pr. GKG.

§ 130. In dem Verfahren der Zwangsverwaltung werden für jedes Jahr fünf Zehntheile der im § 8 des Deutschen Gerichtskostengesetzes bestimmten Gebühr erhoben.[1] Der Tag der Beschlagnahme gilt als der erste Tag eines jeden Verwaltungsjahrs.

Die Gebühr wird nach demjenigen Betrage der Einkünfte berechnet, welcher nach Berichtigung aller Ausgaben der Verwaltung und der laufenden Beträge der öffentlichen Lasten zur Vertheilung gelangt, mindestens jedoch nach dem Betrage des Grundsteuerreinertrags und des Gebäudesteuernutzungswerths. In den Hohenzollernschen Landen tritt an Stelle des Grundsteuerreinertrags und Gebäudesteuernutzungswerths der Betrag von vier Prozent des Steueranschlags.

1. § 125 Abs. 2 findet hier keine Anwendung. — Vgl. unter II § 155 ZVG. sowie untenstehend § 133.

§ 131. Die Gebühren im Verfahren der Zwangsverwaltung werden am Ende des Verfahrens und, wenn dasselbe länger als ein Jahr dauert, am Ende eines jeden Jahres erhoben.

Ist der Gegenstand des Verfahrens vor Aufhebung desselben dem Verwalter nicht übergeben oder nicht von demselben in Besitz genommen, so werden Gebühren nicht erhoben.

§ 132. Für die von dem Vollstreckungsgerichte veranlaßte Thätigkeit des Grundbuchamts und des das Schiffsregister führenden Richters werden Gebühren nicht erhoben, mit Ausnahme jedoch der Eintragung des Erstehers als Eigenthümers[1] und der Eintragung der Sicherungshypothek oder des Pfandrechts für die Forderung gegen den Ersteher.[2]

1. § 130 ZVG.
2. §§ 128, 130, 169 ZVG.

§ 133. Zur Zahlung der im § 124 bestimmten Gebühren ist der Antragsteller, zur Zahlung der im § 126 bestimmten Gebühren, Stempel und Abgaben ist der Ersteher verpflichtet. Für die nach den §§ 125, 130 zu erhebenden Gebühren haftet der Antragsteller, sofern sie nicht aus einer baar vorhandenen Theilungsmasse entnommen werden können.

Für die von dem Antragsteller zu erhebenden Kosten und Kostenvorschüsse haftet von mehreren Antragstellern, sofern diese nicht Mitberechtigte sind, jeder ohne Rücksicht auf die Mitverhaftung Anderer.

§ 134 betrifft die Zwangsliquidation einer Bahneinheit.

§ 135. Bei Beschwerden in dem Verfahren der Zwangsversteigerung, der Zwangsverwaltung oder der Zwangsliquidation finden die Vorschriften der §§ 45 und 46 des Deutschen Gerichtskostengesetzes entsprechende Anwendung. Wird von dem Beschwerdegericht im Verfahren der Zwangsversteigerung der in unterer Instanz versagte Zuschlag ertheilt, so ist außer der nach den Vorschriften des § 45 a. a. O. zu erhebenden Gebühr die Gebühr für Ertheilung des Zuschlags und der tarifmäßige Stempel zu erheben.

§ 136. Schreibgebühren werden nur für solche Abschriften und Ausfertigungen erhoben, welche nur in Folge eines auf die Ertheilung gerichteten Antrags ertheilt werden. Schuldner derselben ist der Antragsteller.

Bei dem Erlasse der Einleitungs- und Beitrittsbeschlüsse finden diese Beschränkungen nicht Anwendung, in der Beschwerdeinstanz nur bei der Zustellung eines den Zuschlag in der Zwangsversteigerung ertheilenden Beschlusses.

Kostentabelle. A. Gebühren für Zwangsversteigerungen.

Werthsklasse	Werth des Gegenstandes Kol. 1: § 124₁. Kol. 2—5: §§ 127, 128.	Von der Gebühr des deutschen GKG. § 8 werden erhoben: 1 Entsch. üb. Antrag a. Anordn. d. ZwVerst. u. ZwVerw. § 124 / 2 Erlaß d. Bekanntm. des Versteigerungstermins § 125₁ Nr. 1 / 3 Abhaltung des ersten Versteigerungstermins § 125₁ Nr. 2 — je $^{2}/_{10}$	4 Abh. ein. jed. Versteiger.-term. nach Abh. d. ersten § 125₁ Nr. 3 — $^{1}/_{10}$	5 für das Vertheilungsverfahren — $^{5}/_{10}$	Bemerkungen	Werthsklasse	Werth des Gegenstandes § 127	Von der Gebühr nach § 33 d. Pr. GKG. wird nach § 126₁ für d. Beschluß, durch welchen der Zuschlag ertheilt wird, erhoben. $^{20}/_{10}$ *)
1	bis einschl. 20 M.	0,20	0,20	0,50	Zu Kol. 1—3.	1	bis einschl. 20 M	0,80
2	„ 60 „	0,50	0,30	1,20	$^{2}/_{10}$ werden auch	2	„ 60 „	1,40
3	„ 120 „	1,00	0,50	2,30	erhoben, wenn	3	„ 120 „	2,40
4	„ 200 „	1,50	0,80	3,80	nach § 144 ZVG.	4	„ 200 „	3,60
5	„ 300 „	2,20	1,10	5,50	ein Vertheilungs-	5	„ 300 „	4,80
6	„ 450 „	3,00	1,50	7,50	verfahren nicht	6	„ 450 „	6,00
7	„ 650 „	4,00	2,00	10,00	stattfindet, oder	7	„ 650 „	7,20
8	„ 900 „	5,20	2,60	13,00	nach § 143 a. a. O.	8	„ 900 „	8,40
9	„ 1,200 „	6,40	3,20	16,00	ein Vertheilungs-	9	„ 1,200 „	10,00
10	„ 1,600 „	7,60	3,80	19,00	verfahren nach	10	„ 1,600 „	12,00
11	„ 2,100 „	8,80	4,40	22,00	d. Zustellung der	11	„ 2,100 „	14,00
12	„ 2,700 „	10,00	5.00	25.00	Bestimmung des	12	„ 2,700 „	16,00
13	„ 3,400 „	11,20	5,60	28,00	Vertheilungster-	13	„ 3.400 „	18,00
14	„ 4,300 „	12,40	6,20	31,00	mins aber vor d.	14	„ 4,300 „	20,00

15	„ 5,400 „	13,60	6,80	34,00	Beginn des Vertheilungstermins eingestellt wird. § 125 6. s. a. den Schlußs. daselbst, sowie Anm. 4–6.
16	„ 6,700 „	14,80	7,40	37,00	
17	„ 8,200 „	16,20	8,10	40,50	
18	„ 10,000 „	18,00	9,00	45,00	
	Die ferneren Werthsklassen steigen bis 100.000 um je 2000 M., und die volle Gebühr um je 10 M., also für je 2000 M um je	2,00	1 00	5,00	Zu Kol. 4. 1/10 wird auch erhoben wenn d. Antrag a. Anordnung der Zwangsversteigerung od. Zwangsverwaltung zurückgenommen wird, ehe eine gebührenpflichtige Entscheidung ergeht § 124 2 sowie wenn nach Abh. d. bekannt gemacht. Termins e neuer Term. bekannt gemacht wird § 125 3.
	von mehr als				
19	10,000 – 12,000 M.	20,00	10,00	50,00	
20	12,000 – 14,000 „	22,00	11,00	55,00	
	u. s. w.				
63	98 000—100,000 „	108,00	54,00	270,00	
	Die ferneren Werthsklassen steigen um je 3000 M, die volle Gebühr um je 10 M., also für je 3000 M. um je	2,00	1,00	5.00	
	von mehr als				
64	100,000—103,000 M.	110,00	55,00	275,00	
	u. s. w.				

15	„ 5,400 „	22,00
16	„ 6,700 „	24,00
17	„ 8,200 „	26,00
18	„ 10,000 „	28,00
19	„ 12,000 „	30,00
20	„ 14,000 „	32,00
21	„ 16,000 „	34,00
22	„ 18,000 „	36,00
23	„ 20,000 „	38.00
24	„ 22,000 „	40,00
25	„ 24,000 „	42,00
26	„ 26,000 „	44,00
27	„ 28,000 „	46,00
28	„ 30,000 „	48,00
29	„ 35,000 „	52,00
30	„ 40,000 „	56,00
31	„ 50,000 „	60,00
32	„ 60,000 „	64,00
33	„ 70,000 „	68,00
34	„ 80,000 „	72,00
35	„ 90,000 „	76,00
36	„ 100,000 „	80,00

Die ferneren Werthsklassen steigen um je 10,000 M., die Doppelgebühr um je 2 M. (10 Werthstuf. für je 100,000, 100 Werthstufen für je 1 Million) also z. B

1,990,000—2,000,000 :
80 + (190×2) = 460 M.

*) Daneben der Werthstempel § 126 2.

B. Gebühren für Zwangsverwaltungen.

Die für Anordnung der Zwangsverwaltung zu erhebende Gebühr beträgt 2/10; die für jedes Verwaltungsjahr zu erhebende Gebühr (Werth des Gegenstandes § 130 2) 5/10 der vollen Gebühr des § 8 des deutschen GKG. Die zu erhebenden Sätze ergeben sich bis zur Werthsklasse 63 (98,000—100,000 M.) aus Kol. 1 u. 5 der vorstehenden Tabelle. Ueber 100,000 M. steigen die Werthsklassen für je 2000 M. um je 10 M.; es treten also den Sätzen von 108 M. und 270 M. für je 2000 M. hinzu 2 M. bezw. 5 M.

VI.

Gesetz, enthaltend die landesgesetzlichen Vorschriften

über die

Gebühren der Rechtsanwälte und der Gerichtsvollzieher

vom 27. September 1899

(GS. S. 317)

(in der Fassung der Bekanntmachung des Justizministers*
vom 6. Oktober 1899 GS. S. 325, 381 ff.).

Wir **Wilhelm**, von Gottes Gnaden, König von Preußen ꝛc.

verordnen, unter Zustimmung der beiden Häuser des Landtags Unserer Monarchie, was folgt:

Erster Abschnitt.

Gebühren der Rechtsanwälte.

Allgemeines.

Art. 1. Die Vergütung für die Berufsthätigkeit[1] der Rechtsanwälte bestimmt sich, soweit sie nicht

---

*) Der Art. 29 des Gesetzes vom 27. September 1899 lautet:

Der Justizminister wird ermächtigt, die Artikel 1 bis 28 dieses Gesetzes durch die Gesetzsammlung in reichsgesetzlich geregelt ist,[2] ausschließlich nach den nachstehenden Vorschriften.

1. nicht hierher gehören diejenigen Fälle, in denen der Rechtsanwalt eine Thätigkeit wahrnimmt, die auch anderen Personen übertragen werden kann, und für die allgemeine Anordnungen wegen der zu entrichtenden Vergütung getroffen sind (s. unten Art. 16); — also die Bestellung zum Zustellungsvertreter (RG. § 7 2) oder zum Vertreter eines im Vertheilungsverfahren nicht ermittelten Berechtigten (§§ 135, 157 2 ZVG.), oder zum Zwangsverwalter (§§ 150, 153 ZVG., § 14 EG.).

2. das ist der Fall für die Vertretung in der Beschwerdeinstanz (§ 41 der Deutschen Geb.-Ord.; — ZVG. zu § 96 A. 3); insbesondere aber für die Zwangsvollstreckung durch Eintragung einer Sicherungshypothek (§§ 866 ff. CPO. oben S. 5). Die Gebühren für den Antrag auf Eintragung betragen $^3/_{10}$ der in § 9 der Deutschen Gebührenordnung v. 7. Juli 1879 bestimmten Gebühr (§§ 31 1, 36, 23 Nr. 2 a. a. O.), zu berechnen nach dem Betrage der einzutragenden Forderung; die einzutragenden Zinsen werden mit berechnet;

---

der Weise bekannt zu machen, daß die Verweisungen auf die Vorschriften des Preußischen Gerichtskostengesetzes und der Gebührenordnung für Notare durch Verweisungen auf die entsprechenden Vorschriften der durch den Justizminister bekannt gemachten Texte ersetzt werden.

Bei der Bekanntmachung der Texte des Preußischen Gerichtskostengesetzes und der Gebührenordnung für Notare sind der § 130 des ersteren und der § 29 des letzteren Gesetzes wegzulassen.

Es sind hier nur die Vorschriften, welche sich auf die unter II und IV abgedruckten Gesetze beziehen, aufgenommen worden.

Kosten nur, wenn dieserhalb ein besonderer Antrag erforderlich wird (§ 10 a. a. O., §§ 13, 9 GKG.).

Wegen Anrechnung dieser Gebühr auf die nach Art. 4, 5, 7 bestimmten Gebühren s. Art. 15 2.

Art. 2 betrifft die Berufsthätigkeit des Rechtsanwalts in Rechtssachen vor besonderen Gerichten, im Verwaltungsstreitverfahren, in Steuersachen u. s. w.

Werthsklassen.

Art. 3. Volle Gebühr im Sinne der nachstehenden Vorschriften ist die im § 9 der Deutschen Gebührenordnung[1] bestimmte Gebühr mit der Maßgabe, daß von 10 000 bis 20 000 Mark die Werthsklassen um je 2500 Mark und die Gebühren um je 4 Mark und von 20 000 Mark an die Gebühren um je 5 Mark und die Werthsklassen bis 100 000 Mark um je 5 000 Mark, bis 300 000 Mark um je 10 000 Mark, bis 1 Million Mark um je 25 000 Mark und darüber hinaus um je 50 000 Mark steigen.[2]

1. Gebührenordnung für Rechtsanwälte vom 7. Juli 1879 (RGBl. S. 176).

2. ein Höchstbetrag der Gebühren ist nicht festgesetzt.

Zwangsversteigerung.

Art. 4. Für die Vertretung[1] eines Betheiligten[2] im Verfahren der Zwangsversteigerung erhält der Rechtsanwalt drei Zehntheile der vollen Gebühr:

1. für die Vertretung bis zur Einleitung des Vertheilungsverfahrens;
2. für die Vertretung im Vertheilungsverfahren.

Der Vertreter des Antragstellers[3] erhält außerdem drei Zehntheile der vollen Gebühr für die Wahrnehmung der Versteigerungstermine.[4]

Die Gebühr für die Vertretung im Vertheilungsverfahren steht dem Rechtsanwalt auch dann zu, wenn unter seiner Mitwirkung eine außergerichtliche Vertheilung stattfindet.[5]

Die Gebühren für die Vertretung des Gläubigers oder eines anderen Berechtigten (§ 9 Nr. 1, 2 des Gesetzes über die Zwangsversteigerung und die Zwangsverwaltung) bestimmen sich nach dem Werthe des Rechtes,[6] wenn jedoch der Werth des Gegenstandes der Zwangsversteigerung oder des Vertheilungsverfahrens geringer ist, nach diesem; die neben einem Hauptanspruche bestehenden Ansprüche wegen der Kosten und Nebenleistungen bleiben unberücksichtigt. Im Falle der Vertretung eines anderen Betheiligten[7] bestimmen sich die Gebühren nach dem Werthe des Gegenstandes der Zwangsversteigerung[8] oder des Vertheilungsverfahrens oder des Antheils des Vertretenen an diesem Gegenstande. Auf die Berechnung des Werthes des Gegenstandes der Zwangsversteigerung[8] oder des Vertheilungsverfahrens finden die in Ansehung der Gerichtskosten geltenden Vorschriften[9] Anwendung.

Beschränkt sich die Thätigkeit des Rechtsanwalts auf die Vertretung des Gläubigers in dem Verfahren bis zum Versteigerungstermine,[10] so ist für die Gebührenberechnung an Stelle des Werthes des

Rechtes der Werth des Anspruchs, wegen dessen die Zwangsversteigerung beantragt ist, maßgebend, sofern nicht die Wahrnehmung eines anderen Termins[11] stattgefunden hat.[12]

1. Unter Vertretung im Sinne des Art. 4 ist die Repräsentation des Machtgebers im Verfahren (Prozeßbevollmächtigung) zu verstehen. — Ist der Auftrag auf einzelne Geschäfte beschränkt, so gelangen die Art. 8—10 zur Anwendung; jedoch darf die Gebühr nie mehr als die Gebühr nach Art. 4—7 betragen. (§ 48 Deutsche Geb.-Ord.).

2. § 9; also auch des Gläubigers und des Schuldners (§§ 9, 26, 166 RG., Art. 16 Pr. AG.ZVG.). Der Bieter gehört nicht zu den Betheiligten.

3. d. h. des Gläubigers, des beitretenden Gläubigers, des Konkursverwalters, des Beneficialerben, des Miteigenthümers (§§ 15, 27, 162—172, 175, 180 ZVG.) und des Antragstellers in den Fällen des zweiten und dritten Abschnitts des Pr. AG.ZVG.

4. in diesen Fällen ist die Gebühr also eine dreifache.

5. §§ 143 ff. ZVG.

6. also bz. des Gläubigers nicht blos des Theilbetrages, wegen dessen die Betreibung der Zwangsversteigerung erfolgt, s. jedoch Abs. 4.

7. außer dem Gläubiger und den in § 9 Nr. 1 und 2 RG. bezeichneten Berechtigten; also namentlich auch des Schuldners — Vgl. auch wegen der sonstigen Betheiligten A. 1 und 2.

8. d. h. des Grundstücks, Schiffes u. s. w.

9. Vgl. §§ 18 ff. des preuß. GKG. v. 25. Juni 1895.

10. namentlich also, wenn das Verfahren vor dem Versteigerungstermin eingestellt wird.

11. z. B. nach § 62 ZVG.

12. der Absatz 5 ist ein Zusatz der Kommission des Abgeordnetenhauses.

Zwangsverwaltung.

Art. 5. Für die Vertretung[1] des Gläubigers, des Schuldners oder des Konkursverwalters[2] im Verfahren der Zwangsverwaltung, einschließlich des Vertheilungsverfahrens, erhält der Rechtsanwalt jährlich zwei Zehntheile der vollen Gebühr nach dem Werthe der jährlichen Einkünfte. Auf die Berechnung dieser Gebühr finden die in Ansehung der Gerichtskosten geltenden Vorschriften entsprechende Anwendung.

Der Vertreter des Antragstellers[3] erhält außerdem[4] drei Zehntheile der vollen Gebühr nach dem Werthe der jährlichen Einkünfte; ist ein Gläubiger der Antragsteller und ist der Betrag der beizutreibenden Forderung und der miteinzuziehenden Zinsen geringer als der Werth der jährlichen Einkünfte, so ist dieser Betrag für die Gebührenberechnung maßgebend.

Beschränkt sich die Thätigkeit des Rechtsanwalts auf die Vertretung in dem Verfahren wegen Anordnung der Zwangsverwaltung, so erhält er nur die im Abs. 2 bestimmte Gebühr.[5]

1. s. zu Art. 4 A. 1.

2. für die Vertretung anderer Betheiligter bestimmt sich die Gebühr nach Art. 6 Satz 2.

3. d. h. des Gläubigers, des beitretenden Gläubigers, des Konkursverwalters (§§ 146, 172 ZVG.), sowie des Antragstellers in den Fällen des zweiten und dritten Abschnitts des Pr. AG.ZVG.

4. einmal; nicht jährlich wie die Gebühr nach Abs. 1.

5. also $^3/_{10}$.

Vertheilungsverfahren.

Art. 6. Auf die Vergütung der Berufsthätigkeit eines Rechtsanwalts in einem Vertheilungsverfahren außerhalb der Fälle der Zwangsversteigerung oder der Zwangsverwaltung[1] finden die Vorschriften des Artikels 4 entsprechende Anwendung.[2] Das Gleiche gilt für ein Vertheilungsverfahren im Falle der Zwangsverwaltung, wenn der Rechtsanwalt einen anderen Betheiligten als den Gläubiger, den Schuldner oder den Konkursverwalter vertritt;[3] für die Berechnung des Werthes wiederkehrender Leistungen ist der Werth der Leistungen eines Jahres, für die Berechnung des Werthes des Gegenstandes des Vertheilungsverfahrens ist der Werth der Einkünfte eines Jahres maßgebend.

1. Art. 52, 53, 109, 67 EG.BGB., Art. 35 ff. Pr. AG. ZVG., s. auch die Vorbemerkung a. a. O.).

2. die Gebühr ist eine einmalige und beträgt $^3/_{10}$ (Art. 4 Abs. 1 Nr. 2, Abs. 3, Abs. 4 Satz 2 und 3).

3. Vgl. zu Art. 5 A. 2; auch diese Gebühr ist eine einmalige ($^3/_{10}$), auch wenn mehrere Zahlungstermine wahrzunehmen sind. — Vgl. auch zu Art. 4 A. 1.

Art. 7 bezieht sich auf die Zwangsliquidation einer Bahneinheit.

Art. 8—12 behandeln die Gebühren der Rechtsanwälte für einzelne Geschäfte: Anträge bei Behörden, Schreiben von Privatpersonen, Wahrnehmung von Terminen, Rathsertheilung.

Art. 13 betrifft die Thätigkeit des Rechtsanwalts in Angelegenheiten, die nicht zur streitigen Gerichtsbarkeit gehören.

Art. 14 enthält eine ergänzende Bestimmung für Geschäfte, für welche eine Gebühr nicht bestimmt ist.

Anwendung von Vorschriften der Deutschen Gebührenordnung.

Art. 15. Die Vorschriften der §§ 2 bis 6, 8, 10 bis 12, 76 bis 86, 88, 93, 94 der Deutschen Gebührenordnung finden, soweit nicht ein Anderes bestimmt ist, in den Fällen der Artikel 4 bis 14 entsprechende Anwendung.[1]

In den Fällen der Artikel 4 bis 7 finden auch die Vorschriften der §§ 7, 25, 26, 29 bis 32, 35, 36, 48 bis 51 der Deutschen Gebührenordnung entsprechende Anwendung. Steht dem Rechtsanwalt in derselben Instanz[2] eine Gebühr für den Antrag auf Eintragung einer Sicherungshypothek zu, so wird diese auf die im Artikel 4 Absatz 1 Nr. 1, im Artikel 5 Abs. 2 und im Artikel 7 Abs. 1 Satz 1 bestimmten Gebühren angerechnet.

1. Abs. 1 ersetzt den § 2 Abs. 1 des Ausführungsgesetzes zur Deutschen Gebührenordnung für Rechtsanwälte v. 2. Febr. 1880 (GS. S. 43).

2. Vgl. § 31 der Deutschen Gebührenordnung. Die Eintragung einer Sicherungshypothek bildet mit der Zwangsversteigerung u. s. w. nur dann dieselbe Instanz, wenn sie nicht als selbständige Vollstreckungsmaßregel, sondern nur als Vorbereitung der weiteren Maßregeln

der Zwangsvollstreckung sich darstellt; letztere also sich unmittelbar der Zwangseintragung anschließen (vgl. zu Art. 1 A. 2).

Gebühren für andere als Berufsthätigkeit.

Art. 16. Allgemeine Vorschriften über die Vergütung für eine Thätigkeit, welche die Zulassung zur Rechtsanwaltschaft nicht voraussetzt, sind auch für die Rechtsanwälte maßgebend.[1]

1. Art. 16 ist von der Kommission des Abgeordnetenhauses eingeschoben worden. — Vgl. zu Art. 1 A. 1. — Wo die Vergütung nach freiem Ermessen festgesetzt wird, erstreckt sich die Festsetzungsbefugniß des Gerichts auch auf die Höhe der Vergütung für einen Rechtsanwalt.

Inkrafttreten.

Art. 17. Die Vorschriften dieses Abschnitts treten gleichzeitig mit dem Bürgerlichen Gesetzbuch in Kraft. Für die vor diesem Zeitpunkt ertheilten Aufträge bewendet es bei den bisherigen Vorschriften.

Zweiter Abschnitt.

Gebühren der Gerichtsvollzieher.

Art. 18—26.

Dritter Abschnitt.

Schlußbestimmungen.

Art. 27. Aufgehoben werden vom Zeitpunkte des Inkrafttretens des Bürgerlichen Gesetzbuchs an:

1. das Ausführungsgesetz zur Deutschen Gebührenordnung für Rechtsanwälte vom 2. Februar 1880 (Gesetz-Samml. S. 43);
2. die noch geltenden Vorschriften des Ausführungsgesetzes zum Deutschen Gerichtskostengesetz und zu den Deutschen Gebührenordnungen für Gerichtsvollzieher und für Zeugen und Sachverständige vom 10. März 1879 (Gesetz-Samml. S. 145) mit Ausnahme des § 42;
3. das Gesetz, enthaltend Bestimmungen über Gerichtskosten und Gebühren der Gerichtsvollzieher, vom 21. März 1882 (Gesetz-Samml. S. 129).

Art. 28 betrifft die Gebühren der Gerichtsvollzieher.

Tabelle für die Gebühren der Rechtsanwälte für Zwangsversteigerungen und Zwangsverwaltungen nach dem Gesetz vom 27. September 1899.

(Wegen der reichsgesetzlichen Gebühren s. zu Art. 1 A. 2.)

Werthsklasse	Werth des Gegenstandes a. bei Zwangsversteigerung Art. $4_{4,5}$[1] b. bei Zwangsverwaltung Art. $5_{1,2}$ c. für die Vertretung eines anderen Betheiligten als des Gläubigers, Schuldners und Konkursverwalters in e. Vertheilungsverfahren im Falle der Zwangsverwaltung Art. 6	Volle Gebühr im Sinne des Art. 3[2] M.	Von d. Gebühr d. Art. 3 werden erhoben: 1 b. d. ZwVerst.[3] für d. Vertretung b. z. Einl. d. Vertheilungsverf. Art. 4 Nr. 1 2 b. d. ZwVerst.[3] für die Vertretung im Vertheilungsverfahr. Art. 4 Nr. 2 u. Abs. 3 3 f. d. Vertret. i. e. WerthVerf. außerh. d. Fälle d. ZwVerst. u. ZwVerw. Art. 6 Satz 1 4 f. d. Vert. e. Betheil. i. Werth.-Verf. d. ZwVerw. i. Falle des Art. 6 Satz 2 (Werth des Gegenstandes c) je $^3/_{10}$	5 b. d. Zw. Verw.[4] f. d. Vertret. d. Gläubigers, Schuldners, Konk Verw. einschl. des Vert. Verf. Art. 5 $^2/_{10}$	Bemerkungen
1	bis einschl. 20 M.	2,00	1,00	1,00	
2	" " 60 "	3,00	1,00	1,00	1. Die Vorschriften über
3	" " 120 "	4,00	1,20	1,00	die Werthsberechnung in
4	" " 200 "	7,00	2,10	1,40	Art. 4_4 finden in einem Ver-
5	" " 300 "	10,00	3,00	2,00	theilungsverfahren außer-
6	" " 450 "	14,00	4,20	2,80	halb der Fälle der Zwangs-
7	" " 650 "	19,00	5,70	3,80	versteigerung u. der Zwangs-
8	" " 900 "	24,00	7,20	4,80	verwaltung (Art. 6_1) ent-
9	" " 1,200 "	28,00	8,40	5,60	sprechende Anwendung.
10	" " 1,600 "	32,00	9,60	6,40	2. Die volle Gebühr ist
11	" " 2,100 "	36,00	10,80	7,20	Maximalsatz in den Fällen
12	" " 2,700 "	40,00	12,00	8,00	der Art. 10_2 und 12.
13	" " 3,400 "	44,00	13,20	8,80	3. a) Außer den Gebühren
14	" " 4,300 "	48,00	14,40	9,60	Kol. 1 u. 2 erhält der Ver-

15	„ „ 5,400 „	52,00	15,60	10,40	treter des Antragstellers noch $^{3}/_{10}$ (also dreifach die Sätze d. Kol. 1) für Wahrnehmung d. Versteigerungstermins.
16	„ „ 6,700 „	56,00	16,80	11,20	b) $^{3}/_{10}$ erhält auch der mit Wahrnehmung einzelner Termine beauftragte Rechtsanwalt.
17	„ „ 8,200 „	60,00	18,00	12,00	4. Diese Gebühr erhält der Rechtsanwalt jährlich; außerdem als Vertreter des Antragstellers $^{3}/_{10}$ ein für allemal; und wenn sich die Vertretung auf das Verfahren der Anordnung der Zwangsverwalt. beschränkt nur $^{3}/_{10}$.
18	„ „ 10.000 „	64,00	19,20	12,80	Wegen der Gebühr für Vertretung anderer Betheiligten s. Kol. 4.
19	„ „ 12.500 „	68,00	20,40	13,60	5. Die Gebühr von 1 M. ist Minimalgebühr Art, 15₁ in Verbindung mit § 8 der deutschen Gebührenordnung.
20	„ „ 15,000 „	72,00	21,60	14,40	
21	„ „ 17,500 „	76,00	22,80	15,20	
22	„ „ 20,000 „	80,00	24,00	16,00	
	In den folgenden 16 Werthsklassen 23—38 steigt d. Werthsstufe um je 5000 M., die volle Gebühr um je 5 M. also für je 5000 M., ...	5,00	1,50	1,00	
38	sodaß in Werthsklasse 95,000—100,000 M.	160,00	48,00	32,00	
	In den folgenden 20 Werthsklassen 39—58 steigt d. Werthsstufe um je 10,000 M., die volle Gebühr um je 5 M also für 10,000 M	5,00	1,50	1,00	
58	sodaß in Werthsklasse 290,000—300,000 M.	260,00	78,00	52,00	
	In den folgenden 28 Werthsklassen 59—86 steigt d. Werthsstufe um je 25,000 M., die volle Gebühr um 5 M. also für je 25,000 M. um	5,00	1,50	1,00	
86	sodaß in Werthsklasse 975,000—1,000,000 M.	400,00	120,00	80,00	
	In d. folgenden Werthsklassen steigen die Werthsstufen um je 50,000 M., die volle Gebühr um je 5 M.				

VII.

Anhang.

1. Verordnung, betr. das Verwaltungszwangsverfahren wegen Beitreibung von Geldbeträgen v. 15. Nov. 1899.

(G.S. S. 545.)

III. Zwangsvollstreckung in das unbewegliche Vermögen.

§ 51. Die Zwangsvollstreckung in das unbewegliche Vermögen erfolgt nach den für gerichtliche Zwangsvollstreckungen bestehenden Vorschriften. Die erforderlichen Anträge sind durch die Vollstreckungsbehörde zu stellen.

Anträge auf Zwangsversteigerung oder Zwangsverwaltung sind nur zulässig, sobald feststeht, daß durch Pfändung die Beitreibung des Geldbetrags nicht erfolgen kann.

Die Vollstreckbarkeit der Forderung und die Zulässigkeit der Zwangsvollstreckung nach Maßgabe des Abs. 2 unterliegen nicht der Beurtheilung des Gerichts oder Grundbuchamts.

In den besonderen Rechten der bestehenden Kreditverbände bei der Zwangsversteigerung oder Zwangsverwaltung der zu ihnen gehörigen oder von ihnen beliehenen Güter wird durch die Bestimmungen dieser Verordnung nichts geändert.

§ 52. Ist eine Sicherungshypothek eingetragen, so ist im Falle der Veräußerung des belasteten Grundstücks die Zwangsvollstreckung in Ansehung des Grundstücks gegen den Rechtsnachfolger zulässig. Die Vorschriften des § 3 Abs. 3 finden Anwendung.

2. Allgemeine Verfügung des Justizministers vom 7. Dez. 1899, — betreffend den Inhalt der Bestimmung des Versteigerungstermins bei der Zwangsversteigerung von Grundstücken.

(Justiz-Ministerialblatt 1899 Nr. 48 S. 790.)

Auf Grund des § 6 des Einführungsgesetzes zu dem Reichsgesetz über die Zwangsversteigerung und die Zwangsverwaltung vom 24. März 1897 (Reichs-Gesetzbl. S. 135) wird Folgendes angeordnet:

Bei der Zwangsversteigerung von Grundstücken soll die Bestimmung des Versteigerungstermins außer den im § 38 des Reichsgesetzes über die Zwangsversteigerung und die Zwangsverwaltung vorgeschriebenen Angaben über das Grundstück weiter auch kurze Angaben über

1. die Eigenschaft und die Wirthschaftsart des Grundstücks (Rittergut, Bauerhof, Acker, Wiese, Garten, Wohnhaus, Fabrik, Brauerei, Gasthaus, Apotheke u. s. w.);
2. die Lage des Grundstücks (Kreis, Ortschaft, Straße und Hausnummer oder die sonstige ortsübliche Bezeichnung);
3. die Bezeichnung des Grundstücks in den Grund- und Gebäudesteuerbüchern (Name der Gemarkung, Nummern des Kartenblatts [der Flur] und der

Parzelle, Artikelnummer der Grundsteuermutterrolle, Nummer der Gebäudesteuerrolle);

4. den staatlich ermittelten Grundsteuerreinertrag und Gebäudesteuernutzungswerth, in den Hohenzollernschen Landen den Steueranschlag (das Grund- und Gebäudesteuerkapital);

5. sonstige, für die Beurtheilung der wirthschaftlichen Bedeutung und des Werthes des Grundstücks nach dem Ermessen des Gerichts erhebliche Verhältnisse (mit dem Eigenthum verbundene Rechte, Grunddienstbarkeiten, Erwerbspreise, Abschätzungen, Versicherungssummen u. s. w.)

enthalten, soweit die Angaben aus den Mittheilungen des Grundbuchamts, den Auszügen aus der Grundsteuermutterrolle und der Gebäudesteuerrolle oder aus anderen dem Gerichte von den Betheiligten eingereichten zuverlässigen Nachweisungen entnommen werden können oder gerichtsbekannt sind.

Besteht das Grundstück aus mehreren Katasterparzellen, so kann die im Abs. 1 Nr. 3 vorgeschriebene Angabe der Kartenblatt- und Parzellennummern unterbleiben, wenn sämmtliche Parzellen auf einem oder mehreren Artikeln der Grundsteuermutterrolle nachgewiesen sind, welche andere Parzellen nicht umfassen; in diesem Falle genügt die Angabe des Artikels der Grundsteuermutterrolle und der Nummer der Gebäudesteuerrolle sowie des Gesammtreinertrags und des Gesammtnutzungswerths.

Vor der Bestimmung des Versteigerungstermins kann das Gericht behufs Ergänzung unvollständiger oder fehlender Angaben oder behufs Feststellung zweifelhafter Nachweisungen die Betheiligten hören oder sonstige Ermittelungen vornehmen, soweit dies ohne erhebliche Verzögerung des Verfahrens und ohne Aufwendung besonderer Kosten möglich ist.

3. Allgemeine Verfügung des Justizministers vom 8. Dezember 1899, — betreffend die Geschäftsführung der Verwalter, welche bei der Zwangsverwaltung bestellt werden, und die den Verwaltern zu gewährende Vergütung.

(Justiz-Ministerial-Blatt 1899 Nr. 47 S. 791.)

Auf Grund des § 14 des Einführungsgesetzes zum Reichsgesetz über die Zwangsversteigerung und die Zwangsverwaltung vom 24. März 1897 (Reichs-Gesetzbl. S. 135) werden für die Geschäftsführung der Verwalter, welche bei der Zwangsverwaltung bestellt werden, und für die den Verwaltern zu gewährende Vergütung folgende allgemeine Anordnungen getroffen:

§ 1. Der von dem Gerichte bestellte Verwalter erhält zu seiner Legitimation eine Ausfertigung des Beschlusses, durch welchen die Zwangsverwaltung angeordnet und seine Bestellung erfolgt ist.

§ 2. Bei der Uebergabe eines zu verwaltenden Grundstücks an den Verwalter ist von dem mit der Uebergabe beauftragten Beamten unter Mitwirkung des Verwalters sowie unter Zuziehung des Schuldners, falls dieser anwesend ist, und wenn angängig auch des Gläubigers eine Verhandlung aufzunehmen, in welcher thunlichst genau festzustellen sind:

a) die Beschaffenheit, die bisherige Art der Benutzung und der gegenwärtige Zustand des Grundstücks, die darauf befindlichen Gebäude unter Angabe ihrer Bestimmung und ihres baulichen Zustandes sowie die mit dem Boden zusammenhängenden Erzeugnisse unter Angabe etwaiger Pfändungen;

b) diejenigen Gegenstände, auf welche sich die Beschlagnahme des Grundstücks erstreckt, insbesondere die von dem Grundstücke getrennten Erzeugnisse und sonstigen Bestandtheile sowie das Zubehör des Grundstücks, die Mieth- und Pachtzinsforderungen einschließlich der Rückstände unter Angabe der Vertragsverhältnisse sowie etwaiger Pfändungen und Verfügungen über die Forderungen, die mit dem Eigenthum an dem Grundstücke verbundenen Rechte auf wiederkehrende Leistungen und die Forderungen aus der Versicherung von Gegenständen, die der Beschlagnahme unterliegen, unter Bezeichnung der Versicherungsverträge (Policen) und der zu zahlenden Prämien;

c) die öffentlichen Lasten des Grundstücks unter Angabe der laufenden Beträge, welche von dem Verwalter aus den Nutzungen des Grundstücks ohne weiteres Verfahren zu berichtigen sind;

d) die voraussichtlichen Ausgaben der Verwaltung, insbesondere die Ansprüche des Gesindes, der Wirthschafts- und Forstbeamten auf Lohn, Kostgeld und andere Bezüge seit dem Beginne der Verwaltung;

e) die zu erwartenden Einnahmen und die Höhe des für die Verwaltung erforderlichen Kostenvorschusses;

f) alle sonstigen für die Verwaltung wesentlichen Verhältnisse.

Soweit die in dem vorstehenden Absatze bezeichneten Verhältnisse nicht schon bei der Uebergabe festgestellt werden können, hat der Verwalter darüber dem Gericht unverzüglich zu berichten. Das Gleiche gilt, wenn der Verwalter ermächtigt wird, sich selbst den Besitz des Grundstücks zu verschaffen.

Erstreckt sich die Beschlagnahme auf Forderungen, so ist sie bei der Uebergabe oder der Besitzergreifung von dem Verwalter den anwesenden Drittschuldnern bekannt zu machen. Den abwesenden Drittschuldnern hat der Verwalter die Beschlagnahme sofort mittelst eingeschriebenen Briefes mitzutheilen. Die getroffenen Maßregeln sind in der Uebergabeverhandlung oder in dem Berichte des Verwalters zu vermerken. Außerdem kann der Verwalter den Erlaß von Zahlungsverboten an die Drittschuldner bei dem Gerichte beantragen.

§ 3. Wohnt der Schuldner zur Zeit der Beschlagnahme auf dem Grundstücke, so hat der Verwalter bei der Besitzergreifung vorbehaltlich der Entscheidung des Gerichts dem Schuldner die für seinen Hausstand unentbehrlichen Räume zu belassen, auch wenn sie für die Verwaltung erforderlich sind. Die dem Schuldner belassenen Räume sind in der Uebergabeverhandlung oder in dem Berichte des Verwalters aufzuführen; mit etwaigen weitergehenden Anträgen ist der Schuldner an das Gericht zu verweisen.

Gefährdet der Schuldner oder ein Mitglied seines Hausstandes das Grundstück oder die Verwaltung, so hat der Verwalter hiervon dem Gericht unverzüglich Anzeige zu machen und die erforderlichen Anträge zu stellen.

§ 4. Der Verwalter hat die Verwaltung nach der ihm von dem Gericht ertheilten Anweisung zu führen. Weisungen des Gläubigers oder des Schuldners oder gemeinschaftliche Weisungen beider sind für ihn nicht bindend.

Legt das Gericht dem Verwalter die Leistung einer Sicherheit auf, so ist diese, wenn nicht das Gericht eine andere Art der Sicherheitsleistung zuläßt, durch Hinterlegung von Geld oder Werthpapieren oder durch Verpfändung von Forderungen, die in das Reichsschuldbuch oder in das Staatsschuldbuch eines Bundesstaats eingetragen sind, zu leisten. Mit Werthpapieren und mit Buchforderungen gegen das Reich oder gegen einen Bundesstaat kann die Sicherheit vorbehaltlich anderweitiger Bestimmung des Gerichts nur nach Maßgabe der §§ 234, 236 des Bürgerlichen Gesetzbuchs geleistet werden.

§ 5. Bei den von dem Justizminister bestimmten größeren Amtsgerichten wird ein Gerichtsschreiber durch den Oberlandesgerichtspräsidenten zum Zwangsverwaltungs-Inspektor ernannt. In diesem Falle finden die nachfolgenden besonderen Vorschriften Anwendung.

Das Gericht soll, sofern eine Uebergabe des Grundstücks an den Verwalter stattfindet, mit derselben in der Regel den Zwangsverwaltungs-Inspektor beauftragen.

Bei Ertheilung von Anweisungen an den Verwalter ist der Zwangsverwaltungs-Inspektor zuzuziehen.

Das Gericht kann sich bei der Beaufsichtigung der Geschäftsführung des Verwalters der Mitwirkung des Zwangsverwaltungs-Inspektors bedienen; ein anderer Beamter ist zu dieser Mitwirkung nur insoweit zu verwenden, als hierbei Rechnungsarbeiten in Frage kommen, welche der Zwangsverwaltungsinspektor wegen Geschäftsüberhäufung nicht übernehmen kann.

Der Zwangsverwaltungs-Inspektor hat mindestens einmal im Jahre eine außerordentliche Prüfung der Bücher, Akten und Kassenbestände des Verwalters vorzunehmen.

§ 6. Der Verwalter hat die Art der Benutzung des Grundstücks, welche bis zur Anordnung der Zwangsverwaltung bestand, in der Regel beizubehalten.

Grundstücke, welche nicht landwirthschaftlich oder forstwirthschaftlich benutzt werden, sind durch Vermiethung nutzbar zu machen. Auch können einzelne Acker-, Garten- oder Wiesenstücke vermiethet oder verpachtet werden, wenngleich sie bis dahin nicht vermiethet oder verpachtet worden sind.

Die Dauer der von dem Verwalter abzuschließenden Mieth- oder Pachtverträge darf ohne Zustimmung des Schuldners die Zeit von einem Jahre nicht überschreiten.

Hält der Verwalter eine Abweichung von diesen Vorschriften für angemessen, so hat er die Entscheidung des Gerichts einzuholen.

Mit dem Schuldner darf der Verwalter Mieth- oder Pachtverträge nur mit Genehmigung des Gerichts abschließen.

§ 7. Der Verwalter hat in den Mieth- und Pachtverträgen jedesmal zu bedingen, daß:

a) wenn das Grundstück vor der Ueberlassung an den Miether oder Pächter im Wege der Zwangsversteigerung veräußert wird, der Miether oder Pächter nicht berechtigt sein soll, Ansprüche aus dem Vertrage zu erheben,

und daß:

b) wenn das Grundstück nach der Ueberlassung an den Miether oder Pächter im Wege der Zwangsversteigerung veräußert wird und der an die Stelle des Vermiethers oder Verpächters tretende Ersteher die sich aus dem Mieth- oder Pachtverhältniß ergebenden Verpflichtungen nicht erfüllt, die gesetzliche Haftung des Vermiethers oder Verpächters für den von dem Ersteher zu ersetzenden Schaden ausgeschlossen sein soll.

Wird ein bereits vor der Anordnung der Zwangsverwaltung vermiethetes oder verpachtetes Grundstück im Wege der Zwangsversteigerung veräußert, so hat der Verwalter davon dem Miether oder Pächter Mittheilung zu machen, sobald er von der Ertheilung des Zuschlags an den Ersteher Kenntniß erhält.

§ 8. Der Verwalter hat für rechtzeitige Geltendmachung der Ansprüche, auf welche sich die Beschlagnahme erstreckt, zu sorgen.

Will er die Erhebung der Klage wegen rückständiger Leistungen länger als vier Wochen nach der Fälligkeit unterlassen oder glaubt er nach Erlangung eines vollstreckbaren Schuldtitels die Zwangsvollstreckung hinausschieben oder unterlassen zu müssen, so hat er hiervon dem Gläubiger und dem Schuldner Nachricht zu geben.

Das Gleiche gilt, wenn der Verwalter nach Erhebung der Klage das Verfahren ruhen lassen oder die Klage zurücknehmen will.

Bleibt ein Miether oder Pächter mit der Zahlung des Mieth- oder Pachtzinses im Rückstande, so hat der Verwalter von dem gesetzlich oder vertragsmäßig begründeten Rechte der Kündigung oder der Aufhebung des Vertrags in der Regel Gebrauch zu machen, wenn nicht inzwischen alle Rückstände bezahlt werden.

§ 9. Behauptet ein Miether oder Pächter, daß der Mieth- oder Pachtzins vor der Beschlagnahme des Grundstücks für eine spätere Zeit als das zur Zeit der Beschlagnahme laufende und das folgende Kalendervierteljahr eingezogen, oder daß darüber für diese Zeit in anderer Weise verfügt sei, so hat der Verwalter, sofern die Einziehung oder Verfügung dem Gläubiger gegenüber nach § 1124 des Bürgerlichen Gesetzbuchs unwirksam ist, diese Unwirksamkeit geltend zu machen und den Mieth- oder Pachtzins einzuziehen, wenn nicht der Gläubiger auf die Einziehung verzichtet.

Das Gleiche gilt, wenn mit dem Eigenthum an dem Grundstück ein Recht auf wiederkehrende Leistungen verbunden und vor der Beschlagnahme des Grundstücks über den Anspruch auf eine Leistung verfügt ist, die erst drei Monate nach der Beschlagnahme fällig wird.

§ 10. Aus den nach Deckung der Ausgaben der Verwaltung sowie der Kosten des Verfahrens, welche vorweg zu bestreiten sind, verbleibenden Ueberschüssen der Einnahmen darf der Verwalter nur die laufenden Beträge der in den Artikeln 1 bis 3 des Ausführungsgesetzes zum Reichsgesetz über die Zwangsversteigerung und die Zwangsverwaltung vom 23. September 1899 (Gesetz-Samml. S. 291) bezeichneten öffentlichen Lasten ohne weiteres Verfahren berichtigen, sonstige Zahlungen an die Berechtigten dagegen nur auf Grund der von dem Gerichte nach der Feststellung des Theilungsplans getroffenen Anordnung der planmäßigen Zahlung leisten.

Ist zu erwarten, daß solche Zahlungen geleistet werden können, so hat der Verwalter dem Gerichte hiervon unter Angabe des voraussichtlichen Betrages der Ueberschüsse und der Zeit ihres Einganges Anzeige zu machen.

§ 11. Bei den an die Berechtigten zu leistenden Zahlungen ist die von dem Gericht angeordnete Rangordnung einzuhalten. An einen im Range nachstehenden Berechtigten darf eine Zahlung nur dann erfolgen, wenn mit Sicherheit anzunehmen ist, daß die den vorstehenden Berechtigten angewiesenen Zahlungen aus den bis zu deren Fälligkeit erfolgenden Einnahmen geleistet werden können. Soll die Zahlung auf das Kapital einer Hypothek oder Grundschuld oder auf die Ablösungssumme einer Rentenschuld geleistet werden, so hat der Verwalter zu diesem Zwecke die Anberaumung eines Termins bei dem Gerichte zu beantragen.

§ 12. Der Verwalter hat von den Einnahmen stets die zur Bestreitung der Ausgaben der Verwaltung, einschließlich der ihm selbst zustehenden Vergütung, der Kosten des Verfahrens und der laufenden Abgaben aus öffentlichen Lasten erforderlichen Beträge zurückzubehalten.

Er darf keine Verpflichtung eingehen, welche nicht aus bereits gemachten Einnahmen oder aus sicheren Einnahmen der laufenden Mieth-, Pacht- oder Wirthschaftsperiode bezahlt werden kann.

Zur Versicherung von Gegenständen der Verwaltung gegen Brandschaden oder sonstige Unfälle ist der Verwalter, soweit eine solche durch eine ordnungsmäßige Verwaltung geboten erscheint, ohne Rücksicht auf die im vorhergehenden Absatze bezeichnete Beschränkung verpflichtet.

Werden Ausgaben nöthig, welche in der im Abs. 2 angegebenen Weise nicht gedeckt werden können, so hat der Verwalter dem Gerichte hiervon Anzeige zu machen.

Vorschüsse zu machen, ist er ohne Genehmigung des Gerichts nicht berechtigt.

§ 13. Der Verwalter darf Ausbesserungen und Erneuerungen auf dem verwalteten Grundstücke, welche nicht zu der gewöhnlichen Unterhaltung gehören, nur mit Genehmigung des Gerichts vornehmen. Die Genehmigung hat er nach Befragen des Gläubigers und wenn thunlich auch des Schuldners unter Vorlage der von diesen abgegebenen Erklärungen zu beantragen.

§ 14. Der Verwalter darf die Verwaltung nicht einem Anderen übertragen. Wird er verhindert, die Verwaltung zu führen, so hat er dem Gerichte hiervon unverzüglich Anzeige zu machen. Jedoch kann er sich zur Ausrichtung einzelner Geschäfte, welche keinen Aufschub leiden, im Falle persönlicher Verhinderung anderer Personen unter gesetzlicher Haftung für diese bedienen.

§ 15. Der Verwalter darf, abgesehen von seiner Entlassung, die Verwaltung nicht einstellen, bevor das Gericht die Aufhebung des Verfahrens angeordnet hat.

Hat der Verwalter die Forderung des Gläubigers einschließlich der Kosten der Zwangsvollstreckung bezahlt, so hat er hiervon dem Gericht unverzüglich Anzeige zu machen; ebenso, wenn der Gläubiger ihm anzeigt, daß er befriedigt sei oder in die Aufhebung der Verwaltung willige.

§ 16. Bei der Verwaltung von Grundstücken, welche durch Vermiethen oder Verpachten benutzt werden, erhält der Verwalter als Vergütung Theilbeträge vom Hundert der von ihm eingenommenen Mieth- oder Pachtzinsen, und zwar, wenn der jährliche Mieth- oder Pachtzins beträgt:

a) bis 150 Mark einschließlich, sieben vom Hundert,

b) über 150 Mark bis 300 Mark einschließlich, sechs vom Hundert,

c) über 300 Mark bis 450 Mark einschließlich, fünf vom Hundert,

d) über 450 Mark bis 1000 Mark, einschließlich vier vom Hundert,

e) über 1000 Mark, drei vom Hundert,

in den Fällen zu b bis e jedoch mindestens den Höchstbetrag der vorhergehenden Stufe.

Ist das Grundstück in einzelnen Theilen vermiethet oder verpachtet, so sind die Theilbeträge vom Hundert bei jedem Theile besonders zu berechnen.

Vermiethet oder verpachtet der Verwalter das Grundstück oder einen Theil davon für einen höheren Mieth- oder Pachtzins als bisher, so erhält er außer den Theilbeträgen vom Hundert den achten Theil der hierbei erzielten Mehreinnahme des ersten in die Zeit der Verwaltung fallenden Jahres, für welches der erhöhte Mieth- oder Pachtzins gezahlt wird, jedoch bei jedem einzelnen Mieth- oder Pachtvertrage nicht mehr als 60 Mark.

Ist das Grundstück dem Verwalter übergeben oder von ihm auf Anweisung des Gerichts in Besitz genommen, so beträgt die Vergütung des Verwalters, sofern die vorstehenden Bestimmungen nicht einen höheren Betrag ergeben, 10 Mark.

Ist das Verfahren der Zwangsverwaltung vor der Uebergabe oder der Besitzergreifung aufgehoben, der Verwalter aber zum Zwecke der Uebernahme an Ort und Stelle gekommen, so erhält er eine Vergütung von 5 Mark.

Die Vereinbarung oder Festsetzung einer geringeren Vergütung durch das Gericht bleibt vorbehalten.

Andererseits kann, wenn die thatsächlichen Einnahmen des Verwalters an Mieth- oder Pachtzinsen der Dauer der Verwaltung nicht entsprechen oder wenn die Verwaltung außergewöhnliche Mühewaltung erfordert, abweichend von den Vorschriften im Abs. 1 bis 5 eine höhere Vergütung durch das Gericht festgesetzt werden.

Die Festsetzung der Vergütung durch die Verwaltung von Grundstücken, die nicht durch Vermiethung oder Verpachtung benutzt werden, bleibt dem Gericht im Einzelfall überlassen.

Neben der Vergütung hat der Verwalter Anspruch auf Erstattung nothwendiger Reisekosten und anderer Auslagen.

§ 17. Der Verwalter hat die Einnahmen aus dem verwalteten Grundstücke getrennt von allen anderen Geldern, insbesondere auch von den Einnahmen aus einer anderen Verwaltung, aufzubewahren.

Größere Baarbestände, die voraussichtlich erst später zur Verwendung kommen, sind nach näherer Anordnung des Gerichts verzinslich anzulegen.

§ 18. Der Verwalter hat rücksichtlich aller Einnahmen und Ausgaben für die Beschaffung schriftlicher Belege zu sorgen, insbesondere Mieth- nnd Pachtverträge sowie Abänderungen solcher Verträge in jedem Falle schriftlich abzuschließen.

Für die Vergütung des Verwalters ist eine sie rechtfertigende Berechnung als Beleg aufzustellen.

Kann ein Rechnungsbeleg von dem Aussteller nicht unterschrieben werden, so genügt an Stelle der Unterschrift die beigefügte schriftliche Erklärung einer anderen glaubhaften Person, daß der Beleg vorgelesen und genehmigt sei, sofern nicht ein Rechtsgeschäft in Frage ist, dessen Gültigkeit die Beobachtung anderer Formen erfordert.

§ 19. Der Verwalter hat alle auf die Verwaltung bezüglichen Schriftstücke in Akten zu sammeln und solche Vorgänge der Verwaltung, über welche aus den Akten nicht anderweit Auskunft zu erlangen ist, in den Akten zu vermerken.

Verwalter, welche mehrere Verwaltungen führen, haben über jede Verwaltung besondere Akten zu halten, die einzelnen Akten fortlaufend zu nummeriren und darüber ein Verzeichniß zu führen.

Die Einnahme- und Ausgabebelege sind besonders zu sammeln.

§ 20. Der Verwalter hat über die Einnahmen und Ausgaben aus allen von ihm geführten Verwaltungen ein Kassenbuch nach dem in der Anlage A gegebenen Muster zu führen. Einnahmen und Ausgaben sind nach der Zeitfolge einzutragen und am Schlusse jeder Seite aufzurechnen. Anl. A.

Die laufende Nummer des Kassenbuchs ist auf dem betreffenden Belege zu vermerken.

§ 21. Der Verwalter hat ferner für jede Verwaltung ein Konto nach dem in der Anlage B gegebenen Muster zu führen. Anl. B

Das Konto ist für jedes mit dem 15. Tage der Monate Januar, April, Juli, Oktober endende Vierteljahr gesondert zu führen und am Ende desselben in der Art abzuschließen, daß alle noch nicht erfolgten Einnahmen oder Ausgaben als Rest in das folgende Vierteljahr übergehen.

Führt der Verwalter mehrere Verwaltungen, so ist für die einzelnen Konten ein gemeinsames Buch zu halten.

Außerdem hat der Verwalter über den Kassenbestand jeder einzelnen Masse Nachweisungen nach dem als Anlage C beigefügten Muster gemäß der darauf gegebenen näheren Anleitung aufzustellen. Anl. C.

§ 22. In die Solleinnahme und Sollausgabe des Kontos sind am Anfange der Verwaltung und am Anfange jedes Vierteljahrs die in dem Vierteljahre fällig werdenden Einnahmen und Ausgaben der Verwaltung, die aus früherer Zeit etwa verbliebenen Reste und der bei dem Abschlusse des Kontos des letzten Vierteljahrs verbliebene Bestand einzutragen.

Die bei dem Beginne der Verwaltung aus früherer Zeit vorhandenen Resteinnahmen sowie die im Laufe eines Vierteljahrs entstehenden Solleinnahmen und Sollausgaben sind einzutragen, sobald sie dem Verwalter bekannt werden, die Solleinnahmen jedoch nicht vor dem Beginne des Vierteljahrs, in welchem sie fällig werden.

Die Gebühren des Verwalters sind erst bei dem Abschlusse des Vierteljahrskontos einzutragen und aus dem Bestande zu entnehmen.

Zahlungen, welche auf Anweisung des Gerichts an die Gläubiger geleistet werden sollen, sind erst nach erfolgter Leistung in die Sollausgabe einzutragen.

Einnahmen, welche der Verwalter macht, obgleich sie erst in einem folgenden Vierteljahre fällig werden, sind bei dem Eingang in die Solleinnahme einzutragen.

Der bei dem Abschlusse des Kontos verbleibende Bestand ist zur Uebernahme in das Konto des folgenden Vierteljahrs in Ausgabe zu stellen.

§ 23. Der Verwalter hat vor dem Ablaufe der Monate Januar, April, Juli, Oktober dem Gericht einen Auszug aus dem Kontobuch einzureichen, welcher den Inhalt des letzten Vierteljahrskontos wörtlich wiedergiebt.

§ 24. Die jährlich zu legende Rechnung hat der Verwalter dem Gerichte zum ersten Male am Schlusse des ersten Kalendermonats des auf den Beginn der Verwaltung folgenden vierten Rechnungsvierteljahrs einzureichen. In die Rechnung sind nur diejenigen Einnahmen und Ausgaben aufzunehmen, welche noch zu dem Konto des letzten vollendeten Vierteljahrs gehören. Die Belege über Einnahmen und Ausgaben sind beizufügen.

Die gleichzeitige Einreichung eines Kontobuchauszugs (§ 23) ist nicht erforderlich.

Die Schlußrechnung muß sämmtliche Einnahmen und Ausgaben nachweisen; es kann jedoch darin auf die Jahresrechnungen Bezug genommen werden.

§ 25. Ist ein Zwangsverwaltungs-Inspektor bestellt, so erfolgt die Einreichung des Kontobuchauszugs (§ 23), der Jahresrechnung und der Schlußrechnung (§ 24) durch dessen Vermittelung. Er hat den Auszug oder die Rechnung zu prüfen und mit einem hierauf bezüglichen Vermerk, erforderlichenfalls auch mit seinen Bemerkungen, zu versehen.

§ 26. Die Soll- und Isteinnahmen sind in der Rechnung in folgenden Abschnitten nachzuweisen:

1. Bestand der vorigen Rechnung;
2. Erinnerungen aus der vorigen Rechnung;
3. Reste aus der vorigen Rechnung;
4. Mieth- und Pachtzinsen;
5. außerordentliche Einnahmen.

Bei den Mieth- und Pachtzinsen (Nr. 3, 4) sind die Einnahmen für jeden besonders vermietheten oder verpachteten Theil des Grundstücks unter dessen Bezeichnung zusammenzustellen. Ist ein zu vermiethender oder zu verpachtender Theil des Grundstücks nicht vermiethet oder verpachtet gewesen, oder ist ein im Laufe des Rechnungsjahrs fällig gewordener Mieth- oder Pachtzins in einer früheren Rechnung als Einnahme aufgeführt, so ist dies zu bemerken.

§ 27. Die Soll- und Istausgaben sind in der Rechnung in folgenden Abschnitten nachzuweisen:

1. Erinnerungen aus der vorigen Rechnung;
2. Reste aus der vorigen Rechnung;
3. Unterhaltung des verwalteten Grundstücks und Erstattung der hierzu geleisteten Vorschüsse;
4. öffentliche Lasten;
5. Zahlungen an die Gläubiger;

6. Gerichtskosten der Verwaltung;
7. Vergütung des Verwalters;
8. außerordentliche Ausgaben.

Bei den öffentlichen Lasten und den Zahlungen an die Gläubiger (Nr. 4, 5) sind die Berechtigten in der gesetzlichen oder festgestellten Rangordnung aufzuführen und die auf dieselbe Forderung geleisteten Zahlungen zusammenzustellen.

§ 28. Die Zeiten für die Einreichung der Kontobuchauszüge und der Jahresrechnungen können durch das Gericht mit Rücksicht auf die am Orte der Verwaltung üblichen Termine für die Zahlung der Mieth- oder Pachtzinsen und der Kapitalzinsen oder aus andern Gründen anderweit bestimmt werden.

§ 29. Dem Gerichte bleibt vorbehalten, für die Verwaltung solcher Grundstücke, welche nicht durch Vermiethung oder Verpachtung benutzt werden, besondere Bestimmungen über die Art der Buchführung und Rechnungslegung zu treffen.

Für Verwaltungen von geringem Umfang und voraussichtlich kurzer Dauer kann das Gericht eine einfachere Art der Buchführung und Rechnungslegung auch dann gestatten, wenn das verwaltete Grundstück durch Vermiethung oder Verpachtung benutzt wird.

In jedem Falle ist ein Kassenbuch mit Verweisung auf andere Bücher oder Belege zu führen.

§ 30. Der Verwalter hat zu jeder Zeit dem Gericht oder einem mit der Prüfung seiner Geschäftsführung beauftragten Beamten des Gerichts sowie dem etwa bestellten Zwangsverwaltungs-Inspektor die von ihm geführten Bücher, die auf seine Geschäftsführung bezüglichen Akten und sonstigen Schriftstücke und die in seinen Händen befindlichen Einnahmen aus der Verwaltung auf Verlangen vorzulegen und jede weitere, zur Prüfung seiner Geschäftsführung verlangte Auskunft zu ertheilen.

§ 31. Ist die durch §§ 150, 153, 154 des Reichsgesetzes über die Zwangsversteigerung und die Zwangsverwaltung dem Gerichte zugewiesene Thätigkeit auf Grund des § 6 Abs. 4 des Gesetzes, betreffend die Zwangsvollstreckung aus Forderungen landschaftlicher (ritterschaftlicher) Kreditanstalten, vom 3. August 1897 (Gesetz-Samml. S. 388) bezüglich land- oder forstwirthschaftlicher Grundstücke von einer Kreditanstalt übernommen, so finden nur die Vorschriften der vorstehenden §§ 10 bis 12, 15, 17 sowie des § 4 Abs. 1 Anwendung. Die im § 4 Abs. 1, § 12 Abs. 4 und 5 und im § 17 Abs. 2 dem Gerichte zugewiesenen Amtshandlungen werden von der Kreditanstalt wahrgenommen.

§ 32. Die vorstehenden Bestimmungen finden bei der Zwangsverwaltung von Berechtigungen, für welche die sich auf Grundstücke beziehenden Vorschriften gelten, entsprechende Anwendung.

§ 33. Diese Verfügung tritt gleichzeitig mit dem Reichsgesetz über die Zwangsversteigerung und die Zwangsverwaltung in Kraft.

In einem vor dem Inkrafttreten dieses Gesetzes beantragten Zwangsverwaltungsverfahren finden die §§ 4 bis 32 dieser Verfügung von der bezeichneten Zeit an ebenfalls Anwendung. Doch bleibt eine über die Vertheilung der Ueberschüsse vorher getroffene Bestimmung für den Verwalter maßgebend, so lange nicht vom Gericht eine Aenderung angeordnet wird.

Die Allgemeinen Verfügungen vom 7. März 1892 (Just.-Minist.-Bl. S. 87) und 12. November 1894 (Just.-Minist.-Bl. S. 322) werden aufgehoben.

Anlage A.

Muster des Kassenbuchs.

Einnahme.						Ausgabe.					
Laufende Nr.	Tag der Einnahme.	Bezeichnung der Einnahme und des Zahlenden.	Betrag. M.	Betrag. Pf.	Seite des Kontobuchs.	Laufende Nr.	Tag der Ausgabe	Bezeichnung der Ausgabe und des Empfängers.	Betrag. M.	Betrag. Pf.	Seite des Kontobuchs.

Anlage B.

Muster des Kontobuchs.

Vierteljahr vom bis

Einnahme.

Laufende Nr.	Nummer des Belegs.	Soll-Einnahme. M.	Soll-Einnahme. Pf.	Bezeichnung der Einnahme.	Ist-Einnahme. M.	Ist-Einnahme. Pf.	Rest. M.	Rest. Pf.	Bemerkungen.	Laufende Nummer des Kassenbuchs.

Ausgabe.

Laufende Nr.	Nummer des Belegs.	Soll-Ausgabe. M.	Soll-Ausgabe. Pf.	Bezeichnung der Ausgabe	Ist-Ausgabe. M.	Ist-Ausgabe. Pf.	Rest. M.	Rest. Pf.	Bemerkungen.	Laufende Nummer des Kassenbuchs.

Anlage C.

Nachweisung

über den Kassenbestand in ....

(Bezeichnung der Sache)

....

Ausgefertigt am ....

Königliches Amtsgericht.

(Siegel.) *N. N.*

Amtsrichter (Amtsgerichtsrath).

N.

Zwangsverwaltungs-Inspektor.

Der Kassenbestand in der oben bezeichneten Sache hat betragen		Unterschrift des Verwalters zur Bescheinigung dafür, daß der Kassenbestand thatsächlich vorhanden gewesen ist.	Bemerkungen.
am			
1.	2.	3.	4.

Bemerkungen:

1. Das Formular ist ähnlich wie Wechselformulare zu schraffiren.
2. Die Ausfüllung der Ueberschrift erfolgt durch den Richter selbst und die Aushändigung an den Verwalter ist aktenmäßig zu machen.
3. Der Verwalter hat an jedem 10. und 25. des Monats das Formular in Spalte 1, 2 und 3, Spalte 2 in Buchstaben, auszufüllen und zwar, wenn irgend möglich, am Schlusse des Tages und nachdem alle Einnahmen und Ausgaben in das Konto eingetragen worden sind. Sollten nach Feststellung des Kassenbestandes und Einschreibung dieses Bestandes in die obige Nachweisung an demselben Tage noch Beträge zu vereinnahmen oder zu verausgaben sein, so ist in dem Konto neben dem betreffenden Eintrag ein diesbezüglicher kurzer Vermerk zu machen.
4. Der Zwangsverwaltungs-Inspektor hat bei jeder bei dem Verwalter allgemein oder in der oben bezeichneten Sache speziell vorgenommenen Revision in Spalte 4 zu vermerken: Eingesehen bei der allgemeinen (speziellen) Revision am .... N. N., Zwangsverwaltungs-Inspektor.
5. Die Nachweisung ist jeder Jahresrechnung und der Schlußrechnung als letztes Blatt anzuheften.
6. Der Verwalter hat bei Abgabe der Nachweisung rechtzeitig die Aushändigung eines neuen Formulars zu erwirken, welches vorher in der in Bemerkung 2 angegebenen Weise in der Ueberschrift auszufüllen ist.

4. Allgemeine Verfügung des Justizministers vom 9. Dezember 1899, — betreffend Mittheilungen an Behörden bei der Zwangsvollstreckung in das unbewegliche Vermögen.

(Justiz-Ministerial-Blatt 1899 Nr. 47 S. 802.)

An die Stelle der Allgemeinen Verfügungen vom 2. November 1883 (Just.-Minist.-Bl. S. 332), vom 2. April 1884 (Just.-Minist.-Bl. S. 66), vom 8. Oktober 1884 (Just.-Minist.-Bl. S. 230) und vom 24. März 1885 (Just.-Minist.-Bl. S. 122) treten vom 1. Januar 1900 ab folgende Bestimmungen:

1. Von jeder Zwangsvollstreckung in ein Pfarr- oder ein Schulhaus oder ein anderes zum öffentlichen Dienst oder Gebrauche bestimmtes Grundstück einer Körperschaft, Stiftung oder Anstalt des öffentlichen Rechtes oder einer unter der Verwaltung einer öffentlichen Behörde stehenden Körperschaft oder Stiftung ist die vorgesetzte Dienstbehörde des Schuldners zu benachrichtigen. Bei der Zwangsvollstreckung durch Eintragung einer Sicherungs-Hypothek in das Grundbuch (C.P.O. §§ 866, 867) hat das Grundbuchamt durch Mittheilung der Eintragung, bei der Anordnung einer Zwangsversteigerung oder einer Zwangsverwaltung sowie bei der Zulassung eines Beitritts zu dem Verfahren im Geltungsbereiche des Reichsgesetzes vom 24. März 1897 (Reichs-Ges.-Bl. S. 97) hat das Vollstreckungsgericht durch Mittheilung des Beschlusses über die Anordnung oder die Zulassung die Benachrichtigung zu bewirken.

2. Bei der Zwangsversteigerung eines Grundstücks oder einer Berechtigung, für welche die sich auf Grundstücke beziehenden Vorschriften gelten, ist im Geltungsbereiche des Reichsgesetzes vom 24. März 1897 die Bestimmung des Versteigerungstermins denjenigen Behör-

den, Kassen und Anstalten mitzutheilen, welchen die Erhebung der in den Artikeln 1 bis 3 des Ausführungsgesetzes vom 23. September 1899 (Gesetz-Samml. S. 291) bezeichneten Abgaben und Leistungen obliegt, sofern der Schuldner zu solchen Abgaben oder Leistungen verpflichtet ist. Die Mittheilung hat, unbeschadet der Vorschrift des § 41 des Reichsgesetzes, durch Uebersendung einer Ausfertigung der Terminsbestimmung zu erfolgen.

Die zur Empfangnahme derartiger Mittheilungen bestimmten Stellen werden den Gerichten von den Verwaltungsbehörden durch Vermittelung der Oberlandesgerichtspräsidenten bezeichnet.

Liegt das Grundstück in einer Gemeinde, in welcher eine Auseinandersetzung schwebt, so ist die Bestimmung des Versteigerungstermins stets auch der Auseinandersetzungsbehörde mitzutheilen.

3. Die zu 1 und 2 angeordneten Mittheilungen sind Angelegenheiten der Justizverwaltung. Die dadurch entstandenen Auslagen sind nicht als Kosten der Zwangsvollstreckung zu berechnen.

Sachregister.

Die römischen Ziffern bedeuten die unter diesen Ziffern wiedergegebenen Gesetze (s. Inhaltsübersicht); die arabischen Zahlen bedeuten die §§ bezw. die Art. — **Abkürzungen**: A. = Anmerkung; Bek. = Bekanntmachung; Beschl. = Beschlagnahme; GB. = Grundbuch; g.G. = geringstes Gebot; Prot. = Protokoll; SchR. = Schiffsregister; ThPl. = Theilungsplan; VerstT. = Versteigerungstermin; Zw. = Zwangsvollstreckung; ZwVerst. = Zwangsversteigerung; ZwVerw. = Zwangsverwaltung.

A.

Abänderung s. g.G.; u. VerstBedingungen.

Abgaben s. Lasten.

Ablösbare Rechte; — Ablösungsrenten II 10 A. 7; Ablösungssumme II 92.

Abschätzungen II 42, III 11.

Abschrift des GB.Blattes II 19, 146 A. 2; — aus dem SchR. II 163 A. 3.

Abtretung der Rechte aus dem Meistgebot II 81, 97.

Abzug des zahlungspflichtigen Dritten bei Zahlungsfristen für das Meistgebot II 61.

Altentheil II 51 A. 2, 52 A. 4; III 9.

Altersversicherungsanstalt II 163.

Amortisationsbeiträge s. Tilgung.

Amtsgericht als Vollstreckungsgericht II 1, 2, 146 A. 2, 163, 172, III 13.

Anfechtung des Bescheides über den Zuschlag s. Beschwerde.

Anheftung s. Aushang.

Anmeldung von Ansprüchen bei der ZwVerst. von Grundstücken II 9, 45, 46, 66, 97, 114, III 8; unterlassene A. u. ihre Folgen II 37 Nr. 4, 45, 52, 110, III 9, IV 33; — im Vertheil.-Verf. II 114, III 8; — im Aufgebotsverfahren II 140; — bei ZwVerst. von Schiffen II 167.

Anordnung der ZwVerst. II 15 A. 3, 17, 18, III 13; — der ZwVerw. II 146; — der ZwVerst. bei Schiffen II 164; — bei ZwVerst. auf Antrag des Konkursverwalters II 172; — auf Antrag eines Beneficialerben II 175; — zum Zwecke der Aufhebung einer Gemeinschaft II 180.

Ansprüche s. Forderungen.

Antheilszwangsversteigerung I 864 A. 2, II 180 A. 2.

Antrag auf Eintragung einer Sicherungshypothek I 866, 867; — auf ZwVerst. u. Anlagen II 15 bis 18, 164, 177, III 5, IV 18, 24; — auf ZwVerw. II 146; — bei Zw.Verst. von Schiffen II 162, 164, 171; — auf Antrag des Konkursverwalters II 142, des Beneficialerben II 175, 177, zur Aufhebung einer Gemeinschaft II 180; — auf Aenderung der Versteigerungsbedingungen II 59; — auf Gesammtausgebote II 63, 64; — auf Sicherheitsleistung des Bieters II 67; — auf Aussetzung des Theilungsverfahrens II 108, 116; — auf Fortsetzung des Verfahrens II 31, 76, 77; — auf Verwaltung des Grundstücks II 94; — auf Aufgebot II 138, 140; Zurücknahme des A. auf ZwVerst. II 29.

Anweisung für den Verwalter II 153, III 14.

Arbeitslöhne, Vorrecht II 10 Nr. 2, IV 17.

Aufforderung zur Anmeldung der Ansprüche an das Grundstück und die mithaftenden Gegenstände II 37 Nr. 4, III 8; — zur Geltendmachung eines der ZwVerst. entgegenstehenden Rechts II 37 Nr. 5; — zur Abgabe von Geboten II 66, 73; — zur Berechnung der Ansprüche II 106; — zur Erklärung über den Zuschlag II 74.

Aufgabe zur Post II 4.
Aufgebot hinterlegter Beträge II 117 A. 4, 120, A. 1, 121 A. 3, 126 A. 3; — nicht legitimirter oder unbekannter Hebungsberechtigter II 138, 140, III 12; — zur Kraftloserklärung von Hypothekenbriefen II 136.
Aufhebung des Verfahrens II 28, 29, 32, 34, 76, 77, 86; — der Sicherungsmaßregeln II 25, 170; — des VerstT. II 30, 43, 72; — der ZwVerw. II 161; — des Zuschlags II 101.
Aufsichtsbehörde, Zustellung II 6.
Auseinandersetzung, ZwVerst. zum Zweck derselben II 180 ff.
Auseinandersetzungssachen, Kosten und Vorschüsse II 10 A. 7.
Ausfertigung, vollstreckbare des Schuldtitels II 16 A. 6; — des Zuschlagsbeschlusses II 132.
Ausführung des ThPl. II 116 ff., 137, 139, 141.
Ausgaben, nothwendige, der Verwaltung; — Vorrecht bei ZwVerst. II 10 Nr. 1, bei ZwVerw. II 155.
Ausgebliebene Betheiligte, — Zustellung des Beschlusses über den Zuschlag II 88; — Eröffnung der Beschwerdefrist II 98.
Ausgebot, doppeltes II 59, 61, 64.
Aushang der Bek. des VerstT. II 39, 40; — des VerthT. II 105.
Aushändigung unbestellbarer Zustellungsurkunden an Zustellungsvertreter II 6.
Auslagen des Zustellungsvertreters II 7; — des Vertreters unbekannter Berechtigter II 135; — des Verwalters II 155.
Ausländische Schiffe II 171.
Ausschließung weiterer Anmeldungen II 66.
Ausschlußurtheil II 141.
Aussetzung des Zuschlags II 85; — der Veräußerung hinterlegter Werthpapiere II 108; — der Ausführung des ThPl. II 116.
Außergerichtliche Vertheilung II 143, 144, 160.
Auszug II 51 A. 2, 52 A. 4 III 9.
Auszüge aus dem Steuerbuche III 5.

B.

Baargebot II 44 A. 3, 49, 107 ff.
Baarzahlungspflicht, Erhöhung über das Baargebot hinaus II 50, 51, 125.
Bahneinheit als Gegenstand der ZwVollst. I 864 A. 2 d, s. a. Nutzungsrecht.
Bedingte Ansprüche II 14; — bei Feststellung des g.G. II 48; — in Wegfall kommende II 50, 51; — Behandlung im ThPl. II 119, 120, 125.
Befriedigung des Gläubigers als Einstellungsgrund II 75, 76; — aus dem Grundstücke II 91 A. 2, 118, 125.
Beginn, der ZwVerst. II 16, A. 5.
Beitreibungskosten II 10.
Beitritt II 27, 44; — Kosten des B. II 109, 155.
Beitrittsbeschluß II 8, 27, 43 A. 3, 146, 151, 162, 172, 178 A. 1, 180.
Bekanntmachung des VerstT. II 39 ff., 168, 171, III 7; — Mängel der Bek. des VerstT. II 39 A. 1, 40 A. 1, 41 A. 1 u. 5; — des VerthT. II 105.
Beneficialerbe ZwVerst. auf Antrag des B. II 175 ff.
Berechtigungen als Gegenstand der ZwVollst. I 864, III 2 A. 2.
Bergleute IV 17.
Bergrechtliche Gebrauchs- und Nutzungsrechte II 52 A. 4.
Bergwerke und Bergwerkseigenthum als Gegenstand der ZwVollstr. I 864 A. 2, III 2 A. 2, IV 15, 23.
Bergwerksantheile, unbewegliche I 864 A. 2, IV 15, 23.
Bergwerkseigenthümer IV 25, 26.
Beschlagnahme bei ZwVerst. II 20; Umfang II 20, 21; Beginn der Wirksamkeit II 22; Wirkung II 23, 24, 26; — bei ZwVerw. II 148, 151; — bei Schiffen II 165; — bei Antrag des KonkVerw II 173; — bei ZwVerst. von Bergwerken IV 19, 23.
Beschwerde gegen Entscheidungen vor dem Beschlusse über Zuschlag II 95; — gegen die Entscheidung

über den Zuschlag II 96—101; — Verbindung mehrerer V. II 99; — weitere II 102; — in den Sonderfällen III 13.

Besitz (Eigenbesitz) des Schuldners bei ZwVerw. II 147; — bei Schiffen II 164.

Besitzer s. Dritte.

Bestehen bleibende Rechte II 44 A. 3, 52, 66, 91, 113 A. 2, III 9.

Bestimmung des VerstT. II 36; — des VerthT. II 105; — bei Bergwerken IV 20.

Betagte Ansprüche II 111.

Betheiligte II 9, 26 A. 3, 41; — bei Schiffen II 163, 166.

Betriebsbeamte IV 17.

Bewachung und Verwahrung eines Schiffes II 165, 170.

Bewegliche Gegenstände, — mithaftende als Gegenstand der ZwVollstr. in das unbew. Vermögen I 865; — bei ZwVerst. II 20, 21, 23, 55, 56, 90; — Sonderverwerthung II 65, 107; bei ZwVerw. II 148.

Bezeichnung des Grundstücks II 37,, 38, 82, III 6; — des Schiffes II 167.

Biersteuer als öffentliche Last III 4.

Bieter — Sicherheitsleistung II 67—70, III 10; — Gebundenheit II 72; — Beschwerderecht II 97.

Bruchtheil eines Grundstücks als Gegenstand der ZwVerst. I 864, II 15 A. 2.

Bürge II 69 A. 5, III 10.

Bundesstaat, Befreiung von Sicherheitsleistung II 67.

C.

Cession s. Abtretung.

D.

Darlehen der Landeskreditkasse zu Kassel II 52 A. 4.

Dauer des VerstT. II 73.

Deckung des Gläubigers durch Einzelgebot II 76.

Deckungsprinzip II 44 A. 3.

Dienstbarkeit — Wertherſatz II 92, 121; — Bestehen bleiben nach Landesrecht III 9.

Dienstbezüge des Gesindes II 10 Nr. 2.

Dingliche Ansprüche (Rechte am Grundstücke) II 9 A. 6, 16 A. 3, 26, 147, s. a. Bestehenbleibende u. Erlöschende Rechte.

Domänen-Amortisationsrenten II 52 A. 4.

Dritte, Geltendmachung ihrer Rechte bei ZwVerst. II 37 Nr. 5, 55, 90; — Zw. gegen Drittbesitzer versteigerter Gegenstände II 93; — Miteintragung der Rechte Dritter II 128; — Zahlung durch Dritten II 75; — Zahlungspflichtigkeit eines Dritten II 61, 82, 116, 134.

Drittschuldner II 22, 151.

E.

Eigenbesitz s. Besitz.

Eigenthum des Schuldners u. dessen Nachweis II 16, 17, 147, 172, 176, 177, 181; Wechsel des E. (neu eingetretener Eigenthümer) II 26, 55, 67, 68.

Eigenthümerhypothek II 50 A. 3.

Eigenthumserwerb durch Zuschlag II 90.

Eigenthumsprätendenten s. Dritte.

Eingetragene Rechte, deren Berücksichtigung II 37 Nr. 4, 45, 48, 110, 114.

Einkünfte, der ZwVerw. unterliegende II 148, 151.

Einleitung des Verfahrens s. Anordnung.

Einsicht der Nachrichten über das Grundstück II 42; — des vorbereiteten ThPl. II 106.

Einstellung (einstweilige) des Verfahrens II 28, 30, 33, 75, 76, 77, 83.

Eintragung des ZwVerst. (oder Verw.)-Vermerkes II 19, 146, 162, 172, 176, 180; — auf Grund des Zuschlages und der Vertheilung des Erlöses II 130; — der Forderung des zahlungspflichtigen Dritten II 134; — vom Ersteher bewilligte II 130.

Eintritt des Erstehers in die persönliche Schuld II 53.

Einzelausgebot II 63, 83 Nr. 2.

Einzelgebot, Deckung des Gläubigers durch ein E. II 76.

Eisenbahn s. Bahneinheit.

Endtermin für Forderungsanmeldungen II 37 Nr. 4, 66, 110.

Enteignungssachen, gerichtliches Vertheilungsverfahren IV 35 ff.

Erbe des Eigenthümers II 17, 175, 181; — Zw.Verst. auf Antrag des E. II 175.

Erbschaftskäufer, Zw.Verst. auf Antrag des E. II 175 A. 3.

Erhöhung s. Baarzahlungspflicht.

Erlöschende Rechte II 44 A. 3, 52, 91, 113 A. 2, III 9.

Erlöschen von Geboten II 72.

Ermächtigung zur Beantragung des Aufgebots II 138; — des Verwalters zur Besitzergreifung II 150.

Ermittelung Betheiligter II 7, 135 ff.

Ersatz des Werthes nicht auf Zahlung von Kapital gerichteter Rechte II 92, 121.

Ersatzübernahme II 50 A. 2.

Ersteher II 81; — Kostenpflicht II 58; — Eigenthumserw. II 90; — Recht auf Räumung u. Herausgabe II 93; — Eintragung im GB. II 130; — Beschwerderecht II 97; — Eintritt in die persönliche Schuld II 53; — Zw. gegen den E. II 132, 133, 134.

Ertheilung des Zuschlages durch Beschluß II 82, 87; — in der Beschwerdeinstanz II 101, 104.

Erzeugnisse, land- u. forstwirthschaftliche als Gegenstand der Beschlagnahme II 21, 148.

F.

Familienfideikommisse, Familienvermögen des hohen Adels III 2 A. 1.

Fälligkeitstermin, letzter, II 13, 111.

Fehler in der Terminsbestimmung und deren Bek. II 37 A. 2, 38 A. 1, 39 A. 1, 40 A. 1, 41 A. 1.

Feststellung des g.G. II 44 ff.; — der Sicherheitsleistung des Bieters II 40 A. 1; — der Theilungsmasse II 107.

Forderungen, vollstreckbare als Voraussetzung Zw-

Verst. u. ZwVerw. II 16, 146, 162; — bevorrechtete, Rangordnung II 10 bis 12, 155, 162 A. 3, IV 17; — noch nicht fällige II 111; — auf wiederkehrende Hebungen gerichtete II 12, 13, 46; — nicht auf Geld oder Kapital gerichtete II 46, 51, 92, 121; — bedingte II 48, 50, 119, 120; — betagte II 50 A. 6, 111; — von unbestimmtem Betrage II 14, 48, 50, 119, 120; — nichtangemeldete II 110; — durch Widerspruch betroffene II 124; — unbekannter Berechtigter II 126.

Form der Anträge II 15 A. 4.

Forstbeamte II 10 Nr. 2.

Forstwirthschaftliche Erzeugnisse II 21, 148.

Fortsetzung des Verfahrens II 28, 31, 76, 85, 86; — der Versteigerung II 85; — des Zwangsverfahrens als ZwVerw. II 77.

Frist des VerstT. II 36, 43; — des Verkündigungstermins II 87; — der Beschwerde II 96, 98; — für Antrag auf Fortsetzung des Verfahrens II 31, 76; — für Aufgebotsverfahren II 138.

Früchte, Erstreckung der Beschlagnahme II 21, 148.

Fruchtgenuß des Pächters und Nießbrauchers II 21 A. 9.

G.

Gebäudesteuerrolle, Auszug II 16 A. 8.

Gebot, geringstes, Feststellung II 44, 62, 83 Nr. 1; — Berücksichtigung beim g.G. II 45—48, 52; — baar zu zahlender Theil II 49; — Abänderung II 59; — bei Mehrheit von Grundstücken II 63, 64; — bei Schiffen II 169; — in den besonderen Fällen II 172, 176, 182, IV 27.

Gebote des Schuldners oder Eigenthümers II 68; — eines Vertreters II 71; — der Zustimmung eines Andern oder einer Behörde bedürftige II 71; — juristischer Personen, Vereine, Stiftungen II 71 A. 2; — unwirksame G. II 71; — Erlöschen der G. II 72; — letztes II 73.

Gebühren des Vertreters II 7, 135; des Verwalters II 153, III 14; — der Rechtsanwälte VI 4—6, 16.

Gefahr, Uebergang auf den Ersteher II 56.

Gegenstände des unbeweglichen Vermögens und der Zw. I 864, 865; — der Beschlagnahme II 20, 21, 148; — der Versteigerung II 55.

Gegner des Beschwerdeführers II 99.

Geldbetrag — Geldrente, Festsetzung für widerkehrende und nicht auf Kapital gerichtete Ansprüche II 46, 51, 92, 121.

Geltungsbeginn des Gesetzes über ZwVerst. III 1.

Gemeine Lasten II 10 A. 7.

Gemeinschaft, ZwVerst. zur Aufhebung II 180 ff.

Gerichtsbezirke, verschiedene II 2.

Gerichtskosten bei ZwVerst. und ZwVerw. IV 44, 45, V 119; — für Anordnung V 124; — für Erlaß der Bek. V 125; — für Abhaltung des ersten und jeden ferneren VerstT. V 125; — für das Vertheilungsverfahren bei ZwVerst. V 125; — für den Zuschlag V 126; — bei Mehrheit von Gegenständen V 122; — Werthgegenstand V 124, 127, 128; Fälligkeit V 129; — bei ZwVerw. V 130; — Kostenschuldner V 133; — für Beschwerden V 135; — für Schreibgebühr V 136.

Gerichtsstand der belegenen Sache II 1, 163.

Gerichtstafel s. Aushang.

Gesammtausgebot II 63, 64, 83 Nr. 2.

Gesammterlös bei Verst. mehrerer Grundstücke II 112, 122, 123.

Gesammtgebot (Gesammterlös), Vertheilung II 112, 122.

Gesammthypothek (Grundschuld, Rentenschuld) II 50, 63, beim g.G. 64; — im Vertheilungsverfahren II 112, 122, 123.

Gesammtschuldner für Meistgebot II 81, 82.

Gesinde II 10 Nr. 2.

Gewährleistung wegen Mängel im Recht des Schuldners oder der Sache II 56 A. 3.

Gewerkschaft IV 26.

Glaubhaftmachung von Ansprüchen II 9, 37 Nr. 4, 45, 53, 97; — der Erbfolge II 17; — des Eigenbesitzes II 147, 164; – der Schiffereigenschaft II 166.

Gläubiger (betreibender) II 9, 10 Nr. 4—6, 15, 27.

Grubenvorstand IV 16.

Grundbuch — Berücksichtigung der Eintragungen II 9 Nr. 2, 19, 37 Nr. 4, 45, 54, 114; — Berichtigung nach Ausführung des Th.-Pl. II 130.

Grunddienstbarkeiten II 51 A. 2, 52 A. 4, III 9.

Grundschuld II 50, 54, 64; — persönliche Haftung des Schuldners II 53; — Sicherheitsleistung mit G. II 67.

Grundsteuermutterrolle, Auszug II 16 A. 8.

Grundstücke als Gegenstand der ZwVollst. I 864—866.

Grundstückswerth II 42, 64, III 11.

H.

Haftung, persönliche; Eintritt des Erstehers II 53; — des Meistbietenden bei Abtretung seiner Rechte II 81; — neben dem für zahlungsfähig erklärten Dritten II 82; — des Gläubigers für die Kosten II 109 A. 1.

Hebungen s. Leistungen.

Heimathshafen, Heimathsort des Schiffes II 168.

Herausgabe, Zw. auf H. mitversteigerter Sachen II 93.

Hinterlegung, Sicherheitsleistung durch H. II 69, 107; — des Meistgebots II 49, 94, 107; — des Erlöses bei abgesonderter Verst. II 65, 107; — im Vertheilungsverfahren II 117, 120, 126; — Verjährung der Rechte auf hinterlegte Gelder II 142, s. a. Aufgebot.

Hypothek II 50, 54, 64; — Sicherheitsleistung mit H. II 67; — ältere im ehem. App.Gerichtsbezirke Kassel II 37 A. 6, 45 A. 2, IV 33

J.

Inhaberpapiere als Sicherheitsleistung II 69.

Inkrafttreten, Einl. a. Schl. III 1 A. 4; — anhängige Verfahren III 15, IV 42.

Interessenten s. Betheiligte.

Invaliditätsversicherungsanstalt II 163.

Juristische Personen, Zustellung II 6; — Gebote II 71 A. 2.

K.

Kapital, nicht auf K. gerichtete Ansprüche II 51, 92, 121.

Klage beim Streit über ThPl. II 115, 137, 139.

Kleinbahn s. Bahneinheit.

Knappschaftskassen IV 17.

Kohlenabbaugerechtigkeiten als Gegenstand der ZwVollstr. I 864 A. 2b, IV 15.

Kommunale Körperschaften, Befreiung von Sicherheitsleistung III 10, II 67 A. 7.

Kompetenzkonflikt, Einstellung II 28 A. 3.

Konkurs, Einfluß auf ZwVerst. II 28 A. 3; — über Nachlaß II 178.

Konkursverwalter, ZwVerst. auf Antrag des K. II 148,

Korrealhypotheken s. Gesammthypotheken.

Kosten des Verfahrens II, 44 49, 68, 75, 109, 155; — der Rechtsverfolgung des Gläubigers II 7, 10, 12 Nr. 1, 49, 129, 140; — der Kündigung II 10; — des Zuschlags II 58; — des Aufgebots II 140; — der ZwVerw. II 10 Nr. 1, 155.

Kostenvorschuß für besondere Sicherungsmaßregeln II 25.

Kraftloserklärung des Hypothekenbriefes II 136.

Kreditanstalten, landesgesetzliche Vorrechte III 2, 10, sowie II 10 A. 5, 16 A. 4, 37 A. 7, 115 A. 1, 146 A. 5, 150 A. 5, III 2 A. 1 3, IV 34.

Kündigung von Hypotheken, Miethe, Pacht II 54, 57.

Kurshabende Papiere als Sicherheitsleistung II 69.

Kuxe I 864 A. 2c.

L.

Ladung s. Bekanntmachung, Zustellung.

Landesrecht, Verhältniß des

RG. zum L. III 1 A. 5.; — Vorbehalte III 2 ff.
Landwirthschaftliche Erzeugnisse II 21, 148.
Lasten, öffentliche II 10 Nr. 3 A. 7, 156, III 4; — Uebergang auf den Ersteher II 56.
Legitimation s. Nachweis.
Lehen III 2 A. 1.
Leibgedinge II 51 A. 2, 52 A. 4, III 9.
Leistungen, wiederkehrende, laufende, rückständige II 10, 12, 13, 45—47, 49, 114, 125, 155, III 2, 3.
Löschung des Vermerks im Grundbuch II 34, 130; — der durch den Zuschlag erloschenen Rechte II 130.

M.

Mängel s. Fehler, Gewährleistung.
Mehrheit von Grundstücken, Vollstreckungsgericht II 2; — gleichzeitige Verst. II 18; — Ausgebot II 63, 64, 83 Nr. 2; — Einstellung II 76; — Erlösvertheilung II 112, 122, 123.
Meistbietender II 81, Beschwerderecht II 97, 169 A. 1; — Mithaftung s. Haftung.
Meistgebot II 49 A. 1, 61, 63, 73, 169, s. a. Abtretung
Miethe und Pacht II 9 Nr. 2, 57, 152, 183, III 9, A. 1.
Miethszinsen, — Beschlagnahme II 21, 148.
Miteigenthum als Gegenstand der ZwVollstr. I 864 A. 2c, s. a. Gemeinschaft.
Miteigenthümer, Befreiung von Sicherheitsleistung II 184.
Mithaftende Gegenstände I 865, II 21 ff, 65.
Mittheilungen des Grundbuchamts II 19; — M. des betreibenden Gläubigers II 41.

N.

Nachlaßgläubiger, Recht der Befriedigung aus einem Grundstücke II 175, 179.
Nachlaßkonkurs II 178.
Nachlaßpfleger ZwVerst. auf Antrag des N. II 175 A. 3.

Nachtragsvertheilung II 137, 139, 141.

Nachweis des Eigenthums des Schuldners II 17; — der Vertretungsmacht zum Bieten II 71; — der Hebungsberechtigung II 126, 135 ff.

Nachweisungen über das Grundstück II 42, 66.

Nießbrauch, Werthersatz II 92, 121.

Nießbraucher, Recht auf Früchte II 21.

Notar als Versteigerungsbeamter III 13.

Nothwegrente II 52.

Nutzungen, Uebergang auf den Ersteher II 56.

Nutzungsrecht — Betriebsnutzungsrecht an Bahnen I 871.

O.

Offenlegung der Nachrichten über das Grundstück II 42.

Ordrepapiere als Sicherheitsleistung II 67.

Ordnungsstrafe gegen den Verwalter II 153.

Ort des VerstT. II 36, 37.

P.

Pacht s. Miethe.

Pachtzinsen s. Miethszinsen.

Pfändung, deren Zulässigkeit I 865, II 21 A. 3.

Pfandrecht am Schiffe II 169.

Post, Zustellung durch Aufgabe z. P. II 4, 6.

Privaturkunden zur Glaubhaftmachung der Erbfolge II 17 A. 4.

Protokoll des VerstT. II 78; — Bedeutung für die Entscheidung über den Zuschlag II 80; — des VerthT. II 127, 158.

Prozeßbevollmächtigte II 4, 15 A. 4; — Gebühren I 867 A. 1.

R.

Rangänderung II 44 A. 1.

Rangordnung II 10—12, 110, 155, 162 A. 3, 163 A. 6, III 2—4.

Rangvorbehalt II 44 A. 3.

Räumung, Zw. auf R. II 93, 149.

Reallast II 51 A. 2, 52 A. 4, 53 A. 1: — Wertherf 3

II 92, 121; — nachstehende III 9.

Rechte am Grundstück II 9 Nr. 2, 10 Nr. 4, s. a. dingliche Rechte; — der Eintragung nicht bedürfende II 52 A. 4.

Rechtsanwälte, deren Gebühren bei Eintragung einer Sicherungshypothek VI 1 A. 2; — bei ZwVerst. VI 4; — bei ZwVerw. VI 5; — als Zwangsverwalter, Zustellungsvertreter, Vertreter eines unbekannten Berechtigten VI 1 A. 1; — im VerthVerfahren außerhalb der ZwVerst. u. ZwVerw. VI 6; — in der Beschwerdeinstanz VI 1 A. 2.

Reich, Reichsbank, Befreiung und Sicherheitsleistung II 67.

Rentenbankrenten II 52 A. 4;

Repräsentant IV 16.

Revenüenhypothek II 146 A. 3.

Rheder II 166.

Ritterschaftliche Kreditanstalten III 2, s. a. Kreditanstalten.

Rückstände II 10 Nr. 4, 7, 8, 13, 45, 114.

S.

Schiffe als Gegenstände der ZwVerst. I 864, II 162 A. 2, 3, 171.

Schiffer II 166.

Schiffseigner II 166.

Schiffsgläubiger II 162 A. 3, 163 A. 6.

Schiffsparten, kein Gegenstand der ZwVerst. I 864 A. 2d, II 162 A. 6.

Schiffsregister, Auszug II 163; — Eintragung im Sch. II 169.

Schluß des Anmeldungsverfahrens II 66; — der Verst. II 73; — der Verhandlung im VerstT. II 64, 85.

Schuldner, Eigenthümer z. Z. der Einleitung des Verfahrens II 9, 16, 17, 146, 147 (Eigenbesitzer), II 164 (Eigenbesitzer); — Nutzungs-, Verwaltungs-, Verfügungsrecht während des Verfahrens II 23, 24, 149; — als Bieter, Sicherheitsleistung II 68.

Schuldtitel, vollstreckbare II 16 A. 4; — Vermerk auf Sch. II 127.

Schwebezeit der Bedingung II 120, s. a. 121, 125.

Selbständige Gerechtigkeiten als Gegenstand der Zw-Vollst. I 864 A. 2b.
Sicherheitsleistung bei Zahlungsfristen II 61; für ein Gebot II 67—69, III 10; — für Wiedererreichung des Meistgebots II 85; — bei bedingten Ansprüchen II 120; — des Verwalters II 153; — der Miteigenthümer II 183.
Sicherungshypothek als Zw-Maßregel I 866—869, VII S. 243; — als Arrestmaßregel I 867 A. 4; — für die Forderung gegen den Ersteher II 128 ff.
Sicherungsmaßregeln bei Schiffen II 165, 170, 171.
Sonderverwerthung mithaftender Gegenstände II 65, 107.
Sparkassen, Befreiung von Sicherheitsleistung III 10.
Steuerbuchsauszug II 16, A. 8, III 5.
Streitigkeiten im VerstT. II 78; — im Verth T. II 115 ff.

T.

Termin f. Versteigerung, Verkündung, Vertheilung, Protokoll, Bestimmung.
Testamentsvollstrecker, Zw-Verst. auf Antrag des T. II 175 A. 3.
Theilungsmasse II 107.
Theilungsplan, Aufstellung II 106, 107, 113, 114; — Verhandlung II 115; — Ausführung II 116 ff., 139, 141; — bei ZwVerw. II 156—159.
Tilgung, Rangstellung der Tilgungsbeträge II 10 Nr. 4, 8.

U.

Ueberbaurente II 53.
Uebergabe an den Verwalter II 150.
Uebergang des Eigenthums II 90; — der Gefahr, Nutzungen und Lasten II 56; — bestehen bleibender Rechte II 52, III 9; — in Folge von Vereinbarung II 91; — f. a. Eintritt.
Ueberschüsse der ZwVerw. II 155.
Uebertragung der Forderung gegen den Ersteher II 118, 119 A. 1, 120, 121, 123, 125, 128.
Unbekannte Berechtigte II 135 ff., 126.

Unbekannter Aufenthalt II 6.

Unfallversicherung — Berufsgenossenschaft als Betheiligte II 163.

Unverzinsliche Forderungen II 111.

Urkunden zur Glaubhaftmachung des Eigenthums II 17; — des Eigenbesitzes II 147, 164; — auf das versteigerte Grundstück bezügliche II 93 A. 3; — der Erbengenschaft II 177; — Behandlung vorgelegter Urk. im VerthVerf. II 127; — Entbehrlichkeit der Vorlegung bei Berichtigung des GB. II 131; — Aufgebot II 136 ff.

V.

Veräußerung nach der Beschlagnahme II 26.

Veräußerungsverbot als Wirkung der Beschlagnahme II 23.

Vereine, Zustellung II 6.

Verfallene Grundstücke IV 28—32.

Vergütung des Vertreters II 7, 135; — des Verwalters II 153, III 14.

Verjährung s. Hinterlegnng.

Verkündungstermin II 87.

Verleihungsurkunde bei Bergwerken IV 18.

Vermerk über ZwVerst. und ZwVerw. im GB. II 19, 146, 172, 176, 186; — im Schiffsregister II 162.

Veröffentlichung der Bestimmung des VerstT. bei Grundstücken II 39—41; — bei Schiffen II 168, 171; — des VerthT. II 105.

Versagung des Zuschlags II 83; — Gründe II 33, 83, 85; — II Wirkung 86.

Versicherungsforderung II 21, 148.

Versteigerung, Ausführung II 35; — Gegenstand II 55; — Begiun II 66; — Dauer u. Schluß II 73; — Ergebnißlosigkeit II 77; — Fortsetzung II 76, 85; — abgesonderte II 65, 107; — Unzulässigkeit II 83 Nr. 6.

Versteigerungsantrag s. Antrag; — dessen Kenntniß II 23 A. 4.

Versteigerungsbedingungen, gesetzliche II 49—58; — Abänderung II 59; — Vorbereitung II 62.

Versteigerungserlös II 44 A. 3.

Versteigerungstermin, Bestimmung II 36, 38, 167; — Bekanntmachung II 39 bis 41, 168; — neuer II 43, 85; — Gang der Verhandlung II 66, 73 74; — Protokoll II 78.

Vertheilung des Versteigerungserlöses II 109 bis 112, 117 bis 126; — Aussetzung II 116; — nachträgliche II 137, 139, 141; — der Nutzungen bei ZwVerw II 155 ff.; — bei Schiffen II 169; — außergerichtliche II 143, 144; — in Enteignungssachen IV 35 ff.

Vertreter für Zustellungen II 6; — unbekannter Berechtigter II 135.

Verwalter der ZwVerw., Bestellung und Einsetzung II 150; — Stellung II 152; — zum Gericht II 153; — Rechnnngslegung 154; — s. a. III 14; — Allg. Verfügung v. 8. Dez. 1899 VII S. 245.

Verwaltung, gerichtliche bei ZwVerst. II 94; — bei Schiffen II 170; — s. a. Schuldner.

Verwaltungszwangsverfahren VII S. 242.

Verwendungen vor dem Zuschlage II 93.

Verwerthung der zur Sicherheit für das Gebot hinterlegten Papiere II 108; — s. a. Sonderverwerthung.

Verzicht auf die Rechte aus der Uebertragung II 118.

Verzinsung des Meistgebots II 49; — der erhöhten Baarzahlung II 50.

Vollmacht eines Vertreters beim Bieten II 71; — des Meistbietenden II 81.

Vollstreckbare Ausfertigung des Schuldtitels II 16 A. 6; — des Zuschlages II 132.

Vollstreckbarkeit des Anspruchs aus der Sicherungshypothek II 132.

Vollstreckungsgericht, Bestellung eines gemeinsamen V. II 2; — Zuständigkeit II 1, 2, 163, 172.

Vorbehalte für Landesgesetzgebung III 2 ff.

Vorbereitung des g. G. u. der VerstBedingungen II 62; — des Theilungsplanes II 106.

Vorkaufsrecht II 44 A. 1, 48 A. 2, 52 A. 2, 90 A. 3, 92 A. 2; — gesetzliches bei Bergbaubetrieb II 52 A. 4.

Vormerkung II 48.

Vormundschaftsbehörde, Zustellung II 6; — Genehmigung z. Antrag auf Zw-Verst. II 181.

Vorrechtseinräumung II 44 A. 4.

Vorschüsse des Gläubigers II 10 Nr. 1, 25.

W.

Wegfall von Rechten II 50, 51, 119, 125.

Wertherſatz ſ. Erſatz.

Werth des Grundstücks II 42, 64, III 11, bei Bergwerken u. ſ. w. IV. 21.

Werthpapiere als Sicherheitsleistung II 69; — ſ. a. Verwerthung.

Widerspruch des Gläubigers gegen Anmeldungen II 37 Nr. 4; — gegen Bieter u. Gebote II 70, 72; — gegen Zuschlagsertheilung II 85; — eines Besitzers gegen Zw. auf Räumung und Herausgabe II 93; — im Vertheilungsverfahren II 115 ff.; — im GB. eingetragener II 48.

Wiederkaufsrecht bei preuß. Rentengütern II 44 A. 1, 48 A. 2, 52 A. 2, 90 A. 3.

Wiederkehrende Leistungen ſ. Leistungen.

Wiederversteigerung II 128, 133.

Wirkung der Beschlagnahme II 23; — des Zuschlags II 90 ff.

Wirthschafts-Beamte II 10 Nr. 2.

Wohnort II 6, 19.

Wohnungsräume d. Schuldners II 149.

Z.

Zahlung zur Befriedigung des Gläubigers II 75; — des Versteigerungserlöses an das Gericht II 107; — an die Berechtigten II 117; — durch Uebersendung mit der Post II 117 A. 3; — — der Einkünfte an den Verwalter II 155 ff.; — an die Berechtigten der Zw-Verw. II 157, 158.

Zahlungsfristen II 60, 61, 67, 118,

Zahlungspflichtiger Dritter II 61, 82, 88, 97, 103, 105, 134.

Zahlungsverbot an Drittschuldner II 22, 151.

Zeit der Versteigerung II 36.

Zeitpunkt der Bestimmung laufender und rückständiger Leistungen s. Leistungen.

Zinsen s. Leistungen, Verzinsung; — Rangstellung II 10 Nr. 4, 8.

Zubehör II 21, 55.

Zurücknahme des Antrags II 29, 30, 76.

Zurückweisung von Geboten II 70 ff.

Zuschlag Verhandlung II 74; — Beschlußfassung II 79; Ertheilung II 81; — Versagung II 83; — Aussetzung II 85; — Wirkung der Versagung II 86; — Verkündung II 87; — Zustellung II 88; — Zeitpunkt der Wirksamkeit II 89; — Wirkungen II 90, 91, 93; — in der Beschwerdeinstanz II 104; — Vollstreckbare Ausfertigung II 132

Zuständigkeit für das Aufgebot II 140, s. a. Vollstreckungsgericht.

Zustellung II 3 ff.; — des Anordnungsbeschlusses II 8, 22; — des Aufhebungs- und Einstellungsbeschlusses II 32; — der Terminsbestimmungen II 41, 43, 105, 141, 156; — des Zuschlags II 88, 103, 104.

Zustellungsbevollmächtigter II 4, 5, 7, 8, 19.

Zustellungsvertreter II 6, 7, 8.

Zwangseintragung s. Sicherungshypothek.

Zwangsversteigerung von Grundstücken II 15—145; — von Schiffen II 162 bis 171; — in den besonderen Fällen II 172—184.

Zwangsverwaltung von Grundstücken II 146—161; — auf Antrag des Konkursverwalters II 172.

Zwangsvollstreckung in das unbewegliche Vermögen I 864, VII S. 242; — aus dem Zuschlage zu Gunsten des Erstehers II 93; — gegen den Ersteher (aus der Sicherungshypothek) II 132, 133.

Druck von Otto Walter, Berlin.

Verzeichniß

der

Guttentag'schen Sammlung

Deutscher Reichsgesetze

und

Preußischer Gesetze.

Text-Ausgaben mit Anmerkungen
nnd Sachregister.

Taschenformat.

Berlin.
J. Guttentag, Verlagsbuchhandlung,
G. m. b. H.

Guttentag'sche Sammlung

Deutscher Reichsgesetze.

Text-Ausgaben mit Anmerkungen. Taschenformat.

1. **Verfassung** des Deutschen Reichs. Von Dr. **L. von Rönne.** Achte neubearbeitete Auflage. 1 M. 60 Pf.

2. **Strafgesetzbuch** für das Deutsche Reich. Nebst den gebräuchlichsten Reichs-Strafgesetzen (Presse, Personenstand, Nahrungsmittel, Kranken-, Unfall-, Invalidenversicherung, Gewerbeordnung, unlauterer Wettbewerb, Depot- und Börsengesetz u. s. w.). In der vom 1. Januar 1900 ab geltenden Fassung. Von Dr. **H. Rüdorff.** Neunzehnte Auflage von Dr. **H. Appelius,** Staatsanwaltschaftsrath. Gebunden in ganz Leinen 1 M. 20 Pf.

3. **Militärstrafgerichtsordnung** für das Deutsche Reich nebst Einführungsgesetz und Gesetz, betreffend die Dienstvergehen der richterlichen Militärjustizbeamten und die unfreiwillige Versetzung derselben in eine andere Stelle oder in den Ruhestand. Vom 1. Dezember 1898. Von Dr. **P. Herz,** Geh. Admiralitätsrath. 2 M. 50 Pf.

4. **Handelsgesetzbuch vom 10. Mai 1897** unter Ausschluß des Seerechts. Mit den ergänzenden Vorschriften des Bürgerlichen Gesetzbuchs und Erläuterungen herausgegeben von **F. Litthauer,** Justizrath. Elfte unveränderte Auflage. 2 M. 25 Pf.

5. **Allgemeine Deutsche Wechselordnung.** Siebente Auflage von Dr. **E. Ball,** Rechtsanwalt, und das Reichsgesetz über die **Wechselstempelsteuer.** Sechste Auflage von Reg.-Assessor **P. Loeck.** 2 M.

6. **Reichs-Gewerbe-Ordnung** nebst Ausführungsbestimmungen. Von **T. Ph. Berger.** Unter besonderer Berücksichtigung der Bestimmungen über den Arbeiterschutz, die Organisation des Handwerks und des Lehrlingswesens fortgeführt von Dr. **Wilhelmi,** Geh. Ober-Regierungsrath. Fünfzehnte vermehrte Auflage. 2 M. 80 Pf.

7. **Die deutsche Post- und Telegraphen-Gesetzgebung.** Von Dr. **P. D. Fischer,** Unterstaatssekretär im Reichs-Postamt. Vierte Auflage. 2 M. 60 Pf.

8. Die Reichsgesetze über den **Unterstützungswohnsitz,** die **Freizügigkeit,** den **Erwerb** und **Verlust** der **Bundes- und Staatsangehörigkeit,** nebst allen landesgesetzlichen Bestimmungen. Von Geheimrath Dr. **J. Krech,** Mitglied des Bundesamtes für das Heimathwesen. Vierte Auflage. 2 M. 25 Pf.

9a. Sammlung **kleinerer privatrechtlicher Reichsgesetze.** Von **F. Vierhaus,** Geh. Ober-Justizrath. Zweite Auflage in Vorbereitung.

9b. Sammlung **kleinerer strafrechtlicher Reichsgesetze.** Von **M. Werner,** Geh. Ober-Regierungsrath. Zweite Auflage im Druck.

10. **Das Reichsbeamtengesetz** vom 31. März 1873 und seine Ergänzungen. Erläutert von **J. Pieper,** Geh. Ober-Regierungsrath. 3 M. 30 Pf.

11. **Civilprozeßordnung mit Einführungsgesetzen,** Nebengesetzen und Ergänzungen in der Fassung des Gesetzes vom 17. Mai 1898. Unter besonderer Berücksichtigung der Entscheidungen des Reichsgerichts herausgegeben mit Anmerkungen von **R. Sydow,** Direktor im Reichs-Postamt und **L. Busch,** Kammergerichtsrath. Achte Auflage. 8°. Geb. in ganz Leinen 4 M.

Dieser Band ist in größerem Format erschienen!

12. **Strafprozeßordnung nebst Gerichtsverfassungsgesetz** in der vom 1. Januar 1900 ab geltenden Fassung, nebst dem **Gesetz, betreffend die Entschädigung der im Wiederaufnahmeverfahren freigesprochenen Personen.** Von **A. Hellweg,** Reichsgerichtsrath. Zehnte Auflage. Geb. in ganz Leinen 2 M.

13. **Konkursordnung und Anfechtungsgesetz** mit Einführungsgesetz, Nebengesetzen und Ergänzungen. In der Fassung des Gesetzes vom 17. Mai 1898. Unter besonderer Berücksichtigung der Entscheidungen des Reichsgerichts herausgegeben mit Anmerkungen von **R. Sydow,** Direktor im Reichs-Postamt und **L. Busch,** Kammergerichtsrath. Achte Auflage. Geb. in ganz Leinen 1 M. 80 Pf.

14. **Gerichtsverfassungsgesetz** mit Einführungsgesetz und Nebengesetzen. In der Fassung des Gesetzes vom 17. Mai 1898. Unter Berücksichtigung der Entscheidungen des Reichsgerichts herausgegeben von **R. Sydow**, Direktor im Reichs-Postamt und **L. Busch**, Kammergerichtsrath. Achte Auflage. 1 M. 20 Pf.

15. **Gerichtskostengesetz und Gebührenordnung für Gerichtsvollzieher, Gebührenordnung für Zeugen und Sachverständige.** Mit Kostentabellen. Von **R. Sydow**. Sechste Auflage in Vorbereitung.

16. **Rechtsanwaltsordnung** für das Deutsche Reich. Von **R. Sydow**. Vierte Auflage in Vorbereitung.

17. Die **deutsche Gebührenordnung für Rechtsanwälte und das preußische Gebührengesetz** vom 27. September/6. October 1899. Unter besonderer Berücksichtigung der Entscheidungen des Reichsgerichts herausgegeben mit Kostentabelle von **R. Sydow**, Direktor im Reichs-Postamt und **L. Busch**, Kammergerichtsrath. Sechste erweiterte Auflage im Druck.

18. **Reichsstempelgesetz (Börsensteuergesetz)** mit allen Ausführungsvorschriften, vielen Tabellen, den Entscheidungen der Verwaltungsbehörden und des Reichsgerichts. Von **Gaupp**, Geh. Regierungsrath. Siebente vollständig umgearbeitete Auflage von **P. Loeck**, Regierungs-Assessor. 3 M. 30 Pf.

19. **Die Seegesetzgebung.** Nebst den Entscheidungen des Reichsoberhandelsgerichts, des Reichsgerichts und der Seeämter. Von Dr. **W. E. Knitschky,** Landgerichtsrath. Zweite Auflage. 3 M. 80 Pf.

20. **Krankenversicherungsgesetz** vom 15. Juni 1883 in der Fassung der Novelle vom 10. April 1892. Von Dr. **E. von Woedtke,** Direktor im Reichsamt des Innern. Siebente Auflage. 2 M.

21. Die **Konsulargesetzgebung** des Deutschen Reiches. Von Professor Dr. **Ph. Zorn.** Vergriffen.

22a. **Patentgesetz. Gesetz, betreffend den Schutz von Gebrauchsmustern. Gesetz, betreffend das Urheberrecht an Mustern und Modellen.** Nebst Ausführungsbestimmungen. Vierte vermehrte Auflage unter eingehender Berücksichtigung der Rechtsprechung des Reichsgerichts und der Praxis des Patentamts von Dr. **R. Stephan,** Regierungsrath, Mitglied des Kaiserlichen Patentamts. 1 M. 60 Pf.

22b. **Gesetz zum Schutz der Waarenbezeichnungen.** Nebst Ausführungsbestimmungen. Von Dr. **R. Stephan,** Regierungsrath, Mitglied des Kaiserlichen Patentamts. Vierte vermehrte Auflage. 1 M.

23. **Unfallversicherungsgesetz** und Gesetz über die Ausdehnung der Unfall- und Krankenversicherung. Von Dr. **E. von Woedtke,** Direktor im Reichsamt des Innern. Fünfte Auflage. 2 M.

24. Reichsgesetz, betreffend die **Kommanditgesellschaften auf Aktien und die Aktiengesellschaften.** Von **H. Keyssner,** Kammergerichtsrath und Dr. **H. Veit Simon,** Rechtsanwalt. Vierte Auflage. 1 M.

— **Neue Bearbeitung im Druck.** —

25. Reichsgesetz wegen **Erhebung der Brausteuer** vom 31. Mai 1872 mit Ausführungsvorschriften. Von **E. Bertho,** Regierungsrath. 1 M. 60 Pf.

26. Die Reichsgesetzgebung über **Münz- und Notenbankwesen,** Papiergeld, Prämienpapiere und Reichsanleihen. Von Dr. jur. **R. Koch,** Präsident des Reichsbankdirektoriums. Dritte Auflage. 2 M. 80 Pf.

27. Reichsgesetzgebung, betr. das **Gesundheitswesen** für Behörden, Aerzte rc. Von Dr. jur. **C. Goesch** und Dr. med. **J. Karsten.** 1 M. 60 Pf.

28. Reichsgesetz, betr. die **Unfallversicherung der bei Bauten beschäftigten Personen.** Zweite Auflage. Unter Berücksichtigung der Rechtsprechung des Reichs-Versicherungsamts vollständig neu bearbeitet von **R. Chrzescinski,** Kaiserl. Regierungsrath und ständigem Mitglied des Reichs-Versicherungsamts. Erste Auflage von **L. Mugdan.** 1 M. 60 Pf.

Guttentag'sche Sammlung Deutscher Reichsgesetze.

29. Reichsgesetz, betr. die **Erwerbs- und Wirthschaftsgenossenschaften.** In der vom 1. Januar 1900 ab geltenden Fassung. Von **L. Parisius** und Dr. **H. Crüger.** Achte verbesserte Auflage. Geb. in ganz Leinen. 1 M. 50 Pf.

30. **Invalidenversicherungsgesetz** vom 13. Juli 1899, in der Fassung der Bekanntmachung vom 19. Juli 1899. Nebst allen erlassenen Ausführungsbestimmungen. Von Dr. **E. v. Woedtke,** Director im Reichsamt des Innern. Siebente wesentlich vermehrte Auflage. Geb. in ganz Leinen 2 M. 50 Pf.

31. Reichsgesetz, betr. die **Gewerbegerichte.** Von **L. Mugdan.** Vierte Auflage. Bearbeitet von **Cuno,** Stadtrath und stellvertretender Vorsitzender des Gewerbegerichts zu Königsberg i. Pr. 1 M. 80 Pf.

32. Reichsgesetz, betr. die **Gesellschaften mit beschränkter Haftung.** In der vom 1. Januar 1900 ab geltenden Fassung. Von **L. Parisius** und Dr. **H. Crüger.** Vierte vermehrte und verbesserte Auflage. 1 M.

33. Das **Vereins- und Versammlungsrecht** in Deutschland. Von Dr. **E. Ball,** Rechtsanwalt. 2 M. 25 Pf.

34 Reichsgesetz, betreffend die **Abzahlungsgeschäfte.** Vom 16. Mai 1894. Von **J. Hoffmann,** Geheimer Regierungsrath. 95 Pf.

35. Die **Reichs-Eisenbahngesetzgebung.** Von **W. Coermann,** Kaiserl. Amtsrichter. 2 M. 25 Pf.

36. **Gesetze, betr. die privatrechtlichen Verhältnisse der Binnenschiffahrt und der Flößerei.** Nach den Materialien erläutert von **H. Makower.** Unter Berücksichtigung der am 1. Januar 1900 in Kraft tretenden Reichsgesetze bearbeitet von **E. Löwe,** Landgerichtsrath. Zweite veränderte Auflage. 2 M.

37. **Gesetz zur Bekämpfung des unlauteren Wettbewerbes.** Vom 27. Mai 1896. Von Dr. **R. Stephan,** Regierungsrath. Zweite Auflage. 80 Pf.

38/39. **Bürgerliches Gesetzbuch nebst Einführungsgesetz.** In Verbindung mit Professor Dr. **André,** Amtsgerichtsrath **Greiff,** Amtsrichter **Ritgen,** Landgerichtsrath Dr. **Unzner,** s. Z. Schriftführer bei der Kommission für die zweite Lesung des Entwurfs eines Bürgerlichen Gesetzbuchs herausgegeben von Reichsgerichtsrath Dr. **A. Achilles,** s. Z. Kommissar des Reichs-Justizamts bei derselben Kommission. Zweite vermehrte und verbesserte Auflage. 8°. Gebunden in ganz Leinen. 5 M. 50 Pf.

Dieser Band ist in größerem Format erschienen!

40. **Gesetz, betr. die Pflichten der Kaufleute bei Aufbewahrung fremder Werthpapiere (Depotgesetz).** Vom 5. Juli 1896. Mit Erläuterungen, Einleitung und Sachregister. Von **F. Lusensky,** Geh. Regierungsrath. 90 Pf.

41. **Börsengesetz.** Vom 22. Juni 1896. Nebst den dazu erlassenen Ausführungsbestimmungen. Unter Mitwirkung des Geh. Ober-Regierungsrathes **A. Wermuth** bearbeitet von **H. Brendel,** Gerichts-Assessor, Hülfsarbeiter im Reichsamt des Innern. 1 M. 50 Pf.

42. **Grundbuchordnung** für das Deutsche Reich nebst den preußischen Ausführungsbestimmungen. Mit Einleitung von Professor Dr. **O. Fischer.** Zweite Auflage. Geb. in ganz Leinen 1 M. 80 Pf.

43. Die Gesetzgebung, betr. die **Zwangsvollstreckung in das unbewegliche Vermögen** im Reiche und in Preußen. Text-Ausgabe mit Einleitung, Anmerkungen, Kosten- und Gebührentabellen und Sachregister. Von Dr. **J. Krech,** Kaiserl. Geh. Regierungsrath und Professor Dr. **O. Fischer.** Zweite vermehrte Auflage. Geb. in ganz Leinen 2 M.

44. Das Reichsgesetz über das **Auswanderungswesen** vom 9. Juni 1897 nebst Ausführungsverordnungen und Anlagen. Nach den Materialien und unter Benutzung amtlicher Quellen erläutert von Professor Dr. **Felix Stoerk.** 2 M. 25 Pf.

45. Das **Handwerkergesetz** vom 26. Juli 1897. Mit ausführlichen Erläuterungen von Dr. **L. Wilhelmi,** Kais. Geh. Ober-Regierungsrath. In Vorbereitung.

46. Das Reichsgesetz über die **Angelegenheiten der freiwilligen Gerichtsbarkeit.** Mit Einleitung und Erläuterungen von **Herm. Jastrow,** Amtsgerichtsrath. 1 M. 80 Pf.

47. Das **deutsche Vormundschaftsrecht** und das preuß. Gesetz, betr. die Unterbringung verwahrloster Kinder vom 13. März 1878 nebst den dazu gehörigen Nebengesetzen und allgemeinen Verfügungen. Mit Einleitung und Erläuterungen von **Max Schultzenstein,** Oberverwaltungsgerichtsrath und Amtsgerichtsrath Dr. **Paul Köhne.** 2 M. 80 Pf.

48. Gesetze und Verordnungen, betreffend den **Drogen-, Gift- und Farbenhandel** außerhalb der Apotheken unter besonderer Berücksichtigung des Königreichs Preußen. Von Dr. **Broh,** Rechtsanwalt. 1 M. 25 Pf.

49. Die **Kolonialgesetzgebung.** Von Prof. Dr. **Philipp Zorn.** (In Vorbereitung.)

50. Der **Viehkauf** (Viehgewährschaft) nach dem Bürgerlichen Gesetzbuche. Mit Erläuterungen und Sachregister von Dr. **Hans Stölzle,** Rechtsanwalt in Kempten (Bayern). Mit einem Anhang: Verordnung, betreffend die Hauptmängel und Gewährsfristen beim Viehhandel. Vom 27. März 1899. Erläutert von **Heinrich Weiskopf,** Königl. Kreisthierarzt in Augsburg. 1 M. 50 Pf.

51. **Hypothekenbankgesetz** vom 18. Juli 1899. Von Dr. **Heinrich Göppert,** Gerichts-Assessor. Geb. in ganz Leinen 1 M. 80 Pf.

52. Die Reichsgesetzgebung über den Verkehr mit **Nahrungsmitteln, Genußmitteln und Gebrauchsgegenständen.** Von Dr. **Lebin,** Nahrungsmittelchemiker. In Vorbereitung.

Guttentag'sche Sammlung

Preußischer Gesetze.

Text-Ausgaben mit Anmerkungen. Taschenformat.

---

1. **Verfassungs-Urkunde** für den Preußischen Staat nebst Ergänzungs- und Ausführungs-Gesetzen. Mit Einleitung und Kommentar von Prof. Dr. **Adolf Arndt.** Dritte Auflage. 2 M. 25 Pf.

2. Preußische **Beamten-Gesetzgebung.** Enthaltend die wichtigsten Beamtengesetze in Preußen. Von **C. Pfafferoth.** Dritte Auflage. 1 M. 50 Pf.

3. Die Preuß. Gesetzgebung, betr. die **Zwangsvollstreckung in das unbewegliche Vermögen.** Von Dr. **J. Krech,** Kais. Geh. Regierungs-Rath und Prof. Dr. **O. Fischer.** Dritte Auflage. Vergriffen.

4. Die Preuß. Gesetze, betr. das **Notariat** einschließlich der **Gebührenordnung** für **Notare** vom 25. Juni 1895. Dritte Auflage. Von **R. Sydow,** Geh. Ober-Postrath, und Kammergerichtsrath **A. Hellweg.** 1 M. 60 Pf.

5. **Gesetz vom 24. April 1854 (betr. die außereheliche Schwängerung)** und die daneben geltenden Bestimmungen des Allgemeinen Landrechts nebst den dazu ergangenen Präjudikaten. Von Dr. **Schulze.** 75 Pf.

6. Die Preußischen **Ausführungsgesetze und Verordnungen zu den Reichs-Justizgesetzen.** Von **R. Sydow.** Dritte vermehrte Auflage. 2 M. 40 Pf.

7. **Allg. Gerichtsordnung** vom 6. Juli 1793 und Preuß. **Konkursordnung** vom 8. Mai 1855. Von **F. Vierhaus,** Geh. Ober-Justizrath. 2 M. 50 Pf. Vergriffen.

8. **Vormundschaftsordnung** vom 5. Juli 1875, nebst allen Nebengesetzen und den dazu erlassenen Allgemeinen Verfügungen. Von Oberverwaltungsgerichtsrath **Schultzenstein.** Dritte Auflage. 1 M. 50 Pf.

9. Die Preußische **Grundbuchgesetzgebung.** Mit Einleitung, Formularen, Kosten- und Stempeltabellen. Von Prof. Dr. **Fischer.** Dritte Auflage. Vergriffen.

10. **Einkommensteuergesetz.** Vom 24. Juni 1891. Von Geheimrath **Meitzen.** Vierte vermehrte Auflage von **A. Fernow,** Ober-Regierungsrath. 1 M. 50 Pf.

11. **Gewerbesteuergesetz.** Vom 24. Juni 1891. Von **A. Fernow,** Ober-Regierungsrath. Dritte vermehrte Auflage. 1 M. 25 Pf.

12. **Allgemeines Berggesetz** für die Preußischen Staaten. Von **E. Engels,** Ober-Bergrath. Zweite Auflage. 1 M. 60 Pf.

13. **Ergänzungssteuergesetz** (Vermögenssteuergesetz). Vom 14. Juli 1893. Von **A. Fernow,** Ober-Regierungsrath. Zweite vermehrte Auflage. 1 M.

14. **Kommunalabgabengesetz.** Vom 14. Juli 1893, und Gesetz wegen Aufhebung direkter Staatssteuern. Vom 14. Juli 1893. Von **F. Adickes,** Oberbürgermeister. Zweite Auflage. 1 M. 25 Pf.

15. Die **Kreisordnungen** für den Preußischen Staat. Von **O. Kolisch,** Landgerichtsrath. 4 M.

16. Preuß. Ausführungs-Anweisung zu §§. 16 u. ff. der Reichs-Gewerbe-Ordnung, betr. **Genehmigung gewerblicher Anlagen.** Von Dr. **von Rüdiger,** Regierungs- und Gewerberath. 1 M. 50 Pf.

17. Preußisches **Gerichtskostengesetz.** In der Fassung der Bekanntmachung vom 6. Oktober 1899. Mit Kostentabellen. Von Dr. **P. Siméon,** Landrichter. Dritte Auflage. Geb. in ganz Leinen. 1 M. 80 Pf.

18. Preußisches **Stempelsteuergesetz.** Vom 31. Juli 1895. Nebst den Ausführungsbestimmungen und

ausführlichen Tabellen. Von **B. Gaupp**, Geh. Regierungsrath und Regierungsassessor **P. Loeck.** Vierte Auflage. 3 M. 30 Pf.

19. **Jagdscheingesetz.** Vom 31. Juli 1895. Mit ausführlichen Erläuterungen nebst der Ausführungsanweisung vom 2. August 1898 und den Gesetzbuchmaterialien. Von **F. Kunze,** Wirklichem Geh. Ober-Regierungsrath. Zweite Auflage. Geb. in ganz Leinen 2 M.

20. Gesetz, betr. die **Erbschaftssteuer.** Vom 19./24. Mai 1891 unter Berücksichtigung der Novelle vom 31. Juli 1895. Mit ausführlichen Erläuterungen von **P. Loeck,** Regierungsassessor. 1 M. 80 Pf.

21. Gesetz über die **Handelskammern.** Vom 19. August 1897. Mit Erläuterungen, geschichtlicher Einleitung sowie einer Uebersicht des Bestandes der kaufmännischen Vertretungen. Von **F. Lusensky,** Geh. Regierungsrath und vortragender Rath im Ministerium für Handel und Gewerbe. 3 M.

22. Gesetz, betr. **Anstellung und Versorgung der Kommunalbeamten.** Vom 30. Juli 1899. Mit einem Anhang, enthaltend die Ministerialanweisung vom 12. October 1899. Von Dr. **W. Ledermann,** Magistratsassessor zu Berlin. 1 M. 25 Pf.

23. **Ausführungsgesetz zum Bürgerlichen Gesetzbuche.** Von Landrichter Dr. **P. Siméon.** 1 M. 60 Pf.

Guttentag'sche Sammlung von Text-Ausgaben mit Sachregister ohne Anmerkungen.

Taschenformat, elegant in Leinen gebunden.

Bürgerliches Gesetzbuch nebst **Einführungsgesetz.** Vom 18. August 1896. 2 M. 50 Pf.

Handelsgesetzbuch nebst **Einführungsgesetz.** Vom 10. Mai 1897. 1 M. 80 Pf.

Gesetz, betr. **Abänderung der Gewerbeordnung** (Neues Handwerkergesetz). Vom 26. Juli 1897. 90 Pf.

Civilprozeßordnung mit **Gerichtsverfassungsgesetz** und **Einführungsgesetzen.** In der Fassung der auf Grund des Gesetzes vom 17. Mai 1898 erfolgten Bekanntmachung vom 20. Mai 1898. 2 M.

Konkursordnung mit **Einführungsgesetz.** In der Fassung der Bekanntmachung v. 20. Mai 1898. 80 Pf.

Strafprozeßordnung nebst **Einführungsgesetz.** 1,20 M.

Reichs-Justizgesetze. Gerichtsverfassungsgesetz. Civilprozeßordnung. Konkursordnung. Strafprozeßordnung. In einem Bande gebunden 3 M. 80 Pf.

Militärstrafgerichtsordnung nebst dem **Einführungsgesetz** und dem **Gesetz,** betr. die Dienstvergehen der richterlichen Militärjustizbeamten und die unfreiwillige Versetzung derselben in eine andere Stelle oder in den Ruhestand. 1 M. 50 Pf.

Die preußischen Ausführungsgesetze zum Bürgerlichen Gesetzbuch, zum Gesetz, betr. Aenderung der Civilprozeßordnung vom 17. Mai 1898, zum Gesetz über die Zwangsversteigerung und die Zwangsverwaltung, zur Grundbuchordnung und zum Handelsgesetzbuch. Preuß. Gesetz über die freiwillige Gerichtsbarkeit und Gesetz enthaltend die landesgesetzlichen Vorschriften über die Gebühren der Rechtsanwälte und der Gerichtsvollzieher. Vierte Auflage. 1 M. 80 Pf.

52000. II. 1900. V.

FSC
www.fsc.org
MIX
Papier | Fördert gute Waldnutzung
FSC® C083411

Kolibri 360 GmbH
Ferdinand-Jühlke-Straße 7
99095 Erfurt, Deutschland
produktsicherheit@kolibri360.de